JN436894

유언과 신탁에 대한 새로운 이해

Robert L. Mennell, Sherri L. Burr 저 | 임채웅 역

박영사

역자서문

번역자가 신탁법에 관심을 가진 뒤 꽤 시간이 흘렀다. 그간 신탁법을 공부하면서 아쉬웠던 점 중 하나는, 영미신탁법에 대한 이해가 부족한 점이었다. 특히 신탁제도는 그 연원을 영미법에 두고 있는 만큼 영미의 법리를 이해하는 것이 매우 중요함에도 불구하고, 국내의 기존 문헌들은 그에 대해 단편적으로 소개한 것이 대부분이어서, 전체적인 흐름을 이해하는 데에는 큰 도움이 되지 못하였다.

그리하여 번역자가 영미의 문헌을 직접 검토하는 일이 잦아지게 되었는데, 그 과정에서 자연스럽게 적당한 원서를 우리말로 번역하면 어떨까 하는 생각을 하게 되었고, 그 결과물이 바로 이 번역서이다. 이 책은 넛셸시리즈의 하나로 출판된 책인데, 이 시리즈는 미국의 법학서점에 빠짐없이 비치되어 있는 것으로, 미국법에 대해 분야별로 가장 짧고 쉽게 설명하고 있는 책이라 할 수 있다. 즉, 번역자가 아는 범위 내에서는 넛셸시리즈가 영미법, 특히 미국법에 가장 쉽게 접근할 수 있게 해주는 미국의 법학서적이라 할 수 있는 것이다. 비록 비교적 작은 책이기는 하지만, 전문 학술서적으로 손색이 없는가 하면, 그 내용이 쉬운 편이어서 일반인들도 법률에 대한 상식만 갖추고 있다면 충분히 접근할 수 있는 것이기도 하다. 요컨대, 독자 여러 분께서 이 책을 영미신탁법 이해를 위한 출발점에서 맨 처음 참고하여야 할 기본 문헌으로 삼아주셨으면 하는 것이 번역자의 소망이다.

이 번역서는 번역자가 원문을 한 문장 한 문장 모두 그대로 살려 번역하였으며, 그것은 이 책이 설명하고 있는 내용을 정확히 이해하기 위해서라도 꼭 필요한 작업이었다. 번역자는 이 책에 등장하는 법률용어를 가급적 정확하게 번역하기 위하여 노력하였으며, 본문의 번역만으로는 충분하지 않다고 판단되는 경우 번역자 주를 붙여 더 잘 이해되도록 노력하였다. 이 책의 각주 중 맨 앞의 것 단 하나만이 원문에 있는 것이고, 나머지 모든 각주는 번역자가 붙인 것이다.

번역을 함에 있어 가장 어려운 일은 역시 미국의 법체계와 우리나라의 법체계가 근본적으로 다른 데에서 오는 차이를 극복하기가 불가능에 가까웠다는 점이다. 미국의 법률용어를 우리 말로 옮기기도 쉽지 않았으며, 번역을 함에 있어 왜 해당 용어를 사용하였는지 그 세부적인 내용을 설명하는 데에도 한계가 있었다. 다만, 'common law'에 대해서만 여기에 설명을 해둔다면, 위 용어는 대륙법에 대비되는 개념으로 쓰일 때는 형평법도 포함하는 개념이지만, 이 책에서와 같이 형평법에 대비되는 개념으로 사용될 수도 있다. 이와 같이 위 용어는 문맥에 따라 매우 다의적으로 쓰일 수 있는 것으로, 우리나라에서는 이를 '보통법', '일반법' 또는 '관습법' 등으로 다양하게 번역하고 있으나, 어느 것도 충분하지 못하다는 판단에 따라, 원어대로 '커먼로'로 번역하였다.

번역을 함에 있어서도 가급적 좋은 문장으로 번역하는 것이 바람직하겠으나, 번역자의 힘이 부족하여 그렇게 해서는 오역의 우려가 있거나 원문과 너무 멀어질 수 있다고 판단되는 경우에는, 가급적 원문에 충실하되 정확하게 번역하는 쪽을 택하였다. 만일 번역문이 우리 말로 어색한 부분이 있다면, 그 상당수는 바로 위와 같은 이유 때문이다.

독자들의 이해를 돕기 위하여 간략한 설명을 덧붙이자면, 이 책의 원제목은 'Wills and Trusts'로, 내용 역시 유언과 신탁 두 부분으로 나누어져 있는데, 이와 같이 신탁 하나만이 아니라 유언과 신탁 두 가지를 한꺼번에 다루는 것이 미국의 일반적인 상황이다. 물론 미국에도 신탁만을 다룬 책이 있기는 하나, 위 두 가지를 다 다룬 책에 비해서는 매우 드물다. 한편 번역자가 알고 있는 범위 내에서는, 미국에는 상속만을 다룬 책을 발견하기 어렵다. 가족법(Family Law)에 관한 문헌들은 통상 상속에 관해 제대로 다루지 않는다. 이러한 점을 통하여 미국에서는 신탁법에 관한 책이 유언을 다루면서 동시에 상속법에 관한 문헌 구실까지 하고 있는 점과 상속이 신탁과 매우 밀접한 관련을 갖고 이루어지고 있는 점을 엿볼 수 있다. 따라서 이 책의 앞 부분은 유언에 관한 것이면서도 실질적으로는 미국상속법에 관한 것으로 이해할 수 있다. 이러한 점을 고려한다면 이 책의 번역 제목을 '미국상속법 및 신탁법'이라고 할 수도 있고, '미국유언법 및 신탁법'이라고 할 수도 있을 것이나, 책의 앞 부분 내용도 결국은 신탁을 설명하기 위한 과정으로 이해할 수 있다는 점에서 '미국신탁법 — 유언과 신탁에 대한 새로운 이해 — '로 붙였다.

번역자는 2009년에 신탁법에 관한 연구서로 박영사에서 '신탁법연구'를 발간하였고, 그에 이어 이번에 이 번역서를 내놓게 되었는데, 위 책을 펴낼 때와 마찬가지로 이번에도 많은 사람들의 도움을 얻었다.

홍익대학교 법과대학 현소혜 교수님께서 이 책의 앞 부분, 즉 유언에 관한 부분에 대하여 많은 조언을 해주셨다. 현교수님은 유언을 연구하여 서울대학교에서 법학박사학위를 취득하신 분으로, 위와 같은 조언을 위한 최적임자이기도 하였다. 특별히 현교수님께 고마움을 표시해둔다.

한편 번역자와 사법연수원 및 법원에서 만나 인연을 맺은 여러 판사님들이 많은 도움을 주셨다. 이지혜, 장정태, 한지형, 손주희 판사님께서 번역자가 번역한 원고를 나누어 검토해주셨고, 이어 신용무, 이수진 판사님께서 색인작업 및 최종 검토작업을 담당해주셨다. 바쁜 시간을 쪼개어 번역자를 위해 좋은 조언을 아끼지 않은 여러 판사님들께도 감사의 말씀을 전한다.

마지막으로 저자의 출판제안을 흔쾌히 채택하여 주시고 이어 말끔하게 마무리작업까지 해주신 박영사의 안종만 회장님을 비롯한 관계자 여러 분들께도 감사의 말씀을 적는다. 그 과정에서 느낀 고마움은 여기에 일일이 적기 어려울 정도이다.

이상 여러 분들의 도움이 없었다면 이 책이 이 정도의 모습을 갖추기 어려웠을 것이다. 그러나 만일 번역내용에 잘못이 있다면 전적으로 번역자에게 그 책임이 있음은 새삼 거론할 필요도 없을 것이다. 다시 한 번 이 번역서가 세상에 나오는 과정에서 번역자에게 도움을 주신 모든 분들에게 진심에서 우러나오는 감사의 말씀을 적으며 글을 맺는다.

2011. 1. 辛卯 새해를 맞이하며

번역자 임 채 웅

제 3 판의 감사의 말씀

로버트 메넬은 이 책을 애정어린 도움에 감사하면서 그의 아내 토니에게 바친다.

세리 버는 이 책을 뉴멕시코대학 로스쿨의 다음과 같은 동료들에게 바친다: 17년간 그녀의 조수(assistant)였으며, 2006. 7. 4. 81세로 천수를 다한 자넷 콕스; 80세에 은퇴한 헌신적인 접수원인 에델 오르텐버거; 25년 이상 미디어센터에서 일했으며 텔레비전 쇼 'ARTS TALK'를 감독한 댄 노이즈. 자넷, 에델, 댄과 같은 사람들은 매 학기 로스쿨 건물에 들어서는 일을 유쾌하게 만들어줌으로써 직장에 인간미를 가져다주었다.

*

서 문

우리는 이 책을 법학과 학생들로 하여금 유언법 및 신탁법을 마스터하고 시험을 통과할 수 있도록 기획하였다. 이 책은 유언장, 신탁 또는 다른 문서의 초안을 잡는 것을 가르치지 않는다. 대신, 이 책은 전통적인 케이스북을 보충한다.

우리는 구술유언{nuncupative(oral) wills}이나 '유언에 따른 부담은 상속재산에 의하여 이행되어야 한다는 커먼로상의 원칙(exoneration of liens)'과 같은 주제는 다루지 않으나, 반면 '유언자보다 먼저 사망한 자에게 남겨진 재산의 처분에 관한 사항(anti-lapse)', 상속포기자들(disclaimers) 그리고 상속에서 누락된 상속인들과 같은 다른 주제들에 대해서는 자세히 다루는데, 이는 그 주제들이 다른 법리들과 만날 때 맞부딪치게 되는 어려움들 때문이다.

일반적인 케이스북에서 다루어지는 케이스들에 대해 몇 개의 참고문헌을 달기는 하였으나, 각주[1]는 달지 않았다. 이 책은 쉽게 읽힐

---

1 (원주) 우리는 이 책을 위해서는 한 개의 각주로 충분하다고 보았다.
(역자 주) 이하 모든 주는 역자 주이다.
미국법령을 번역함에 있어 통상 'article'을 '조', 'section'을 '항'이라 보나, 이 책에서는 'article'과 'section'을 구분하지 않고 있다. 이하 번역을 함에 있어 원문상 조문번호 앞에 기호 '§'가 있으면 그 기호를 그대로 사용하고, 'article'과 'section'은 모두 '조'로 번역하였다. 한편, 기호 '§', 'article' 또는 'section'이 사용된 경우, 조문번호 뒤에 '조'를 붙였으며, '(1)' 또는 '(1), (a)'에는 서로 구분하지 않고 '항'을 붙였다.
그리고 원문에서는 소괄호가 주로 사용되고 있고, 드물게 대괄호가 사용

수 있도록, 그래서 학생들이 강의시간에 배운 것과 케이스북 토론을 서로 연결시킬 수 있도록 기획되었다.

우리가 종종 학생들에게 말하는 대로, 성(性)과 탐욕 그리고 가족 간의 증오에 관한 법에 온 것을 환영하는 바이다. 유언 및 상속 케이스들은 종종 교육적인 만큼이나 재미있을 수 있다.

세리 L. 버
로버트 L. 메넬

앨버쿼크, 뉴멕시코
로즈빌, 미네소타
8월, 2007

*

되며, 중괄호는 전혀 사용되지 않는다. 그런데 번역을 함에 있어, 원문에 소괄호가 있고, 소괄호 내의 표현 중 원문표현을 그대로 인용해주어야 할 경우에는 중괄호를 사용하였다. 즉, 이 책에 나오는 중괄호는 모두 원문에는 나오지 않고, 번역자가 붙인 것이다.

감사의 말씀

세리 버는 그녀의 연구조교 마이크 레인과 초고의 여러 장에 관해 교정을 보아준 다음과 같은 분들에게 감사의 말을 적는다: 패티 알레드, 소냐 이완, 엘라 조안 페노글리오, 캐스린 헤슬러, 케이 램, 수 만, 게일 루빈 그리고 수잔 와이어튼.

*

목 차

Chapter 11 수탁자의 권한과 의무 277

TABLE OF CASES

참고 면수

*

서 론

우리는 이 책을 통하여 보게 되고 이 주제를 공부하거나 업무를 처리하면서 듣게 될 전문용어에 대한 간략한 소개와 함께 유언 및 신탁에 관한 언급을 시작하려고 한다.

피상속인(decedent)은 죽은 사람이다. 애너 니콜 스미스가 2007. 2. 8.에 스카이 채널의 리얼리티 쇼에 나왔을 때, 그녀는 피상속인이 되었다.[1]

직계존속(ancestors)이란, 피상속인이 사망하기 전에 태어난 피상속인의 부모, 조부모, 증조부모와 같은 개인을 말한다. 스미스양의 케이스에서는, 그녀의 어머니인 버지 아서가 생존중인 직계존속이다.

직계비속(descendants)이란, 피상속인의 자녀 및 그들의 자녀들

1 애너 니콜 스미스는 63세 연상의 석유부호와 결혼한 것으로 유명한 미국의 여배우인데, 2007. 2. 8. 사망하였다. 위 본문의 '애너 니콜 스미스가 2007. 2. 8.에 스카이 채널의 리얼리티 쇼에 나왔을 때'라는 표현은, '그녀가 죽었을 때'를 의미한다.

이다. 스미스양의 딸인 다니엘린 호프 마샬 스턴은 스미스양의 사망 이후에도 생존한 직계비속이다. 스미스의 다른 직계비속인 그녀의 아들 다니엘은 스미스양보다 먼저 사망하였다. 직계비속에는 손자, 증손자 등도 포함된다.

피상속인 사망시에도 생존해있는 직계비속은 때때로 자손(issue[2])이라 불리운다. 자손은 피상속인의 잠재적으로 영원히 계속되는 직계비속의 계열이다. 애너 니콜 스미스의 아들인 다니엘이 그 스스로의 자손을 남기지 않고 스미스양보다 먼저 사망하였기 때문에, 다니엘린 스턴은 스미스양이 사망할 당시 그녀의 유일한 생존중인 자손이었다.

형제, 조카, 삼촌과 고모, 사촌, 증고모와 증고모부[3]와 같은, 피상속인의 방계(collateral) 친족을 생각해보자. 방계혈족은 부모, 조부모, 증조부모 등을 통하여 피상속인과 연결된다. 가족의 크기에 따라 피상속인은 수백 명은 아니더라도 수십 명의 방계혈족을 가질 수 있다. 부시가문과 케네디가문은 그 많은 방계혈족 중에서 대통령, 상원의원과 하원의원들을 배출하였다.

상속법(비유언상속법, intestacy law)은 직계존속보다는 배우자와 직계비속을, 방계보다는 직계존속을 우대한다. 유언을 남기지 않은 사람에 대해서는, 법은 직계존속이나 방계에 대한 증여(gift)에 앞

---

2 Uniform Probate Code(UPC)는 'issue'라는 용어 대신 'descendant'라는 용어를 사용한다. 'issue'는 생물학적 의미를 갖지만, 'descendant'는 그렇지 아니한 경우, 예를 들어 입양(adoption)에 의하여 연결되는 경우도 포함될 수 있는 개념이다. Lawrence H. Averill, Jr., *Uniform Probation Code*, West Group(2001), 36면.

3 이곳의 원문은 'aunts and uncles, cousins, and great aunts and uncles'이다. 이 중 우리 식으로 'aunts and uncles'를 '삼촌과 고모', 'great aunts and uncles'를 '증고모와 증고모부'라고 옮겼으나, 반드시 우리 개념의 원래의 의미에 한정될 수는 없을 것이고, 촌수에 상관없이 널리 지칭하는 것으로 이해되어야 할 것이다. 따라서 특별한 경우가 아닌 한 이 책의 고모는 원문상 모두 'aunt'이며, 삼촌은 모두 'uncle'이다.

서, 먼저 피상속인의 상속재산(estate)을 배우자와 자녀들에게 배분하려고 한다.

상속인(heir)이란, 비유언상속(intestate succession[4]), 즉, 사람이 유언 없이 사망한 경우, 상속할 권리를 취득하는 사람이다. 상속인은 배우자나 직계비속, 직계존속 또는 방계혈족일 수 있다. 상속인은 혼인이나 혈연에 의하여 피상속인과 연결되어야 한다. 친구, 사업파트너, 자선단체(charities), 피상속인의 인생에 잠시 거쳐간 사람(passer-by)은 비유언상속에 의하여 상속을 받을 수 없다. 그들은 유효한 유언이나 신탁문서에 의하여 증여를 받을 수 있을 뿐이다.

추정직접상속인(heirs apparent[5])과 추정간접상속인(heirs presumptive[6])은 상속인이 아니다. 그들은 그들의 존속이 생존해있는 동안은 그 존속의 재산에 대한 권리가 없다. 그들의 권리는 복권을 가지고 있는 것과 마찬가지로 불확정(inchoate)하거나 기대에 불과하다.

언론들은 패리스 힐튼과 그녀의 자매인 니키 힐튼을 항상 힐튼 상속녀들(heirs)이라 부르지만, 추정직접상속인이다. 상속인 정의에 의하면, 그들은 그들의 직계존속이 죽을 때까지는 상속인이 될 수 없다.

---

4 결국 법정상속을 의미하는 것으로 이해되나, 이 책에서는 원문대로 '비유언상속'이라 번역한다.

5 An heir whose right to inheritance is indefeasible by law provided he or she survives an ancestor(http://www.thefreedictionary.com/heir+apparent, 이하 각 검색결과는 2009. 9월 초 기준임). 우리 개념으로는 '대습상속인'에 가까운 개념인 것으로 이해되나, 이 책에서는 원래의 용어가 갖는 의미에 가깝게 '추정직접상속인'이라고 번역하기로 한다.

6 An heir whose claim can be defeated by the birth of a closer relative before the death of the ancestor(http://www.thefreedictionary.com/heir+presumptive). 우리 개념으로는 '후순위상속인'에 가까운 개념인 것으로 이해되나, 이 책에서는 원래의 용어가 갖는 의미에 가깝게 '추정간접상속인'이라고 번역하기로 한다.

추정직접상속인 및 추정간접상속인이 상속자격을 얻기 위해서는, 법정상속이 개시되는 피상속인보다 더 오래 생존하여야 하며, 피상속인과의 친족관계(배우자, 자녀 등)가 유지되어야 한다. 예를 들어 비유언피상속인의, 상배(喪配)한 어머니는 피상속인이 결혼하지 않았고 그보다 더 오래 사는 자손(issue)을 남기지 않은 경우에만 상속인이 된다. 많은 비유언상속법하에서는, (피상속인의) 부모는, (피상속인의) 자손이 생존하지 않고 있는 경우(그리고 때때로는 생존한 배우자가 없는 경우)에만 상속인이 된다.

상속인지위(heirship)는 시간적으로 한 시점, 즉, 비유언피상속인의 사망시를 기준으로 하여 정해진다. 생존해있는 사람은 상속인을 가질 수 없으므로, 그 누구도 그 시점 이전에 상속인이 될 수 없다. 상속인이 반드시 재산을 상속받아야 하는 것은 아니다. 예를 들어 피상속인은 사망시 처분가능한 재산을 남기지 않을 수 있다. 큰 재산을 갖고 있는 사람도 유언이나 부동산의 공유(joint tenancies), 생명보험(life insurance), 증여(gifts) 또는 신탁과 같은 유언대용수단(will substitute provisions)을 이용하여 전재산을 처분할 수 있다. 증여는 생전{inter vivos(while living)}에 이루어질 수 있고, 신탁은 생전신탁 또는 유언신탁으로 설정될 수 있다.

불상속(disinherited)이란 일단 취득한 상속인이라는 지위를 잃지 않으면서도 아무것도 상속받지 않는 것을 말한다. 상속인지위는 야구의 유격수와 같은 위치이다. 유격수가 공을 갖고 있지 않더라도, 그리고 그(그녀)의 팀이 수비가 아니라 공격을 하고 있는 경우에도 유격수는 유격수이다.

장자상속법(Law of Primogeniture)이란, 토지의 상속을 장남에게 한정하는 영국법을 말한다. 둘째 이하의 아들과 딸들은 상속받지 못한다. 장자상속법은 토지소유권 및 관계되는 권리를 한 사람(아버지)으로부터 다른 사람(장남)에게, 전체를 하나로 묶어 상속되게 한다. 이러한 제도는 다른 가족들로 하여금 장남의 호의(kindness)에 의존하도록 만든다. 미망인은, 그녀의 생존중 남편소유 토지의 1/3에 대한 권리인 다우어(dower)[7]를 받는다.

피상속인이 생존중에 처분하지 못한 재산을 남겼더라도, 그 재산을 처분하는 유효(valid and effective)한 유언이 있는 경우, 상속인은 아무것도 받지 못할 수 있다. 유언법(The Statute of Wills)은 법정상속이 적용되는 것과는 다른 방식으로 유언자가 사망시 그 재산을 처분할 수 있도록 입법되었다.

사후처분권(dead hand control)[8]이란 피상속인이 사망후에도 다른 사람의 생활을 지배하려는 시도를 의미한다. 피상속인들은 생전증여 또는 유증에 조건을 부가함으로써 이러한 조치를 취할 수 있다. 예를 들어 어머니는 아들에게, 그녀와 다른 종교를 가진 누군가와 결혼하지 아니할 것을 조건으로 하여 토지의 일부를 줄 수 있다. 이러한 조치는 아들의 선택권을 제한한다. 어머니와 동일한 신앙을 가지고 있는 결혼할 만한 사람이 다수 존재하는 한, 이러한 제한은 유효하다. 아들은 그 조건을 지키지 않고 수증 포기를 선택할 수 있다.

피상속인은 부동산, 동산 및 지적재산권을 남겨두고 사망할 수

7 과부가 살아있는 동안 분배받는 망부(亡夫)의 유류부동산.

8 'future interst'와 같은 의미로 사용. 'future interest'란 '재산법이나 부동산법에서 현재 재산을 소유하거나 수익할 권리를 포함하지 않은 재산소유권과 관련된 법적 권리(In property law and real estate, a future interest is a legal right to property ownership that does not include the right to present possession or enjoyment of the property)를 의미한다. Wikipedia 참고.

있다. 부동산이란 토지 및 집이나 헛간과 같이 토지에 부착되어 이동불가능한 것으로 간주되는 물건을 의미한다. 동산이란, 자동차나 의복과 같이 형태가 있고 움직일 수 있는 물건을 말한다. 지적재산권을 부동산 및 동산과 구별시키는 성질은 지적재산권은 형태가 없고 만질 수 없다는 점에 있다.

지적재산권은 책이나 기술과 같은 상품을 만들어내기 위해 상상이나 지식을 사용함으로써 얻어진다. 아이스크림기계를 구입한 사람은 동산을 취득하지만, 발명가는 발명품을 제작하거나 다른 사람으로 하여금 이를 제작하도록 허락할 수 있는 권리를 갖는다. 책을 구입한 사람은 책을 읽을 개인적 권리와 그 특정 서적을 처분할 권리를 갖지만, 저자는 책을 인쇄하고 판매할 지적재산권, 즉 저작권(copyright or right to copy)을 갖는다. 예를 들어 마르틴 루터 킹 주니어 박사는 그의 '나는 꿈이 있습니다(I have a dream)'라는 연설을 포함하여 그의 모든 연설의 저작권을 취득한 것으로 알려져 있다. 1963. 8. 28. 그 연설을 하고 나서 한 달 뒤, 그는 저작권등록신청서를 우편으로 보냈다. 1968년 그가 암살되고 난 뒤, 킹의 재산은 66,492.29달러로 평가되었다. 이것은 지금 가치로 수백만 달러에 해당되는데, 주로 그의 지적재산권에서 비롯된다.

동산·부동산과 마찬가지로 지적재산권은 비유언상속에 의해 승계되거나, 유언 또는 신탁에 의해 처분될 수 있다.

이러한 기초적인 용어를 이용하여 우리는 비유언상속에 대한 분석을 시작하며, 이어 배우자 및 자손들의 권리, 유언 그리고 신탁에 대한 분석을 하게 된다.

CHAPTER 1

Wills and Trusts

비유언상속법

에이브라함 링컨 대통령, 배우 제임스 딘 그리고 재계 거물인 하워드 휴의 공통점은 무엇인가? 만일 그들 모두가 유언 없이 사망하였다고 생각하였다면, 정답이다. 매년 사망한 미국인의 약 2/3는 유언 없이 사망한다.

비유언상속법이란 유언법이 덧씌워질 수 있는 백지와 같다. 비유언상속은 사망으로 인한 재산배분의 가장 기본적인 틀이다. 만일 어떤 사람이 유효한 유언을 작성하지 않았다면, 법은 그의 사망시 유효한 비유언상속법에 맞추어 그의 재산을 분배한다.

A. 비유언법령

원래, 상속인이란 피상속인의 유언이 없는 경우 부동산을 분배받는 자이며, 다른 혈족(next of kin)들은 동산을 분배받았다. 각 법체계(each jurisdiction)는 고유의 세습(descent, 부동산에 관한 것)과 분배(distribution, 동산에 관한 것)에 관한 규정을 갖고 있다. 일반적으로 부동산과 동산 사이의 이러한 차이는 제거되었지만, 아직 얼마간의 흔적이 남아 있다.

비유언법령은, 피상속인과의 관계에 기초하여 관계인들이 재산에 대하여 우선권을 갖는 특별한 패턴을 규정하고 있다.

나중에 논의될 선택지분조항(elective share statutes)과는 달리, 비유언법령은 (친족)관계의 시간적 장단기 여부에 의한 구분은 하지 않는다.

모두는 아니지만 대부분의 법체계하에서는 새로 결혼한 배우자는 피상속인과 50년 동안 결혼생활을 유지한 배우자와 동등하게 취급된다. 그래서 영화 'Private Benjamin'에서 골디 혼이 연기한 아내와 같이 결혼식 날 밤에 남편이 죽은 아내도 남편의 상속재산에 관해 비유언상속에 따른 지분을 취득한다. 나아가 피상속인과 법정상속인 사이의 친분 또는 미움의 정도는, 피상속인이 버린 자손(issue of abandonment or desertion)이 존재하지 않는 한, 고려되지 않는다. 영화 '장미의 전쟁'에서 묘사된 것과 같이 서로 싸우는 배우자들은, 그뜰이 유언 없이 사망하고 그들이 상대방을 죽였다는 점이 법원(a court of law[1])에서 증명되지 않는 한, 상대방으로부터 상속을 받을 수 있다.

동일한 피상속인의 상속재산에 대해 다른 비유언상속법이 적용될 수 있다. 법의 충돌이 있는 경우(under conflict of law rules), 부

1 'court of law' 또는 'courts of law'란, 법령 또는 커먼로에 의하여 사건을 심리하고 결정을 내리는 법원(A court that hears cases and makes decisions based on statutes or the common law. http://www.answers.com/topic/court-1 참고)을 의미한다. 여기에서는 형평법 등에 따라 판단하는 특수한 법원에 대비한, 일반 법원을 의미하는 것으로 이해된다. 따라서 이하 '일반 법원'이라고 번역한다.

동산 소재지(situs)에 따라 준거법이 결정된다. 그래서, 유언을 남기지 않은 피상속인이 사망 당시 50개 주 전체에서 부동산을 소유하고 있는 경우, 각 주의 법은 그 주 내에 있는 부동산에 관하여 적용된다.

동산은 피상속인의 주거지 법에 따라 분배된다. 그러나 몇몇 법원은, 관할지역 내에 계속 소재하고 있던 대규모 동산에 관하여, 설령 당해 관할지역(jurisdiction)이 유언을 남기지 않은 피상속인의 주소지가 아니라고 할지라도, 관할권(jurisdiction)이 있음을 선언하기도 한다.

특정한 동일 관할지역 내에서도, 동산의 성질에 따라 상속인의 유형을 더 나누는 경우도 있다. 부부공동재산제가 실시되는 주에서는, 부부공동재산(또는 준(準)부부공동재산) 및 고유재산에 대하여 많은 경우에 각각 다른 비유언상속절차가 마련되어 있다. 상속재산분배가 먼 친척들 사이에서 이루어지는 경우, 그 재산이 형성된 경위, 특히 그것이 조상들과 어떤 관계에 의한 것이었는지 여부가 의미가 있다.

B. 현대 비유언상속절차

Blackstone's 2 *Commentaries* 200면 내지 236면[2]은 영국 커먼로상의 상속에 관한 일반법칙(the English common law Canons of Descent)을 밝히고 있다. 모든 법정상속 법령들에 공통되는 상속의

2 이 부분 원문은, 'Blackstone's 2 *Commentaries* *200 to *236'이다. 여기서 말하는 문헌이 William Blackstone의 *Commentaries on the Laws of England*를 말하는 것인지 아니면 이에 대한 별개의 주석서를 의미하는 것인지 명확하지 않다. 번역자가 다른 곳에서 William Blacksone의 주석서에 '2'를 붙이는 경우를 본 적은 없다. 아울러 '*200'이 '200면'을 의미하는 것인지도 명확하지 않다.

일반법칙은 상속인이 나올 때까지 따라야 할 상속순위에 관한 규정을 요청하고 있다. 현대의 비유언상속절차와 달리, 위 상속에 관한 일반법칙은 단독 상속인(a single taker)을 추구하였다(다만 여자가 상속인이 될 수 있을 때에는 균분상속할 수 있었다).

통일유언법(UPC)[3] § 2-102조와 § 2-103조는 비유언상속에 관한 현대적 조문의 전형이다. 법정상속분(intestate share)은 생존 배우자 및 (통상적으로 미성년 또는 요부조) 자녀에게 특정 수익분(certain

---

3 UPC, 즉 Union Probate Code를 우리 말로 어떻게 번역할 것인지도 문제이다.

원래 'probate'의 뜻은, 해당 사안에 관해 관할권이 있는 법원에서, 유언의 유효성을 입증하고 그 내용을 확정하는 절차이지만, 여러 경우에 다양한 뜻으로 사용되었다{Averill, Lawrence Jr., *Uniform Porbate Code*, 5th Ed., West Group(2001), 1면 참고. 이 문헌도 넛셀 시리즈의 하나이다. 아울러 Wikipedia 'probate'편 참고}. 'probate'의 위와 같은 원래의 뜻을 굳이 우리 말로 번역하자면, '검인절차' 정도에 해당되나, 우리나라의 그것이 유언의 유효여부나 내용에 대해 따지지 않고 존재형식만 확인하는 비교적 간략한 절차임에 반하여, 미국법의 그것은 그 이상 훨씬 복잡한 절차이다.

한편, UPC는 유언의 경우에 대해서만 다루는 것은 아니고, 우리나라의 개념으로는 금치산자나 한정치산자의 재산관리에 관한 문제에 대해서도 규정하고 있는데, 예를 들어 UPC 제31장은 위와 같은 행위능력이 결여된 자의 후견에 관한 내용을 규정하고 있기도 하다. 이러한 점은 미국 법원 실무현장에서도 마찬가지이다. 번역자는 2010. 12. 7. 미국 오레곤주 포틀랜드시 소재 멀트노마 카운티 법원(Multnomah County Circuit Court)을 방문한 기회에 동 법원의 Probate담당부서도 둘러보았는데, 관계자들의 설명에 따르면, 'probate'절차에서는 유언관련사건 및 행위능력이 부족한 자의 재산관리에 관한 문제도 처리한다고 하였다.

이상과 같은 이유로 UPC를 우리 말로 번역하기가 매우 곤란하나, 이 책에서는 주로 유언에 관한 점과 관련하여 다루어지고 있으므로 편의상 '통일유언법'으로 번역한다. 이러한 번역은 편의적인 것이며, 그와 같이 번역하였다고 하여 UPC가 유언에 관하여 포괄적으로 다룬 법이라거나 유언에 관해서만 다룬다는 것을 의미하는 것은 아님은 말할 나위도 없다.

미국에서는 'probate'절차는 매우 번잡한 것으로 인식되고 있으며, 법률가들이 신탁제도 이용을 권하면서 그 이유의 하나로 동 절차를 피할 수 있다는 점을 들기도 하며, 그와 관련된 서적도 다수 출간되어 있을 정도이다. 예를 들어, Bennet, Gordon Mead, *How to Avoid Probate by Creating a Living Trust*, Revised Edition, Sterling(2007)이라는 책을 들 수 있다.

benefits)이 지급된 후에 비로소 결정된다. 이러한 특정 부분에 대한 권리는 비유언상속을 대체하며, 제 2 장에서 다루어진다.

1. 생존중인 배우자의 지분

생존중인 배우자는 유언이 없는 경우 항상 일정 지분을 받게 되는데, 그것은 위에서 언급된 대체적 권리(superseding rights)에 추가되는 것이다. 생존중인 배우자의 지분은 피상속인이 그 배우자 외에 생존중인 부모나 자식을 남겼는지 여부에 달려 있다.

a. 상속재산 전부를 받는 경우

통일유언법이 생존중인 배우자에게 상속재산 전부가 귀속되게 하는 경우는 두 가지이다. 첫째는, 피상속인 사망시 생존중인 직계비속 또는 부모가 없는 경우이다. 둘째는, 피상속인의 생존중인 모든 직계비속이 생존중인 배우자의 직계비속이기도 한 경우이다. 후자의 경우, 피상속인이나 생존중인 배우자 모두 다른 사람과의 사이에 자녀를 두지 않은 경우이어야 한다. 두 경우 모두, 피상속인이 60만 달러 상당의 재산을 남겼다면, 생존중인 배우자는 60만 달러 모두를 받는다.

b. 상속재산의 일부를 받는 경우

피상속인 또는 생존중인 배우자가 다른 사람과 사이에서 자녀를 두었거나, 피상속인에게 생존중인 부모가 있는 경우, 1990년 통일유언법에 따르면, 생존중인 배우자가 10만 달러 내지 20만 달러를 먼저 받고, 나머지를 피상속인의 자녀들, 만일 자녀들이 없다면 피상속인의 부모들과 나눠갖게 된다.

ⅰ. 피상속인의 부모가 있는 경우

피상속인의 부모 중 한 명만 생존해있고, 직계비속은 없다면, 생존중인 배우자는 20만 달러를 우선적으로 지급받고, 그에 더하여 나머지 상속재산의 3/4을 받는다. 예를 들어 피상속인이 60만 달러의 유산을 남긴 경우, 생존중인 배우자는 50만 달러(20만 달러 및 30만 달러)를 받고, 부모(들)는 10만 달러, 즉, 상속재산의 1/6을 받는다.

ⅱ. 피상속인의 의붓자식(stepchild)이 있는 경우

생존중인 배우자가 피상속인과 사이에 낳은 자녀 외에도 피상속인의 직계비속이 아닌 하나 또는 그 이상의 자녀가 있는 경우, 생존중인 배우자는 우선 15만 달러를 받고, 이에 더하여 나머지 상속재산의 3/4을 받는다. 이 경우란, 생존중인 배우자에게 피상속인의 의붓자식이 되는, 다른 사람과의 사이에서 태어난 자녀가 있는 경우이다. 만일 피상속인이 60만 달러의 상속재산을 남겼다면, 생존중인 배우자는 우선적으로 15만 달러를 받고, 그에 더하여 337,500달러를 받아, 총 487,500달러를 받게 된다. 결국 직계비속들에게는 총 112,500달러가 남게 된다.

ⅲ. 피상속인이 생존중인 배우자 아닌 다른 사람과의 사이에서의 직계비속을 남긴 경우

피상속인이 생존중인 배우자의 자녀가 아닌 하나 이상의 자녀를 남겼다면, 생존중인 배우자는 우선적으로 10만 달러를 받고, 그에 더하여 나머지의 1/2을 받는다. 상속재산이 60만 달러라고 하면, 생존중인 배우자는 35만 달러(10만 달러 및 50만 달러의 절반)를 받고, 피상속인의 자녀들은 25만 달러를 받는다. 이러한 규정(scheme)의 목적

은 생존중인 배우자가 다른 사람과의 사이에서 출생한 자신의 자녀를 우대하기로 선택한 경우 생존중인 배우자와 혈연관계가 없는 피상속인의 자녀들이 결국 상속으로부터 배제될 수 있어서 이러한 규정을 두었다.[4]

2. 직계비속

직계비속 또는 부모는, 생존중인 배우자가 그 몫을 받은 뒤, 나머지 상속재산의 1/6 또는 5/12를 받는다. 생존중인 자녀들은 보통은 동일한 지분을 얻는다. 손자나 증손자와 같은 다른 직계비속들은 대습상속권(right of representation)을 얻는다. 즉, 그들은 그들의 사망한 부모를 대신한다. 만일 오직 한 명의 직계비속만 있다면, 그 직계비속이 지분 전부를 얻는다. 생존중인 직계비속이 없는 경우, 배우자 몫을 제외한 나머지 상속재산은 대개 부모가 받게 된다.

3. 부 모

부모는 아래와 같은 경우에 상속을 받는다. 피상속인이 직계비속이나 배우자를 남기지 않고 사망한 경우, 부모(또는 그들의 자손)는 상속재산 전부를 받는다. 만일 부모 쌍방이 생존해있다면 그들은 동등하게 받는다. 부 또는 모 일방만 생존해있다면, 그 생존자가 부모에게 분배될 지분 모두를 받는다.

만일 피상속인에게 생존중인 배우자는 있으나 직계비속이 없는

4 이 부분 원문은, 'The purpose of the scheme is to recognize that the decedent's children who are not related to the surviving spouse could be eventually disinherited should a surviving spouse choose to favor his or her children by another partner'인데, 위 본문과 같이 의역하였다.

경우, 생존중인 배우자가 우선하여 20만 달러를 받고, 부모는 남은 것의 1/4을 받는다. 상속재산이 60만 달러라면, 부모는 10만 달러, 즉, 남은 40만 달러의 1/4을 받는다.

부모가 피상속인보다 먼저 사망했으나 자손을 남긴 경우, 그 자녀들(피상속인의 형제자매)은 그 부모들을 대습하여 상속한다.

4. 조 부 모

앞서 말한 범주(생존중인 배우자, 자녀들, 부모 또는 그 자손) 내에 아무도 없는 경우, 대부분의 법역(法域, system)에서는 조부모 및 그 직계비속에서 상속인을 찾는다. 1/2은 모계 조부모 또는 그들의 상속인에게 상속되고, 나머지 절반은 부계 조부모 또는 그들의 상속인들에게 상속된다.

5. 방계혈족

서론에서 언급한 대로, 방계혈족들은 피상속인과 부모, 조부모, 증조부모 등을 통하여 피상속인과 연결되는 친족들이다.

a. 제 1 순위(first-line) 방계혈족

제 1 순위 방계혈족은 피상속인과 그의 부모를 통하여 연결되는 사람들이다. 그들은 형제, 자매 그리고 그들의 직계비속이다. 피상속인의 형제의 자녀들은 조카(nephew and niece)이고, 피상속인의 형제들의 손자는 종손(從孫, grandnephews and grandnieces)이라 불리운다.

형제자매는 동복(同腹)[5]일 수도 있고, 이복(異腹)이나 이모(異

5 원문 'whole-blood'. 이를 '전혈(全血)'이라고 번역할 수도 있다.

母)[6]일 수 있다. 통일유언법 및 대부분의 주에서는 이복형제를 동복형제와 동등하게 취급한다.

몇몇 주의 법령은 이러한 일반적인 규칙과 다르다. 예를 들어 버지니아에서는, "이복 방계혈족의 상속분은 동복 방계혈족의 상속분의 1/2로 한다"라고 하고 있다[Va. Code Ann. § 64.1-2(2004)를 보라]. 만일 동복형제 한 명과 이복형제 한 명을 상속인으로 둔 피상속인이 버지니아 리치몬드에서 사망한 경우, 동복형제는 상속재산의 3/4을, 이복형제는 1/4을 받는다.[7]

미시시피에서는, "촌수가 같은(in equal degree) 동복혈족은 같은 촌수의(in the same degree) 이복혈족에 우선한다"라고 규정하고 있다[Miss. Code Ann. § 91-1-5조(2004)]. 피상속인이 한 명의 동복형제와 한 명의 이복형제를 둔 경우, 미시시피에서 거주하는 피상속인의 동복혈족은 상속재산 전부를 상속하며, 이복형제는 아무것도 받지 못한다. *Scott v. Terry*(1859) 사건에서 모든 동복형제가 피상속인보다 먼저 사망하였는데, 법원은 피상속인의 이복형제들은 배제하고, 상속재산을 동복쪽의 조카에게 귀속시켰다. 100여 년이 흐른 뒤, 미시시피의 다른 법원도 비슷한 결론을 내렸는데, 즉 생존 중인 피상속인의 이복자매를 배제하고 상속재산을 동복형제의 자녀들에게 귀속되도록 하였다. Jones v. Stubbs(1983) 사건을 보라.[8]

---

6 원문의 'half-blood'를 '이복이나 이모'라고 번역하였으며, 아래에서는 '이복'이라고만 번역한다. 이를 '반혈(半血)'이라고 번역할 수도 있다.

7 이러한 결과에 따른 이복형제의 상속분은 동복형제의 1/2이 아니라 1/3이 되는 결과가 된다. 원문의 'three-fourths'와 'one-fourth'는 '2/3'와 '1/3'이 되어야 하는 것이 아닌가 하는 의문이 든다.

8 원문에는 *Scott v. Terry*(1859) 사건은 이탤릭체로, Jones v. Stubbs(1983) 사건은 일반자체로 표기되어 있으나, 이러한 표기방법의 차이가 특별한 의미를 갖는 것으로 이해되지는 않는다.

두 사건에서, 조카들은 동복형제를 대습상속하여 원래는 그들의 부모에게 돌아갔을 상속을 받았다.

b. 제 2 순위 및 제 3 순위 방계혈족

제 2 순위 방계혈족은 조부모를 통하여 연결되는 친족이다. 이들은 피상속인의 고모, 삼촌, 사촌들이다. 사촌(first cousin)의 자녀들은 종질(first cousin once removed)이다.

제 3 순위 방계혈족은 증조부모를 통하여 연결되는 친족이다. 이들은 육촌(second cousin), 부모의 사촌(first cousin once removed)[9] 등 외에, 피상속인의 종조모(대고모, great-aunt), 종조부(great-uncle)도 포함된다.

c. 우선권(Preferences)

제 1 순위 방계혈족은 보통 제 2 순위 방계혈족에 우선한다. 이는 형제, 자매는 고모나 삼촌에 앞서서 피상속인의 상속재산을 차지함을 의미한다.

어떤 법역(法域, jurisdiction)에서는 촌수(degree-of-relationship) 체계를 취하여 친족관계의 촌수를 계산한다. 촌수는 피상속인과 상속인 간의 공통의 직계존속까지의 세수(family tree)를 계산하고, 그로부터 생존혈족 간의 세수를 계산하는 방식으로 결정된다. 예를 들어 생존중인 상속인으로서의 고모부터 계산하자면, 먼저 공동의 조상인 조부모까지 한 단계로 계산한 다음, 피상속인의 부모를 지나 피상속인까지 두 단계로 계산한다. 그 고모와 피상속인 사이에

---

9 'first cousin once removed'의 사전적인 의미에는 사촌의 자녀(종질)라는 뜻도 있고, 부모의 사촌이라는 뜻도 있다. 위 본문 바로 위에서는 사촌의 자녀(제 1 순위 방계혈족), 위 본문에서는 부모의 사촌(제 2 순위 방계혈족)으로 해석함이 상당하다.

는 세 단계[10]가 있고, 따라서 그 고모와 피상속인 사이의 촌수는 3촌 간이다. 촌수체계는 제 1 순위 방계혈족인 형제자매의 손자(종손, grand-nephew)(4촌)보다 제 2 순위 방계혈족인 고모(3촌)에게 우선권을 부여하는데, 고모쪽이 촌수가 더 가까운 친족이기 때문이다.

6. 주(州)

앞선 각 범주에 드는 사람이 없는 경우, 통일유언법과 몇 법역에서는 상속재산을 주에 귀속(escheat or pass)시킨다. 이러한 귀속제도는 주(state)를 최후의 상속인으로 삼는 것이다.

그러나 어떤 주는 증조부모 단계 및 그 이후까지 추적하여 아무리 멀더라도 그렇게 하여 찾은 친족에게 상속시킨다. 때때로 그러한 사람을 횡재한 상속인(laughing heir)이라고 하는데, 그들은 피상속인과 정서적인 연결이 없으며, 그래서 그들의 행운에 대해 듣고는 웃음을 터뜨린다는 데에서 나온 말이다.

본래 상속적격이 있는 상속인이 어떤 이유로 상속을 받을 수 없을 경우, 주가 상속을 받게 되는데, 원래의 상속인이 그의 지분을 포기하거나 피상속인을 살해한 경우 등이 바로 그러한 경우이다. 이러한 경우에는, 상속인이 피상속인보다 먼저 사망한 것처럼 취급한다.

---

10 원문에는 'There are three people'이라고 되어 있다. 그런데 문장의 표현상 세 사람을 말하자면 조부(또는 조모, 원문상으로는 grandparent), 부, 모(원문상으로는 'parents', grandparent와는 달리, 여기서는 복수단어가 사용됨)를 말하는 것인데, 만일 이 세 사람이 한 줄로 서있는 것이라면 두 사람 사이는 3촌이 아니라 4촌이 된다. 따라서 '세 사람'이 아니라 '세 단계'로 번역한다.

7. 부부공유재산에 관한 비유언상속규정

50개 주 중에서 40개 주는 부부별산제(separate property)를 취하고 있는데, 이러한 주들에서는 배우자는 각각의 이름으로 재산을 보유하게 된다. 현대 비유언상속법에 관해 위에서 한 논의는 이러한 주들 대부분에서 적용된다.

부부공동재산제를 취한 법역에서는, 배우자 쌍방은 결혼생활중 취득한 상대방의 수입 및 재산에 대해 절반씩 권리를 갖는다. 8개 주(애리조나, 캘리포니아, 아이다호, 루이지애나, 네바다, 뉴멕시코, 텍사스 및 워싱턴)는 부부공동재산제를 택한 주로 알려져 있는데, 이러한 주들에서는 결혼을 조합(partnership)과 같이 취급한다. 위스콘신주는 1999년 통일혼인재산법(the Uniform Marital Property Act in 1999)을 채택하였는데, 논란의 여지는 있으나 위 법은 위스콘신주를 부부공동재산제를 취하는 주로 만들었다. 1998년, 부부별산제를 택하고 있던 알래스카주는 남편과 아내가 재산을 부부공동재산으로 보유할 것을 선택할 수 있도록 하는 입법을 하였다. 이상과 같이 부부공동재산제를 택하고 있는 10개 주는 미국 인구의 약 1/3을 점하고 있다.

만일 고객이 위 10개 주 중 한 곳에서 거주하고 있다면, 변호사는 유산분배 결정을 위해서는 각 주 고유의 비유언상속규정을 확인해보아야 한다. 예를 들어 뉴멕시코주는 피상속인의 상속재산을 부부공유재산(community property, 결혼기간중에 취득한 재산)과 고유재산(separate property, 결혼전에 취득하였거나 증여로 취득한 재산)으로 나눈다. 피상속인은 공유재산의 1/2과 그(또는 그녀)의 고유재산의 전부를 처분할 권리가 있다. 피상속인이 유언 없이 사망한 경우,

뉴멕시코주는 부부공유재산의 1/2을 생존중인 배우자에게 준다. 피상속인의 고유재산의 1/4은 생존중인 배우자에게, 3/4은 부모 또는 직계비속에게 준다. 생존중인 배우자는 피상속인의 친족으로 생존중인 자가 없는 경우, 피상속인의 고유재산 전부를 받게 된다.

C. 동시사망(Simultaneous Death)

커먼로하에서, 법정상속을 받기 위해서는 피상속인보다 1초라도 더 오래 살아있기만 하면 된다. 그러나 어떤 재난들은 동시사망을 초래하기도 하는데, 존 F. 케네디 2세와 그의 부인인 캐롤린 베셋이 1998년 비행기사고로 동시에 행방불명이 된 경우나 2001. 9.11. 세계무역센터에서 부부가 동시에 사망한 경우가 바로 그러한 경우이다. 그러한 비극이 발생한 경우, 누가 누구로부터 상속을 받을 것인가 하는 점이 문제가 된다.

커먼로상의 원칙은 어려운 결과를 초래하기도 하는데, 특히 현대기술이 인공적으로 어떤 사람의 생존을 연장하는 경우가 그러하다. *Janus v. Tarasewicz* 사건(1985)에서, 법원은 남편과 부인 둘다 사고로 독이 들어간 타이레놀을 먹고 난 후 부인 또는 남편 중 누가 먼저 사망하였는지 여부에 관한 분쟁을 해결하였다. 위 사건에서 법원은, 부인이 남편보다 이틀간 더 생존하였으므로, 보험계약에 의하여 후순위의 보험수익자로 지정되어 있던 그 남편의 어머니가 아니라 그 부인의 상속인(결국 그녀의 아버지)이 10만 달러의 생명보험금을 받게 된다고 결정하였다.

통일유언법에 편입된 통일동시사망법(Uniform Simultaneous Death Act, USDA)은 커먼로상의 원칙을 수정하여, 120시간의 생존을 요구한다. 만일 법원이 통일동시사망법을 *Janus v. Tarasewicz* 사건에 적용한다면, 그 사건에서의 남편과 부인은 서로 먼저 사망한 것으로 간주되게 되고, 남편의 어머니가 그의 생명보험금을 타게 된다.

D. 공동상속인 사이의 분배

한 명 이상의 상속인이 있는 경우, 공동상속인들은 다음과 같은 방식, 즉, 평등방식과 불평등방식, "분가별(分家別) 상속방식"("classic per stirpes")[11]에 의한 대습상속방식, "동일세대 동등상속방식"("per capita at each generation")[12]에 의한 대습상속방식 등의 대습상속방식에 의하여 분배받는다. 평등방식에 의할 경우, 각

11 피상속인의 자녀(分家)별로 동등한 상속지분을 받되, 그 자녀가 사망한 경우 그 자녀의 자녀 또는 그 직계비속들이 그 자녀의 지분을 상속받는 방식. Wikipedia 참고. 아래 그림도 Wikipedia에 의함. 단, Wikipedia에는 'per stirpes'에 대해 설명되어 있다. 이 방식이 우리나라의 대습상속과 일치된다.

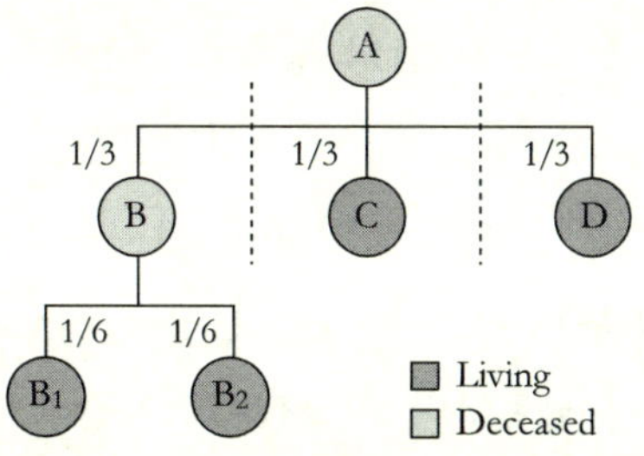

12 예를 들어 피상속인이 A, B, C 3명의 자식을 두었으나, 피상속인 사망시 B, C는 이미 사망하였고, B에게는 D, C에게는 E·F라는 자녀가 있는 경우, A는 상속재산의 1/3을 상속받고, 나머지 2/3는 피상속인의 손자세대인 D, E, F가 평등하게 상속받는 것을 말한다. 따라서 D, E, F는 2/9(2/3×1/3)씩을 상속받게 된다.

'per capita at each generation'에 대해서는, http://www.quizlaw.com/trusts_and_estates/what_is_per_capita_at_each_gen.php에 잘 설명된 것이 있어 참고할 수 있다.

상속인들은 동일한 지분을 상속받는다. 상속재산을 생존중인 배우자와 다른 상속인들 사이에서 분배하여야 할 경우 불평등방식이 사용된다. 예를 들어 통일유언법 § 2-102조는 생존중인 배우자에게 일정 부분(a dollar amount)을 먼저 분배하고 나서 나머지 부분을 배우자와 다른 상속인들 사이에서 분배한다. 다른 세 가지 방식[13]은 아래에서 자세히 설명한다.

1. 대습상속방식

피상속인보다 먼저 사망한 자의 직계비속(자손)에게 재산을 분배하는 것을 대습상속방식이라 한다. 자손 제 1 세대(the first generation of issue)란 해당(named) 직계존속의 자녀들이다. 문제는 사망한 자녀들에게 그들을 "대신(represented)"할 수 있는 다른 직계비속들, 특히 법정상속이 개시되는 피상속인 사망 당시 생존해 있는 직계비속이 있는 경우에 발생한다.

대습상속권 및 그 라틴어 표현인 *per stirpes*는 보통은 여러 세대에 걸친 복수의 자손들에게 상속재산을 분배하는 방식이다. 대습상속이란, 특정 세대의 사망한 자로서 상속재산의 분배시기(보통은 유언을 남기지 않은 직계존속의 사망시)까지 생존한 직계비속을 남긴 자가 있는 경우, 그 생존한 직계비속이 상속받는 것을 말한다. 상속을 받을 자격은 대체될 수 있다.[14] 즉, 사망한 직계비속이 받았어

13 원문에는 equally와 unequally에 대하여 설명한 다음, 'three methods'에 대해 설명한다고 하고, 이어 'by right of representation', 'classic per stirpes' 및 'per capita at each generation'에 대해 설명하고 있으나, 이 세 가지가 같은 차원에서 비교될 것은 아니고, 뒤의 두 가지는 'by right of representation'의 두 가지 방식이라 생각된다.

14 이 번역본에서 'gift'는 통상 '증여'로 번역하였으나, 이 부분 원문, 'The gift is substitutional'에서의 'gift'는 '증여'로 해석되기 어렵다.

야 할 상속지분은 그의 자손들이 나누어 받는다. 그리하여 이복혈족보다 동복혈족을 우선하는 미시시피주의 경우, 동복의 조카들이 그들의 부모를 대체하게 되고, 피상속인의 이복형제들을 배제하고 피상속인의 상속재산을 받게 된다. 생존중인 직계존속이 있으면, 상속재산 분배시에 그 직계존속의 자손들이 존재하고 있더라도, 그 자손들이 상속재산을 받지 못하게 된다. 그래서 미시시피주의 예에서, 피상속인의 동복형제들이 생존해 있었다면, 그들은 그들의 자손을 배제하고 피상속인의 상속재산을 받게 된다. 자손들은 그 직계존속의 위치에 들어서는 것이지만, 그 위치가 비어있을 때만 그렇다는 점을 명심하라.

다음의 개요도는 대습상속제도의 여러 면에서 발견되는 유사점과 차이점을 보여준다.

[대습상속 개요도]

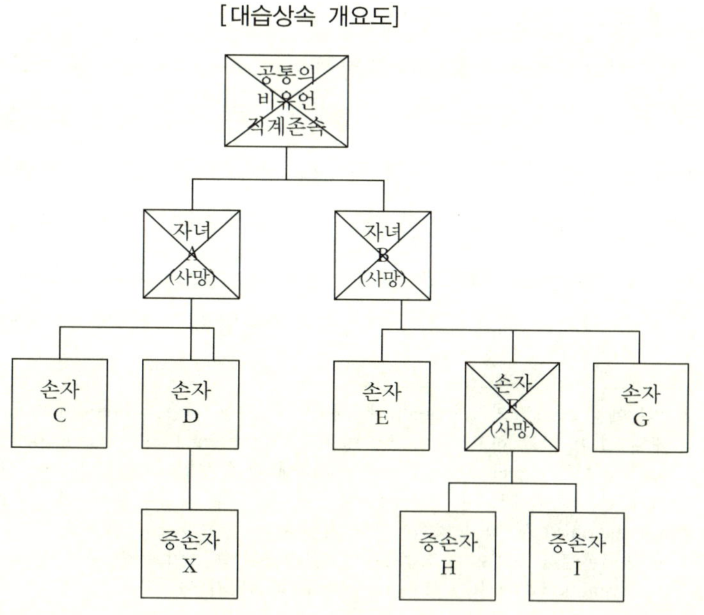

자녀 A와 B 및 손자 F가 공통의 비유언직계존속보다 먼저 사망하였고 나머지 사람들이 생존하여 있다면 다음과 같이 된다.

A는 두 자손, 즉, 공통의 비유언직계존속의 손자이며 A의 자녀인 C와 D에 의하여 대습상속된다.

B는 그의 두 자녀인 E와 G, 그리고 죽은 자녀 F의 자녀인 두 손자, 즉 H 및 I에 의하여 대습상속된다. 공통의 비유언직계존속의 손자들인 E와 G는, 공통의 비유언직계존속의 증손인 H 및 I와 함께 그들의 직계존속인 B를 대습상속하여 상속재산을 상속받게 된다.

2. 분가별 상속방식

공통의 비유언직계존속의 자녀들이 모두 사망한 경우, 법계(jurisdiction)[15]에 따라 접근방법과 결과가 다르다. 분가별 상속방식에 의할 경우, 가장 상위단계, 즉 비록 그들이 모두 사망하였더라도 자녀인 A와 B의 단계에서 대습상속절차를 시작한다. 이에 의하면, 상속재산의 1/2은 A의 자녀들에게 분배되는바, 즉 C와 D가 각각 1/4씩을 받는다(연결고리가 되는 직계존속이 아직 생존중인 X는 대습상속하지 못한다는 점에 주의하라).

이러한 방식은 *Maud v. Catherwood*(1945) 사건에서 적용되었다. 이 방식에 의하면, E와 G는 각각 B 몫인 1/2의 1/3(즉, 각 1/6)

15 여기서는 'jurisdiction'을 법계(法系)로 번역하였는데, 이는 특정한 지역에서 적용되는 법률체계를 의미한다. 'jurisdiction'이라는 단어는 그 문맥에 따라 관할이나 관할권 등으로 번역될 수도 있다. 한편 이 책에서는 'system'을 '법역(法域)'이라 번역하였는데, 법계와 거의 같은 뜻으로 이해된다. 이러한 번역은 일단 편의에 의한 것이며, 이들을 번역함에 있어 우리나라의 법률용어 정도의 수준으로 엄밀히 구분하여 사용하기는 어렵다. 따라서 위와 같은 예를 기준으로 하되, 경우에 따라서는 자유롭게 번역될 수도 있음을 밝혀둔다.

을 받으며, H와 I는 B가 받았을 1/2로부터 F가 받았을 1/3 중 각 1/2을 받게 된다.

통일유언법은 대습상속방식으로 두 가지를 정하고 있다. 통일유언법 § 2-106조가 정한 원래의 방식이며 아마도 미국의 주류적인 방식에 의하면, 생존중인 상속인이 있는 가장 상위의 세대에서 그 상속재산을 나눈다. 그래서 위 개요도의 사안에서는, 생존중인 자녀가 없으므로, 손자단계에서 분배가 이루어진다. 그리하여 C, D, E와 G는 각각 1/5을 받고, H와 I는 F가 생존해 있었더라면 F가 받았을 1/5(각자는 1/10)을 받는다. 생존중인 자녀가 있는 경우, 상속재산의 분배는 분가별 상속방식과 동일하게 된다.

3. 동일세대 동등상속방식

1990년, 통일유언법 § 2-16조 (b)항은, 그 다음세대의 대습상속인들 사이에 평등하게 분배되는 것을 내용으로 하는 '동일세대 동등상속방식'이라 불리우는 개념을 도입하였다. 대습상속권 개요도의 사안에서, 통일유언법에 따른 결과는 동일하다. 즉, 손자 C, D, E 및 G는 동등하게 1/5을 받고, H와 I는 각각 1/10을 받는다.

그러나 새로운 방식인 '동일세대 동등상속방식'에 의할 경우, 만일 D가 사망하였고 X가 살아있다면, H와 I의 지분은 달라진다. 이제는 세 명의 증손자, 즉 X, H와 I는 2/15(즉, 사망한 두 명의 손자, 즉 D와 F의 지분을 합한 2/5의 1/3)을 각각 받게 된다.

E. 입양아, 혼외자, 유복자

1. 입 양

입양절차는 한 가계에서 다른 가계로의 완전한 이식을 가져온다. 달리 말하자면, 입양대상 아동은 생물학적 부모와의 법적 연결을 끊고, 입양부모와 법적으로 연결되게 된다.

현행법령들은, 입양아동이 새 가족에 의하여, 새 가족으로부터 또는 새 가족을 통하여 상속을 받는지 여부, 그리고 옛 가족에 의해, 옛 가족으로부터 또는 옛 가족을 통해 상속을 받지 못하는지 여부 등 상속에 관한 모든 쟁점에 대하여 입양아동이 마치 새로운 가정에서 출생한 것과 동일하게 다루어져야 하는지에 관해 충분하게 규정하고 있지 아니하다. 그리하여 다음과 같은 네 가지 문제가 제기될 수 있다: (1) 입양아는 입양한 부모를 상속하는가?; (2) 입양아는 입양부모를 통하여 입양한 가족으로부터 상속을 받는가?; (3) 입양한 가족은 입양아로부터 상속을 받는가?; 그리고 (4) 입양한 가족은 입양아를 통하여 상속을 받는가, 즉 입양부(adopting father)는, 입양되었으나 지금은 사망한 중간세대를 통하여 그로부터 출생한 그의 손자로부터 상속을 받는가?

대부분의 법들은 (1)번 내지 (3)번 문제에 관하여 긍정적이다. 제정법이 불완전하다면, 그것은 대개 관계를 통한 상속(즉, 법정상속인 또는 잠재적 상속인이 입양 당사자가 아닌 경우)에 관해 규정하지 아니하였거나 또는 옛 가족의 권리가 종료되었음을 명시하지 아니하였기 때문이다.

Hall v. Vallandingham(1988)사건에서, 매릴랜드주 법원은 입양

아가 그의 사망한 생물학적 아버지를 대습하는가 그리고 그의 생물학적 아버지를 통하여 그 형제의 상속재산으로부터 상속을 받는가에 관해 판단하였다. 법원은 "직접적으로 허용되지 않는 것은 간접적으로도 허용되지 않는 것임이 거의 확실하다(What may not be done directly most assuredly may not be done indirectly)"라고 판시하면서, 부정적인 결론을 내놓았다.

통일유언법 §2-114조에 따르면 *Hall v. Vallandingham* 사건의 결과가 달라졌을 것인데, 왜냐하면 그 사건에서 입양아들은 그들의 어머니의 배우자에 의하여 입양되었기 때문이다. §2-114조 (b)항은, "생물학적 부모 중 어느 일방의 배우자에 의한 입양은 다음 각 호에 영향을 미치지 않는다 … (ii) 입양아 또는 그 입양아의 직계비속의, 다른 부모로부터 또는 다른 부모를 통하여 상속을 받을 권리"라고 규정하고 있다.

a. 상속을 받기 위한 입양

보통은 이미 존재하는 철회불가능신탁과 관련한 목적으로, 입양하는 사람의 자손이라는 자격을 부여하기 위하여 입양하는 기법에 대하여 법원은 다양하게 반응한다. 엄밀한 의미에서는, 입양된 사람은 자녀로서의 자격을 얻는다. 현실적으로 입양이 전통적인 입양의 의미에서의 실체를 갖지 않는 엉터리인 경우가 종종 있다.

예를 들어 동성애관계에 있는 자들이 상대방으로 하여금 상속을 받게 하려고 상대방을 입양하는 경우에 대해 법은 부정적인 태도를 취한다. 성적관계는 부모-자식 간의 관계가 되기에는 적합하지 않다고 간주된다.

나아가, (동성애) 커플은 헤어질 수도 있고, 그들의 성적관계를 단절할 수도 있으나, 그러한 경우에도 그들의 입양관계는 법적으로 무효가 될 때까지 남는다. 이 문제는 2007년, 올리브 왓슨의 예전 동성애 파트너이자 입양딸인 패트리샤 앤 스패도가, 그녀의 예전 파트너의 어머니로부터 상속을 받고자 그 어머니의 손녀로 인정해 달라는 소를 제기하였을 때 전면에 드러났다. 올리브 왓슨의 어머니(IBM의 창업자인 토마스 J. 왓슨의 직계비속)는 2004년에 사망하였는데, 수백만 달러의 재산을 그녀의 손자들 사이에서 나누도록 신탁형식으로 남겼다. 상속재산의 신탁을 담당한 변호사들은 위 입양이 공서양속에 반하고 기망행위에 해당된다는 이유를 들어 무효화시키려고 시도하였다.

동성애자들이 결혼할 권리를 얻거나 법적 동거로 인정받을 권리를 얻음에 따라, 그들은 혼인한 이성 부부와 동등한 상속권을 얻게 되었다. 그리하여, 상속권을 얻기 위하여 입양에 의존할 필요성은 사라졌다.

b. 사실상의 입양

이러한 입양은 종종 형평법상의 입양(equitable adoption)으로 불리기도 하는데, 법이 그렇게 되어야 마땅한 것은 그렇게 된 것으로 본다(the law will construe done what ought to have been done)는 의미에서 그러하다. 예를 들어 입양합의가 있고, 아동쪽에서 입양을 위하여 필요한 조치를 모두 취하였으나 그 입양부모가 그 관계에 필요한 법적 조치를 취하지 아니하였던 경우, 법원은 형평법의 관점에서(sitting in equity) 그 아동으로 하여금 입양부모로부터 상속받도록 허락할 수 있다. 형평법은, 아동이 입양유사상태(simulated legal adoption)로부터의 과실을 얻을 수 있다고 선언함으로써,

아동과 부모 사이의 계약의 효력을 발휘하게 할 수 있다.

이러한 유형의 입양이 자(子)를 위하여 효력을 발생하기 위해서는 소가 제기되어야 한다. *O'Neal v. Wilkes*(1994) 사건에서와 같이 때때로, 법원은 아동의 친족이 입양계약을 체결할 권한이 없다는 점을 들어 형평법상 입양이라는 주장을 배척하기도 한다. 그럼에도 불구하고, 그 입양관계에 필요한 법적 조치를 취하지 못한 사람이 입양부모쪽이므로, 입양부모는 그 아동으로부터 상속을 받을 수 없다.

2. 혼 외 자

커먼로에서는, 혼외자는 '누구의 자녀도 아닌 아동(the child of no one)'이며, 그의 아버지나 어머니 어느 쪽으로부터도 상속을 받을 수 없다. 그 아동의 배우자와 직계비속만이 그 혼외자로부터 상속을 받을 수 있다. 그러한 자가 생존중인 배우자나 직계비속을 남기지 않고, 아울러 유언도 남기지 않고 사망하였다면, 상속재산은 주에 귀속된다.

다음의 세 가지 경향, 즉, (a) 혼외자 정의의 축소 경향, (b) 혼외자가 (특히 그 어머니로부터) 상속을 받을 수 있게끔 하는 제정법의 경향, 그리고 (c) 헌법적 권리의 변화에 의하여 혼외자의 상속능력은 확장되어 왔다.

a. 혼인중의 자 개념의 확대

엄밀한 의미에서는 아버지와 어머니가 결혼을 통하여 그들의 관계를 합법화하는 데 실패하였거나 그렇게 하지 않기로 선택하였기 때문에 그 친자관계가 정당하지 않은 것(illegitimate)이 되는 것이다. 그럼에도 불구하고, 전통적으로 낙인(stigma)은 결혼을 통하지 않고 포태된 아동에게 향해졌다. 점점 더 많은 제정법은 그 부모가 자녀의 출생전(몇몇 경우에는 그 이후에라도)에 결혼한 경우에 그 아동은 정당하다고 선언한다. 대부분의 법계에서는, 아동은 아버지에 의한 인지(acknowledgment)(또는 그 어머니와 결혼에 준하는 행위)에 의하여 정당화된다.[16]

DNA검사는 아버지인지 여부를 증명하기 위하여도 이용된다. 예전의 테니스 스타 보리스 베커와 같은 많은 운동선수와 유명인은 그들의 아내가 아닌 다른 여자들과 사이에 출생한 아이의 아버지라는 주장이 나온 뒤 피소되었다. DNA검사는 몇몇 경우에는 아버지와 자녀의 관계를 결정적으로 증명했고, 그 아버지로 하여금 그의 자녀를 부양하도록 강제하였다. 베커는, 런던의 고급 식당의 비품실에서 러시아 모델과 단 한 차례 가진 관계에서 태어난 아동을 부양하기 위하여 100만 달러 이상을 지급하였다.

아버지가 사망한 경우에 관해, 몇몇 주의 법원은 DNA검사를 위하여 아버지의 시신 발굴을 명하는 명령을 내리기도 하였다. 그러나 캘리포니아주 법은 아버지가 그 아이를 자신의 아이라고 유보할 수 없었던 경우, 가령 자신이 아이를 생산하였다는 사실을 알지도 못한 채 사망한 경우 등이 아닌 한 그러한 DNA검사를 하지 못하도록 했다.

b. 혼외자가 상속을 받을 수 있게끔 하는 제정법의 경향

최근 모든 주는 혼외자가 그의 어머니로부터 상속을 받을 수

---

16 이 부분에서 '정당하다(legitimate)', '정당화된다(legitimated)'라는 표현은 우리 법률용어로는 좀 어색한 표현이며, 우리 식으로는 '혼인중의 자와 동일한 취급을 받게 된다'라는 의미로 이해되어야 한다. 그러나 번역을 함에 있어서는 원문에 충실한 편을 택하였다.

있게 하는 법률을 제정하였거나 판례법을 갖고 있다. 이러한 법들은 또한 어머니를 통한 상속을 허용하였는데, 즉, 어머니가 그의 존속보다 먼저 사망한 경우, 혼외자가 그 어머니를 대습상속하게 되었음을 의미한다.

약 1/3개 주에서 채택된 통일친자관계법(Uniform Parentage Act)은 부모의 혼인상태와 무관하게 친자관계를 인정하고 있다. 예를 들어 아버지가 아동을 자기 집으로 받아들이고 공개적으로 그 아동을 자기의 자녀로 인정하거나 서면에 의해 자신이 아버지임을 승인하고, 그 서면이 적절한 법원 또는 행정기관에 의해 수리된 경우, 통일친자관계법에 의하여 친자관계가 있는 것으로 추정된다. 예를 들어 아동이 태어난 경우 아버지는 출생증명서에 서명하거나 부모자식관계를 인정하는 다른 법적 문서에 서명할 수 있다.

제정법의 이러한 경향은 다음에서 설명하는 헌법적 접근방법에 의하여 더 가속화되었다.

c. 혼외자가 상속을 받을 헌법적 권리

미연방대법원은 *Trimble v. Gordon*(1977) 사건에서, 혼외자가 그의 아버지로부터 상속을 받을 권리를 인정하지 않은 일리노이주법이 헌법에 위반된다고 선고하였다. 노스다코다주에서는 혼외자의 상속권을 제한하는 주법이 주헌법 및 연방헌법에 위반된다고 선고되었다. 그리하여 모든 혼외자가 양쪽 부모로부터 상속을 받을 권리를 갖는다는 것이 현재의 기본원칙(the law of the land)[17]이다.

---

17 law of the land: 원래 마그나 카르타에서, 로마법이나 시빌로(civil law)와 구분되어, 당시 영국의 기존법을 이르는 표현이었다. 오늘날, 이 용어는 due process에 맞는 기본적인 정의 원칙을 지칭하는 말이 되었다. 그 예로 다음과 같은 표현을 들 수 있다. "the United States Constitution declares itself to be 'the supreme law of the land' "(이상의 내용은 http://

그럼에도 불구하고, 부모는 유언을 통하여 혼외자를 상속에서 배제할 수 있다. 예를 들어 엘비스 프레슬리는 그의 혼인중의 자녀들에게 잔여재산신탁(residuary trust)[18]으로 그의 유산을 남겼다. 또한 그는 수탁자에게 그의 딸인 "리사 마리 프레슬리와 있을지도 모르는 또 다른 나의 적법한 자녀"의 양육비를 지급하라고 지시하였다. 데보라 델라인 프레슬리가 1989년 프레슬리의 혼외자라고 주장하면서 등장하자, 법원은 *Presley v. Hanks*(1989) 사건에서, 그녀는 프레슬리와 그녀의 어머니 간의 결혼기간중에 태어나지 않았으므로, 엘비스 프레슬리의 유언장은 명백히 그녀를 배제하였다고 선고하였다. 사실 그는 그녀의 어머니와 혼인한 적이 없었다.

3. 유복자(POSTHUMOUS CHILDREN)

유복자라는 표현은, 부모가 사망한 뒤 태어난 자녀이다. 전통적으로 자녀는 살아서 태어나기만 하면 포태시부터 존재하는 것으로 취급되어 왔다. 통상적인 임신기간은 280일 또는 10개월이다.

---

www.thefreedictionary.com/law+of+the+land 참고). 한편, '시빌로'를 직역하면 '민법'이 되나, 위 설명에서는 '커먼로(common law)'와 대비되는 의미로 쓰인 것이다. 이 경우 '민법'이라고 번역하면 혼동의 우려가 있으므로, '커먼로'와 대비되어 쓰일 때는 '시빌로'로 번역하기로 한다.

18 미국에서의 신탁유형 중 하나인 'A-B 신탁(A-B trust)'은 위탁자가 사망하면 신탁을 두 부분으로 나눈다. 한 부분(A-신탁)은 위탁자 사망시, 피상속인의 재산 중, 제외되는 부분(exclusions)을 초과하는 모든 부분으로 구성되며, 생존중인 배우자가 그 수익자가 된다. 다른 부분(B-신탁)은, 위와 같이 제외되는 부분에 의한 재산 모두를 소유한다. 이러한 조치로 인해, 상속세는 생존중인 배우자의 사망시까지 이연된다. B-신탁은 '혼인관련잔여재산신탁(marital residuary trust)'이라고도 불리운다(이상의 내용은 http://www.businessdictionary.com/definition/A-B-trust.html 참고).
엘비스 프레슬리는 법적 배우자가 없는 상태에서 사망하였으므로, 여기서의 '잔여재산신탁'은 생존중인 배우자와 관련된 것은 아니고, '세금, 채무 등을 공제한 나머지 재산에 의한 신탁'을 의미하는 것으로 생각된다.

통일친자관계법 제4장은 남편 사망 후 300일 이내에 태어난 아동은 그의 자녀로 추정한다. 이는 번복가능한 추정이며, 만일 그 아버지의 유일한 자녀임이 증명되면 더 큰 상속지분을 갖게 되는 다른 자녀와 같이 그 결과에 이해관계를 갖는 사람에 의하여 이의가 제기될 수 있다.

아버지나 어머니가 사망하고 나서 여러 해 뒤에 수태되는 것도 가능하게 하는 생식기술이 개발됨으로써, 전통적인 유복자 개념은 도전받게 되었다. 남성과 여성의 생식도구(가령 정자와 난자) 모두가 장래 인공수정을 위해 채취될 수 있으므로, 자녀는 부모사망 후, 몇십 년은 아니더라도 몇 년 후에 태어날 수 있다.

그러한 자녀들의 상속권은 장래에 소제기를 위해 충분하다(ripe). 이러한 아동에게 유리한 점은, 그들의 DNA증거가 피상속인과의 관계를 증명해준다는 점이다. 그러한 피상속인의 상속재산의 분배는, 주가 어떤 시점(時點) 이후에는 잠재적 자손이 상속인이 되지 못하게 하는 법을 만들기 전에는, 유복자에 의한 잠재적인 주장 때문에 연기되거나 재개될 수 있다.

F. 상속장애사유

상속인의 몇 가지 행위는 그들로 하여금 피상속인으로부터의 비유언상속을 받을 수 없게 만들 수 있다. 가장 일반적인 것은 상속재산에 대한 포기(disclaiming or renouncing), 피상속인과의 이혼, 피상속인 살해 등이다.

1. 포 기

통일유언법 § 2-1105조와 § 2-1106조에 따르면, 상속을 포기한 사람은 피상속인보다 먼저 사망한 것으로 취급된다. 상속인은 세금을 피하거나, 그의 채권자들이 상속재산으로부터 집행해가는 것을 막고자, 또는 그 재산을 다른 수익자들에게 재배분되게 하려는 목적으로 상속재산을 포기한다.

Drye v. United States(1999) 사건에서, 연방대법원은 상속을 포기함으로써 연방조세에 부여되는 담보권(a federal lien[19])을 피할 수 없다고 선고하였다. *Troy v. Hart*(1997) 사건에서 매릴랜드주 법원은 포기된 재산은 의료보험수익의 지급에 관한 정부의 채권을 위해 쓰이게 된다고 선고하였다.

2. 이혼과 중혼

부부가 이혼하면, 비유언상속절차와 관련하여 어느 쪽도 다른 쪽의 생존중인 배우자가 되지 못한다. 전(前)배우자는 통일유언법 또는 다른 비유언상속법령에 의한 상속권을 갖지 못한다.

마찬가지로, 중혼관계(두 사람 또는 그 이상의 사람과 결혼하는 것)에 있는 배우자는 상속권이 없다. *Doherty v. Traxler*(1953) 사건과 *Harrison v. G. & K. Inv. Co.*(1959) 사건에서, 플로리다주 및 미시시피주 대법원은 중혼을 한 남편이 그의 아내들의 상속재산으로부

19 미국법에서의 'lien'은 우리 식으로 표현하면 담보권일 수도 있고, 우선권일 수도 있으며, 그 발생경위나 효력 등이 경우에 따라 크게 달라서 한 마디로 이를 정확하게 번역하기 힘들다. 따라서 경우에 따라 '담보권'으로 번역하거나, 원어대로 '리언'이라고 번역하기로 한다. 'lien'이 담보권에 가까운 경우에도 통상은 법정(法定)의 것을 지칭한다.

터 상속을 받지 못하게 했다. *Blount v. Dean*(1939) 사건에서, 조지아주 대법원은 남편의 두 번째 결혼(중혼)은 무효이고 따라서 그 남편은 그의 첫 번째 아내로부터 상속받을 수 있다고 선고하였다.

최근, 소울 가수 제임스 브라운이 2006년 성탄절에 하늘나라의 콘서트홀에서 공연을 하기 위해 승천한 뒤, 그의 생존중인 배우자라고 하는 사람이 그의 상속재산에 관하여 권리를 주장하는 동안 그의 매장이 몇 달간 지체되기도 하였다. 그러나 브라운이 그 여자와 결혼했을 때, 그녀는 아직도 그의 전(前)남편과의 법적 결혼상태가 유지되고 있었다. 그들이 재혼을 계획하기는 하였으나, 브라운이 죽기 전에 재혼하지는 않았다. 이러한 사실들이 언론에 보도되자, 그녀는 브라운이 그녀에게 자녀를 낳게 했고 그래서 그 자녀는 브라운의 다른 생존중인 자녀들과 함께 상속받을 권리가 있다는 점을 입증하는 데 노력을 집중하였다.

3. 살　인

똑같은 옛날 이야기를 하는 남편에게 싫증난 아내가 철제 냄비로 남편을 내리쳐 살해하였다면(TV 드라마인 *Six Feet Under*의 이야기[20]), 그 아내는 남편으로부터 상속을 받을 기회를 없앤 것이 된다. 피상속인을 살해한 상속인은 비유언상속에 의한 상속을 받을 수 없다. 몇몇 주는 자발적인 살인, 비자발적인 살인을 구분하고, 비자발적 살인의 경우 상속을 허용하기도 하나, 자발적 살인에 관해서는 그렇지 않다. 이에 관한 법률은 제 5 장에서 상세히 다룬다.

---

20 미국 HBO계열 방송국에서 2001년부터 2005년까지 방영된 인기드라마이다.

CHAPTER 2

Wills and Trusts

배우자 및 자녀의 권리

A. 배우자권리의 요약

생존중인 배우자(및 때때로 미성년자 또는 기타 요부조자녀[1])에게는 특정 권리들이 가장 강력한 가능한 조건으로 보장되어 왔다. 그러한 권리들은 비유언상속법리나 유언에 의하여도 변경할 수 없다. 그래서 유언이나 비유언상속법리에 의하여 분배되어야 할 상속절차집행대상재산[2]은 과부잔류권(quarantine),[3] 주거(homestead), 면제재산(exempt property),[4] 임시생활비(family allowance),[5] 소(小)상속재

---

1 원문의 'dependent children'을 '요부조자녀(要扶助子女)'로 번역하였다.

2 'the probate estate'의 해석이 문제인데, 'probate'라는 단어의 원래 의미는 '검인'이지만, 법률용어로서는 '검인'에 국한되지 않고 피상속인의 상속재산에 대한 관리도 포함된다. *BLACK'S LAW DICTIONARY*, Centennial Edition(1891-1991), 1202면 참고. 따라서 'the probate estate'를 '상속절차집행대상재산'이라고 번역한다.

3 남편의 사후 그 집에 40일 동안 머물 수 있는 권리.

4 통상은 파산재단에 편입되지 않고 채무자가 자유롭게 처분할 수 있는 재산을 말한다.

산집행절차(small estate procedures),[6] 미망인의 상속분(dower),[7] 환부산(鰥夫産, curtesy),[8] 법정 예외재산(statutory substitutes)을 제외한 것이 된다. 이러한 권리들에 대해 살펴본다.

1. 과부잔류권

커먼로에서는, 미망인(부동산의 상속인은 아니지만, 부동산이 아닌 재산에 관해서는 최근친자이다)으로 하여금 사망한 남편의 주된 주거지에서 남편 사망후 40일간 거주할 수 있게 허용한다.

2. 주거 및 면제재산

'주거'라는 용어의 의미가 법계에 따라 다르기는 하지만, 기본적으로 가족들의 주된 주거지와 그 부속지를 의미한다. 대부분의 주에서는, 주된 주거인 주택과 보통은 의복, 가구, 생계를 위한 도구 등 일정 범위의 동산을 집행과 다른 법적 절차로부터 책임을 면해준다. 종종 특별법은 상속재산집행절차상의 주거(probate homestead)를 생존중인 배우자(및 때때로 미성년자 또는 기타 요부조자녀)에게 분배한다.

---

5 probate 절차기간 동안에 미망인과 자녀들을 위해 지급되는 생활비. *BLACK'S LAW DICTIONARY*, Centennial Edition(1891-1991), 605면 참고.

6 'small estate'란, 보통의 상속재산집행절차에 비하여 덜 복잡한 소규모의 상속재산의 집행에 관한 유연한 절차로 몇몇 법계에 존재한다. *BLACK'S LAW DICTIONARY*, Centennial Edition(1891-1991), 548면 참고.

7 과부가 살아있는 동안 분배받는 망부(亡夫)의 유류(遺留) 부동산을 의미하기도 함. 본문에서의 의미도 그와 같은 것으로 보인다.

8 아내가 죽은 뒤 남편이 아내의 토지 재산을 일생 동안 가지는 권리.

3. 임시생활비

배우자나 부양이 필요한 자녀들의 다른 권리에 더하여, 대부분의 법계는 생존중인 배우자나 부양이 필요한 아동 또는 그 둘 다에게 비교적 관대한 내용의 정기금을 받을 권리를 부여한다. 때때로 피상속인의 부양의무의 연장으로서의 성격을 갖는 이러한 금원에는 피상속인 및 그의 상속재산이 부담하는 채무나 비용의 거의 대부분보다 우선권이 부여된다.

소제기(또는 법규정에 의하여 정해질 것)를 필요로 하는 문제들 중에는 다음과 같은 것들이 있다: 금액은 생활수준(station of life) 기준에 의하여 유연하게 정해질 수 있는가 아니면 고정되는가? 상속재산은 지급가능상태(solvent)여야 하는가(그리고 그러한 상태가 유지되어야 하는가)? 생활비는 소급적으로 인정되는가? 일방적인가(ex parte[9])? 법원은 임시생활비의 지급을 신청하는 당사자의 다른 재산이나 수입원을 고려하여야 하는가? 아동과 다른 자녀들도 권리를 얻는가? 만일 그렇다면 그들은 미성년자이거나 피상속인으로부터 부양을 얻고 있던 자이어야 하는가? 임시생활비는 다른 수익자의 희생하에 생존중인 배우자의 상속분을 늘려주려는 목적으로 때때로 공격적으로 이용될 수 있는 수단으로 만들어진 제도이다.

4. 소상속재산절차에 관한 입법

원래의 완전한 상속재산집행절차 없이 상속재산 또는 소상속재산을 상속받을 수 있도록 허용하는 제도로서, 생존중인 배우자(그리

---

9 가령 남편이 사망한 때만 인정되고 아내가 사망한 경우는 인정되지 않는 것인가 하는 의문으로 이해된다.

고 때때로 자녀들 및 다른 가까운 친족)가 이용할 수 있는 부수적인 절차이다. 이러한 기법은 극히 실용적이다.

5. 미망인의 상속분, 환부산 또는 법정 예외재산

거의 모든 법계에서는, 상속재산을 배우자 아닌 다른 자에게 주는 내용의 유효한 유언에도 불구하고, 생존중인 배우자가 피상속인의 상속재산 중 일정 부분을 받을 수 있도록 하는 규정을 두고 있다. 혼인중 출생한 자녀들을 위한 루이지애나주의 *legitime*제도[10]를 제외하고는 자녀들이나 다른 친족들에게는 동일한 권리가 인정되지 않는다.

미망인의 상속분(dower)이란, 결혼기간 동안 남편이 소유하게 되었거나(seised[11]) 또는 소유(in possession of)한 부동산의 1/3에

---

10 legitime제도란, 시빌로(civil Law)나 로마법에서의 개념으로 우리 법제도에 의하면 유류분에 해당되는 것으로, 미국에서는 루이지애나주에서 채택하고 있다. Wikipedia의 설명에 의함.

11 영미법에서 사용되는 법률용어의 정확한 의미를 이해하는 것이 결코 쉽지 않다. 문헌마다 설명이 조금씩 차이가 나는 경우도 있어 더욱 그러하다. ownership, possession(또는 possess), seise(seize)에 관해 간략히 설명해 둔다.

ownership은 그 소유자(owner)의 의사에 반하는 경우에도 계속하여 존재한다. 이에 반해 어떤 사람이 특정 대상물을 보유하기를 원하지 않으면, possession은 종료된다. 만일 어떤 사람이, 나중에 대상물을 돌려받을 의사를 갖고 대상물을 인도한 경우, 그는 더 이상 possess하지 않게 된다(이상의 설명은 http://books.google.co.kr/books?id=ux1fkfIFR5EC&pg=RA8-PA188&lpg=RA8-PA188&dq=what+is+the+difference+between+seise+and+possess&source=bl&ots=za2uGP2mbi&sig=hiJyCr68oMYEBqK661Y4D32vqzA&hl=ko&ei=XKN7TJe1Koi6sAOSoO2CBw&sa=X&oi=book_result&ct=result&resnum=1&ved=0CBkQ6AEwAA#v=onepage&q&f=false에 의함).

한편, 'seise'는 'possess'와 같은 뜻으로 쓰이기도 하지만(예를 들어 'seise'를 'To put (one) into possession of something'으로 설명한 예. http://www.thefreedictionary.com/seize 참고), 구분하자면 강제로 소유하게 됨(to take possession of forcibly)을 의미하기도 한다(*BLACK'S LAW DICTIONARY*, Centennial Edition(1891-1991), 1359면 참고). 이러한 점을

대하여 생애권(life estate)을 갖는 미망인의 커먼로상의 권리를 말한다. 환부산이란 이에 대응하는 남편의 권리를 말하는데, 남편은 그의 결혼기간에 자녀가 태어난 경우에는 아내의 부동산에 대한 완전소유권(fee simple)의 1/2에 대한 권리를 갖는다.

상속절차집행대상재산에 대한 권리인 미망인의 상속분 및 환부산은 배우자 일방이 사망한 경우에만 유효하게 된다. 대부분의 주는 미망인의 상속분 조항에 관해 서로 다른 내용을 갖고 있다. 상속재산에 대한 지분은 종종 1/3에서 1/2로 증가되어 왔다. 영향을 받는 재산은 부동산만이었다가 부동산과 동산에까지 확대되어 왔다. 소유권(ownership)에 대한 판단기준시는 "혼인중에 소유하게 되었을 것(seised during marriage)"에서 "사망시 소유하였을 것(owned at death)"으로 변경되는 경향이 있는데, 이는 공유, 생명보험, 증여, 철회가능신탁 등과 같이 유언대용수단으로 간주되는 생전처분의 범위가 확장됨에 따른 것이다. 생존중인 배우자에게 주어지는 권리의 유형은, 생애권에서 대부분의 경우 소유권(fee)에까지 확장되었다. 제정법은 보통 배우자를 잃은 남편과 아내들을 위해 동일한 규정을 둔다.

제 1 장에서 다룬 미망인의 상속분, 법정 예외재산 및 부부공동재산의 각 쟁점을 요약하면 다음과 같다.

고려하면 'seise(d)'도 '소유(한)'로 번역하는 것이 가장 실제 의미에 가까운 것이라 생각되나, 그렇게 하면 'possess'나 'own'과 구분되지 못하므로, '소유하게 되었거나'라고 번역한다.

[생존중인 배우자의 권리 비교]

쟁 점	미망인의 상속분 또는 환부산	법정 예외재산	부부공동재산
기간	생애권	완전소유권	완전소유권
지분	1/3	1/3 또는 1/2	1/2
대상재산	부동산	부동산 및 동산	부동산 및 동산
소유기간 요건	결혼기간중	사망 및 유언대용수단 설정시	결혼기간중 취득하였거나 부부공동재산제도를 취하고 있는 지역에서 거주한 경우

제 1 장에서 다루었듯이, 부부공동재산이란 부부공동재산제도를 취하고 있는 지역에서 거주하는 동안 결혼기간중에 취득한 재산만을 일컫는 것이다. 10개 주는 공식적인 부부공동재산제도를 채택하였거나 부부가 부부공동재산 형태로 재산을 소유할 수 있도록 하고 있다.

두 가지 접근방법이 생존중인 배우자가 상속절차집행대상재산제도의 한계를 넘어서 상속받을 수 있도록 하고 있다. 첫째는, 통일유언법 § 2-201조에 의하여 인정되는 생존중인 배우자의 유류분(forced share right)인데, 이는 다른 유언대용방법에 의하여 처분되지 않았더라면 상속재산으로 존재하였을 상정상속재산(augmented estate)이라는 개념을 통하여 설정된 것이다. 둘째, 몇몇 주에서는 허위양도(illusory transfer) 개념이 적용되는데, 그 선례가 되는 사건은 *Newman v. Dore*(1937) 사건으로서 위 사건에서 생존중인 배우자는 상속절차집행대상재산에서뿐 아니라 철회가능신탁으로부터도 유류분을 인정받았다.

B. 누가 과부이고 홀아비인가?

전통적으로 과부(遺妻) 또는 홀아비(鰥夫)란[12] 피상속인의 사망에 앞서 이혼에 의하여 종료되지 아니한 유효한 혼인관계에 있는 자를 의미한다. 이러한 개념은 얼마간 확장되어 왔고, 특히 비전통적인 의미의 결혼이라는 개념에 의하여 더욱 변화될 수 있다.

주거지의 준거법에 의하여 이혼이 확정될 때까지는, 부부는 상속집행법(probate law)에 관해서는 결혼상태가 유지된 것으로 본다. 애정(affinity)은 전통적으로 결혼관계형성의 출발점이 되지만, 결혼관계의 유지를 위하여 반드시 필요한 것은 아니다. 잠정이혼(interlocutory divorce)이라는 개념을 채용한 법계에서는, 최종판결이 날 때까지는 이혼은 확정되지 않으며, 부부 일방이 사망한 뒤에는 최종판결을 내릴 수 없다. 가이혼(假離婚) 판결(decree nisi)[13]제도를 두고 있는 법계에서는, 당사자들이 화해하여 취소할 수는 있으나, 이혼은 일단 선고와 동시에 확정된다.

통상적으로 일정한 혼인은 취소할 수 있는 것임에 반하여 다른 유형의 혼인들(가령 근친혼 및 중혼)은, 전부는 아닐지라도, 대부분 무효이다. 추정(putative) 배우자란, 상대방 배우자의 전혼(前婚)이 해소되지 않았기 때문에 그 혼인이 무효임에도 불구하고 이를 알지 못한 채 혼인을 개시한 자를 말한다. 제 1 장에서 소개한 예에서,

---

12 '과부'와 '홀아비'가 법률용어로 적절한지 의문이나, 일단 그와 같이 번역하였다.

13 원래 'nisi'는 '(일정 기간 내에) 당사자가 이의(異議)를 신청하지 않으면 절대적 효력을 발생하는'이라는 의미이다. decree nisi 판결이 선고되면, 통상은 6개월간 이의를 제기하지 않으면 이혼이 확정된다. Steven H. Gifis, *Barron's Dictionary of Legal Terms*(4ed.), 133면 참고.

소울가수 제임스 브라운은 그의 생존중인 배우자라고 주장하는 여자의 추정 배우자인데, 관련기록들이 그들이 결혼하였음을 증명하고 있더라도, 그 여자는 여전히 그녀의 전(前)남편과 결혼상태가 유지되고 있다. 법원은 종종 추정 배우자를 위하여 배우자의 권리에 형평법적 유추(equitable analogs)를 한다. 이는 잘못을 저지른 것으로 인정되는 중혼 배우자를 돕기 위한 것은 아니다.

동성(同性)이건 아니건 간에 결혼하지 않고 동거하는 커플은, 생존중인 배우자에게 권리가 주어지는 완전한 결혼으로 취급되지 않는다. 동성결혼 또는 사실혼(common law marriage)관계가 법에 의하여 허용되는 곳에서는 상속이나 그 외의 배우자관련 권리에 관한 사건은 거의 없다. 동성애자들의 결혼(civil union)을 법에 의하여 허용하는 법계에서는, (보통의 의미에서의) 결혼을 하지 아니한 커플들[14]에게도 결혼한 이성커플들의 상속과 유사한 상속을 허용한다.

C. 결혼전 유언

결혼에 의한 상속지분(marital share, 미망인의 상속분과 환부산에 대한 법정 예외재산)은 종종 비유언상속에 따른 지분 모두를 의미하는 것은 아니다. 그러나 한 가지 경우에는, 대부분의 법계는 생존중인 배우자로 하여금, 유언이 없는 경우와 마찬가지로 그 또는 그녀의 비유언상속지분을 상속받도록 허용한다.

어떤 사람이 유언장을 작성하고 결혼하고, 그리고 유언을 고치

14 이 부분 원문은 'unmarried couples'인데, 이를 표현대로 '결혼하지 않은 커플들'이라고 하면 그 의미전달이 부족하다. 따라서 위 본문과 같이 '(보통의 의미에서의) 결혼을 하지 아니한 커플들'이라고 번역하였으며, 이는 '일반적인 형태가 아닌 다른 형태의 결합을 한 커플들'을 의미한다.

지 않았으며 배우자를 위한 조항을 두지도 않고(또는 배우자를 상속에서 배제할 의도를 명백히 하는 조항도 두지 않고), 결혼전의 유언을 변경하지 않고 사망한 경우, 유언후에 배우자가 된 사람은 통상 피상속인의 상속재산에 관해 유언이 없었을 경우의 상속지분을 상속받도록 허용된다. 이는 보통은 유언후에 배우자가 된 사람의 지분을 만족시키는 데 필요한 정도로 유언을 철회한 것으로 본다는 관점에서 설명된다.[15] 통일유언법 § 2-301조는 결혼전에 태어났으며 생존중인 배우자의 자녀가 아닌 아동을 위하여 유언조항을 유지하도록 규정함으로써 인척관계에 있는 자녀를 위한 보호수단을 마련하고 있다.

이러한 원칙이 확대되는 두 가지 경우가 있다.

1. "유언누락(pretermission)"이라는 용어는 때때로 배우자에게도 사용되나, 어떤 순수주의자(purist)는 유언누락은 오직 자녀들에게만 적용되어야 하고, 유언후 배우자는 다른 범주에 속한다고 주장한다.

2. 유언후 배우자(그리고 어떤 경우에는 법정유류분을 갖는 배우자)는 유언내용(유언이 배우자를 위하여 특별한 조항을 두었거나 유언후 배우자를 배제할 의사를 보인 경우를 제외함)에도 불구하고 상속을 받기 때문에, 종종 후속 문제들이 야기되는데, 유언에 의한 유산처분계획이 어느 정도나 유지될 수 있으며, 다른 상속인들은 배우자의 지분 때문에 어느 순서대로 권리가 감축되어야 하는가 등의 문제가 그것이다.

---

15 이 부분 원문은, 'This is usually phrased in terms of being a revocation of the will to the extent necessary to satisfy the share of the post-will spouse'이다.

D. 유언누락(누락된 자녀)

유언이 보호되어야 할 직계비속을 위한 조항을 두지 않았거나 배제하는 조항을 둔 경우를 유언누락이라고 한다. 보통은 보호되어야 할 직계비속이란 첫 번째 세대, 즉, 자녀들만을 의미하며, 유언누락에 관한 대부분의 법령들은 유언의 작성(the execution of the will)[16] 후에 태어나거나 입양된 자녀들에게 한정되어 적용된다. 이러한 조문들은, 유언자가 그 자녀를 위한 조항을 두기를 바랐으나, 부주의하게 그렇게 하지 않았을 것이라는 가정하에 적용된다.

유언후 배우자의 권리와 유언에서 누락된 자녀의 권리는 일반적으로, 유언이 반대로 규정하고 있지 않는 한에서 (통상적으로 법정상속분을 부여함으로써) 유언에 반하는 방식으로 작용할 뿐이다. 다시 말해서, 그들은 피상속인의 추정적 의사(presumed intent)에 기초하고 있다.

통일유언법 §2-302조 (c)항은 누락된 자녀의 상속지분을 그 유언이 작성될 때 생존해있었으나, 그 유언자는 사망한 것으로 믿었던 자녀에게 준다(유언자 측에서 생존의 희망(wishful thinking)을 갖고 있었다면 누락된 자녀의 상속분은 허용되지 않음이 명백하다).

통일유언법과 다른 몇몇 법률에 의해 해결되고 있는 또 다른 공통된 사안으로, 다른 자녀들이 존재함에도 불구하고 배우자에게 그의 전재산을 준 유언자의, 그 후에 태어난 자녀(after-born child)

---

16 'execution'은 민사법상으로는 통상 '집행'을 의미하므로, 마치 유언을 '집행'하는 것을 의미하는 듯하지만, 이 책에서는 유언(장)을 '작성'한다는 의미로 사용되고 있다. 이하에서는 'will'을 번역함에 있어, '유언'과 '유언장'을 구분하지 않고 번역문의 어감(語感)에 맞게 번역한다.

에 관한 것이 있다. 이 경우, 생존중인 배우자가 모든 자녀들을 양육하리라는 일반적인 유언상의 신뢰는 가장 어린 자녀의 유언누락 주장에 의하여 방해받는다. 상속재산의 각 부분을 유지하기 위하여 후견인(guardianship)이 필요하다. 통일유언법은 유언자의 유언계획 전체를 조사하기 시작하였다. 통일유언법은 또한 10만 달러에서 20만 달러를 비유언상속지분으로서 우선적으로 생존중인 배우자에게 부여함으로써 소상속재산의 문제를 피한다.

법률에 따라 직계비속을 배제할 의도를 증명하기 위해 어떤 증거가 허용되는지에 대해 입장이 다르다. 청산(settlement), 생전증여(advancement[17]), 이행을 통한 철회(ademption by satisfaction)[18]는 일반적으로 그 직계비속을 배제하는 증거로 받아들여지지만, 비본질적인(사소한, extrinsic) 증거(유언자의 그의 의도에 대한 직접적인 언급)는 종종 배제된다. 유언누락문제에 접근할 때에는 특정 주의 법령을 염두에 두고 그 법령의 적용범위에 주의할 필요가 있다.

가장 상세한 법령 방식 중 하나는 다음과 같다.

---

17 증여자가 생존중에 그 자녀들에게 미리 그 법정상속분의 전부 또는 일부를 주는 것을 의미한다. 따라서 일반적인 증여와는 다른 것이다.

18 'ademption'에는 ademption by extinction과 ademption by satisfaction이 있다. 전자는 '재산이 파괴되거나 망실되거나 매각되거나 또는 유언자 A 사망시 존재하지 않는 경우에 일어나게 되는, 특정의 재산에 대한 철회(An ademption of some specific or unique property that occurs when the property is destroyed, given away, or sold or does not otherwise exist at the time of the testator Â's death)'를 의미하고, 후자는 '유언자가 생존중, 유증 대신, 그 의도된 수익자에게 유증(devise or legacy)의 목적물인 재산을 교부하는 경우에 일어나게 되는 철회(An ademption that occurs when the testator, while alive, gives the property that is the subject of a devise or legacy to the intended beneficiary in lieu of the testamentary gift)'를 의미한다(http://www.yourdictionary.com/law/ademption-by-satisfaction). 이러한 정의에 따르면, 'ademption by satisfaction'이란, A가 B에게 특정물을 유증하고 나서, 그 생존중에 그 특정물을 B에게 주어버림으로써 유증이 무효가 되는 경우를 의미한다.

통일유언법 § 2-302조

(a) (b)항에서 규정하고 있는 경우를 제외하고, 유언자가 그의 유언에서 그 유언후에 태어나거나 입양된 자녀에 대한 조문을 두지 않은 경우에는, 그와 같이 누락된, 유언후 태어나거나 입양된 자녀(the omitted after-born or after-adopted child)는 다음과 같이 상속을 받는다.

(1) 유언자가 유언시에 생존중인 자녀가 없었던 경우에는, 유언후에 태어나거나 입양되고 유언에서 누락된 자녀는, 유언장이 상속재산의 전부 또는 실질적으로 전부를 그 누락된 아동의 다른 쪽 부모에게 주는 것으로 되어 있고 그 다른 부모가 유언자보다 오래 생존하여 그 유언장 내용대로 권리를 얻는 경우가 아니라면, 유언자가 유언 없이 사망하였을 경우 받을 수 있는 것과 같은 만큼을 상속받는다.

(2) 유언자가 유언시 한 명 또는 그 이상의 생존중인 자녀가 있었고, 그 유언장이 재산 또는 재산에 관한 권리를 당시 생존중인 자녀 중 한 명 또는 그 이상의 자녀에게 주는 것으로 되어 있는 경우, 유언후에 태어나거나 입양되고 유언에서 누락된 자녀는 다음과 같이 상속받는다.

(i) 유언후 태어나거나 입양되고 유언에서 누락된 자녀의 상속분은 그 유언장에 의하여 유언 당시 생존중인 유언자의 자녀들에게 주어진 범위에 한정된다.

(ii) 유언후 태어나거나 입양되고 유언에서 누락된 자녀는, (i)호에 의하여 제한된 범위 내에서, 만일 유언자가 유언 당시 유언장에 유언후 출생 또는 유언후 입양된 누락 자녀들을 모두 포함시키고, 각 자녀에게 상속재산을 균분

하게 분배하였더라면 그 자녀가 받을 수 있었을 상속분을 받을 권리가 있다.

(iii) 가능한 정도 내에서는, 본조(本條, this section)에 의하여 유언후 태어나거나 입양되고 유언에서 누락된 자녀들에게 인정되는 권리는 형평법에 의한 것이건 실정법에 의한 것이건(equitable or legal) 현재의 것이건 장래의 것이건 간에, 유언자가 유언시 생존해있던 자녀들을 위해 유언에 의하여 부여한 것과 같은 성질을 갖는다.

(iv) 이 항(this paragraph)에서 규정된 바에 따른 상속지분을 만족시키기 위하여, 유언시 생존해있던 유언자의 자녀들의 지분은 비례적으로 감축된다. 그와 같은 감축을 함에 있어, 법원은 유언자가 채택한 유언계획의 취지를 최대한 유지하여야 한다.

(b) 위 (a)(1)항, (a)(2)항, (c)항은 다음과 같은 경우에는 적용되지 않는다.

(1) 유언 자체에 비추어 볼 때 누락이 고의적인 것임이 명백할 때 또는,

(2) 유언 외의 방법으로 유언자가 유언후 태어나거나 입양되고 유언에서 누락된 자녀를 위하여 재산의 이전(transfer)을 해두었고, 그러한 배려가 유언을 대신하는 것이라는 의도가 유언자의 언급에 의하여 비춰지거나, 그러한 배려의 정도나 다른 증거에 의하여 합리적으로 추정될(inferred) 때.

(c) (b)항에서 규정된 경우를 제외하고, 유언시에도 생존중인 자녀임에도 오직 유언자가 그 자녀가 이미 사망하였다고 믿었기 때문에 그 자녀에게 유언을 남기지 않은 경우, 그 자녀는 그가 유

언후 태어나거나 입양되고 유언에서 누락된 자녀인 것처럼 취급되어 상속을 받는다.

(d) (a)(1)항에서 규정된 바에 따른 상속지분을 인정해주기 위하여, 유언에 의하여 분배되어야 할 상속재산은 § 3-902조에 의하여 감축된다.

'유언누락'은 상속집행대상재산 내에서 유언에 대해 적용되어야 할 원칙이다. 유언자의 생존중 행해진 재산의 이전에 의하여 유언누락은 영향을 받지만(즉, 생전증여나 청산은 유언누락원칙의 적용을 배제한다), '유언누락'원칙은 신탁, 증여, 생명보험, 공유(joint tenancies)와 같은 유언대용수단에는 적용되지 않는다.

입양아는 부가적으로 두 가지 문제를 일으키는데, 첫째는 입양아들에게 유언누락에 관한 규정이 적용되느냐 하는 점이고, 둘째는 유언과의 관계에서 기준이 되는 날이 입양아가 태어난 날인가 아니면 입양된 날인가 하는 점이다. 만일 아동이 유언전에 태어났으나 유언후에 입양되었다면 어떠한가? 그 답은 법계에 따라 다르다.

E. 유언누락에 관한 예제

[문 제]

아래의 각 경우에, 피상속인은 언급된 것 이외에는 자녀가 없고, 서술된 경우를 제외하고는 피상속인이 사망시 생존중인 자녀들을 위한 조항을 두지 않은 유효한 유언장을 남기고 사망하였다고 가정한다. 통일유언법에 따를 경우, 유언누락이 된 자녀가 있는가? 통일유언법과는 다른 유언누락 주법들 역시 적용해봄으로써 유언누락 법률들의 다양성에 대해 이해하고 있음을 입증하라.

문제1부터 문제3에 관해서는, T가 사망시 1명의 자녀인 C와 손자인 G가 생존해있었다고 가정하라. C는 G의 부모이다. 유언내용은 다음과 같다.

1. 1달러는 C에게. C는 유언누락이 되었는가?

2. 1달러는 C에게. G는 유언누락이 되었는가?

3. “나는 의도적으로 C를 제외한다.” C는 유언누락이 되었는가?

4. 테스타트릭스[19]는 6명의 자녀를 두었다. 그녀가 과거에 작성한 모든 유언장에는 두 명의 딸에게만 상속을 하고, 다른 넷에게는 상징적인 정도의 근소한 유증(token gifts)만 할 의도를 보이고 있었다. 그녀의 마지막 유언장은 모든 상속재산을 두 딸에게 주었고, 다른 넷과 유언작성후 태어난 일곱 번째 자녀를 배제할 의사를 표시하지는 아니하였다.

5. 종전의 유언장은 아들에게 5,000달러를, 나머지는 배우자에게 주도록 되어 있었다. 새로운 유언장은 모든 재산을 배우자에게 주도록 하였으나, 새로운 유언장 작성후 태어난 아들 또는 딸에 대해서는 언급하지 않았다.

6. T의 유언장은 다음과 같이 규정하였다. “만일 나의 딸 D가 나보다 30일 이상 더 생존할 경우, 나는 나의 전재산을 딸에게 준다. 만일 D가 나보다 30일 이상 생존하지 못하면, 나의 친구 X에게 준다.” D는 T보다 10일 더 생존하였고, 손자인 G를 남기고 사망하였다. G는 유언누락이 되었는가?

---

19 ‘testatrix’의 사전적 의미는 여자유언자이다. 아래의 T는 테스타트릭스(Testatrix)를 가리키는데, 문제에 따라 성(性)이 바뀐다. 앞 부분에서는 여성인데, 17번 문제부터는 남성이 된다.

7. T는 철회불가능신탁을 설정하였는데, 이에 의해 그녀의 자녀들은 T가 사망하면 신탁재산으로부터의 수익을 받는 수익자가 되었으나, T의 유언장은 그녀의 자녀들이 태어나기 전에 작성된 것이다.

문제8부터 문제10: T가 사망시 유언후 생긴 아들이 생존해 있었는데, 그 아들은 T의 유언장에서 언급되지도 않았고 상속권을 잃지도 않았다. 그 아들은 T의 생명에 관한 중요한 생명보험의 보험수익자(beneficiary)이다. 유언조항 대신에 생명보험을 남기겠다는 것인지에 관한 T의 의사에 대해서는 다음과 같은 증거가 있다:

8. T가 유언조항 대신 생명보험을 남기겠다고 의도하였다는 점에 관한 증거.

9. T가 유언조항 대신 생명보험을 남기는 것을 의도한 것은 아니라는 점에 관한 증거.

10. T의 의도에 관하여 결정적인 것은 되지 못하는 증거.

문제11과 문제12에 대하여는, T가 사망한 때, T의 유언후 생긴 아들인 C가 생존중이라고 가정한다. C는 수양부모(foster parent)에 의하여 양육되었다. 수양부모가 C를 입양하였다면, C는 유언누락이 된 것인가? 만일 수양부모가 입양하지 않았다고 하면 어떠한가?

11. 수양부모에 의하여 입양되었다면, C는 유언누락이 되었는가?

12. 수양부모에 의하여 입양되지 않았다면, C는 유언누락이 되었는가?

13. T가 사망시 5명의 자녀가 생존중이었는데, 그중 하나는 유언장이 작성된 뒤에 태어났다. T의 유언장은 자녀들을 언급하지도 않고 그들에 관한 조항을 두지도 않았으며, 그렇다고 하여 상속에서 배제하지도 않았다. 타자로 작성되었으나 유언집행절차에 제출

되지 못한 별개의 문서에서, T는 그녀의 유언집행인(executrix)에게, 그녀는 의도적으로 다섯 자녀들을 위한 조항을 두지 않았다고 설명했다. 그들은 유언누락이 된 것인가?

14. T는 사망시, T가 유언장을 작성한 이후에 태어난 아들 S 한 명만을 남겼는데, 유언장에는 S에 대한 언급이나 조항이 없다. 한편 S는 T의 피고용인이었는데, T는 약 50명의 피고용인들에게 각각 50달러씩의 유산을 남겼다. S는 유언누락된 것인가?

15. T의 유언장은 다음과 같이 규정하였다: “나는 나의 재산을 나의 아들과 나의 형제 또는 그들 중 생존자에게 준다.” T의 형제는 T보다 오래 생존하였으나, 아들은 T보다 먼저 죽었고 딸(T의 손녀)을 남겼다. 그 손녀는 유언누락이 된 것인가?

16. T의 유언장이 사망한 자녀나 생존중인 그 자녀의 자녀들에 대해 언급하지 아니하였으나, 유언장에는 “T의 상속인임을 주장하는 누구에게나 1달러”를 준다는 규정을 두고 있었다. 위 손자들은 유언누락된 것인가?

17. 미망인과 네 명의 생존중인 자녀 및 사망한 자녀의 자녀를 남기고 사망한 T는 다음과 같이 규정한 유언장을 남겼다. “모든 재산은 언급된 4명이 그 시기(분배시기)에 생존해있다면, 위 자녀들에게 분배된다. 만일 그들 중 누군가가 사망하였다면, 생존중인 남은 자녀들에게 분배되며, 그들의 상속인이나 나의 다른 친족 또는 친구들에게는 분배되지 않는다.”

18. T의 유언장은 1,000달러를 그보다 먼저 죽은 아들에게 남겼으나, 생존중인 그 아들의 자녀들에 대해서는 언급하지 않았다.

문제19 및 문제20에 대하여는, T의 유언장이 그의 아들에게 1달러를 남겼고, 나머지를 T의 친구인 X에게 남겼으나, 그 아들의 딸인 G에 대해서는 언급하지 않았다. 그 아들은 법에 의하여 허용된 바에 따라 상속포기(renounce)를 하였다.

19. 위 손녀는 유언누락된 것인가?

20. 위 아들은 유언누락된 것인가?

21. 유언후 아들에 대한 유일한 조항 또는 언급이 T가 공유하고 있는 부동산의 일부인 크래그손(Cragthorn)에 대한 유증(devise)이다.

22. 유언자의 아내가 그들의 첫 번째이자 유일한 자녀의 출산을 기다리고 있는 중에, 유언자가 그의 전재산을 아내에게 주는 것을 내용으로 하는 유언장을 작성하였는데, 자녀에 대해서는 언급하지 않았다. 그의 아내와 자녀는 유언자의 사망시 생존해있었다. 위 자녀는 유언누락된 것인가?

23. T는 아들 한 명과 미망인을 남기고 사망하였는데, "나는 나의 재산을 나의 아들에게 물려주지 않는다"라는 언급 외에는 재산을 처분하는 내용을 담지 않은 유효한 유언장을 남겼다. 위 아들은 상속을 받을 수 있는가?

[정 답]

1. 아니다. 유언에 의한 C에 대한 상징적인 유증은 C를 (실질적으로) 배제한 것이 의도적이고(통일유언법과 다른 법률들), C는 유언후 태어난 자녀도 아님(통일유언법 및 대부분의 주법)을 보여준다.

2. 아니다. G가 유언후 태어났는지와 상관없이, 통일유언법은 자녀에게만 적용된다. 몇몇 주는 다른 자손들을 보호하는 유언누락조항을 두고 있다. 그러한 주들에서는, G가 유언누락이 되었는가 그렇지 않은가는 용어상의 문제이다. G의 비유언상속에 따

른 상속지분은 없다. 그의 부모인 C는 상속인이다. G가 '유언누락이 되지 않았다'라고도 말할 수 있고, '유언누락이 되었다'라고 말할 수도 있는 것이나, 어쨌든 그의 비유언상속에 따른 상속지분은 없다.

3. 아니다. 어떤 법계에서도 이 유언은 C를 상속에서 배제할 충분한 의도를 보여주는 것으로 인정된다. 상징적인 유증은 상속에서 배제시키려는 의도를 보여주는 것 외에는 불필요한 것이다. 통일유언법 § 2-101조 (b)항은 부정적인 유언(negative will), 즉 적극적인 의미에서의 처분내용은 담지 않으나, 어떤 개인이나 그룹을 상속에서 배제시키는 의도를 보여주는 유언을 허용하는 점에서 독특하다.

4. 유언장이 작성될 때 생존해있던 4명의 자녀는 통일유언법에 의하면 상속을 받지 못하지만, 앞서의 유언장들이 상속에서 배제하는 증거로 받아들여지지 않는 한, 유언누락을 유언후 출생한 자녀들에 한정하지 않는 법률(statutes not limited to after-born children)에 의하면 상속을 받을 수 있다. 앞서의 유언장들은 증거로만 받아들여질 수 있다; 그렇지 않으면 그 유언장들은 상대적 철회 원칙(dependent relative revocation)[20]에 의하여 마지막 유언장과 합쳐지

20 Dependent Relevant Revocation(DRR): DRR이란, 신탁법과 상속법(estates law를 정확하게 표현하는 번역용어를 찾기 어려워 일단 '상속법'이라고 번역하였다)상의 원칙이다. 만일 유언자가 새로운 유언장의 작성을 통하여 철회를 하였는데 그 새로 작성된 유언장이 유효하지 않게 되면, 그에 의하여 선행유언장의 철회가 무효가 된다. 달리 말하면, 선행 유언장을 철회하는 내용이 담긴 새 유언장이 무효가 되는 경우, 선행 유언장은 부활한다. DRR 원칙이 없다면, 선행 및 후행 두 유언장 모두 무효가 되며, 유언자의 재산은 비유언상속에 의해 처리되게 된다. 이 원칙의 근거가 되는 것은, 두 번째 유언장이 유효할 때만 유언자가 첫 번째 유언장을 철회하는 것이 된다는 논리이다. http://topics.law.cornell.edu/wex/dependent_relevant_revocation_drr 참고.

그런데 위와 같은 의미는 'dependent relative revocation'과 같은 의미로 이해되는데(*BLACK'S LAW DICTIONARY*, Centennial Edition(1891-1991),

게 된다. 만일 합쳐지게 되면, 유언후 자녀에 대해서도 상징적인 정도의 유산만으로 한정되는가 하는 문제가 발생한다. 유언후 출생한 일곱 번째 자녀는 통일유언법에 의하여 상속을 받을 권리가 있다; 더 어려운 문제는, 그 자녀가 받아야 할 지분이다. 통일유언법은 여러 자녀들이 서로 다른 유산을 받는 경우에 대해서는 불명확하다. 그 지분은 비유언상속시의 1/7이 아니라, 통일유언법 § 2-302조 (a)(2)항에 의한 1/3임이 명백하다.

5. 통일유언법 § 2-302조 (a)(1)항은, 모든 재산 또는 실질적으로 모든 재산이 그 아동의 부모 중 다른 쪽에게 유증되었으므로, 유언후 태어난 딸이 상속을 받을 수 없게 한다. 유언장이 작성될 때에 생존해있던 아들은 통일유언법에 따르면 유언누락이 된 것이 아니다. 몇몇 법계에서는, 그 법률이 유언누락 대상을 유언후 출생한 자녀들로 제한하고 있지 않으며, 위에서 서술한 통일유언법 § 2-302조 (a)(1)항의 제한을 포함하고 있지 않는 한, 위 아들과 딸 모두로 하여금 유언누락된 자녀로서 상속을 받도록 허용한다.

6. 아니다. 통일유언법은 자녀에게만 적용되므로, G는 유언누락된 것이 아니다. 유언누락법리를 상속인이 되는 모든 자손들에게 확대하는 법계에서도, G는 상속인이 아니므로 유언누락된 것이라 할 수 없다. 이에 더하여, X에 대한 선택적(alternative) 유증은 유언자가 반대의 의도를 가지고 있었음을 보여준다.

7. 신탁조항이 유언누락을 방지할 것이다. 통일유언법 § 2-302조 (b)(2)항은, "유언조항에 갈음하는 배려는 유언자의 언급에 의하여 보여지거나 배려의 정도 또는 다른 증거에 의하여 추정될 수 있

437면), 보통은 'dependent relevant revocation'보다는 'dependent relative revocation'이 더 많이 사용되는 용어인 듯하다.

어야 한다"라고 요구하고 있다.

8-10. T의 유언후 태어난 자녀에 대한 의도를 밝힐 수 있는 경우에는, 그 의도가 결론을 좌우할 것이다. 증거가 없으면, 예외가 입증되지 아니하였으므로, 통일유언법 § 2-302조 (a)항의 일반원칙에 따라 자녀는 유언누락된 것이다. 입증책임은 유언장을 방어하기 위하여 그 예외를 주장하는 자에게 있다.

11. 보통은, 유언자로부터 다른 집으로 입양된 자녀는 비유언상속에 의한 상속지분을 갖지 못한다. 이에 관해 통일유언법 § 2-302조 (a)항의 첫 조항을 한정적으로 해석할 수 있는데, 동 조항은, "… 만일 유언자가 유언장 작성후 태어나거나 입양된 자녀를 위하여 유언장에 조항을 두지 않았다면…"이라고 되어 있다. 위 조항에는 "입양된"이란 표현 뒤에 "그에 의하여"라고 하고 있지 않다. 자녀는 (1) 태어나서 (2) 다른 집으로 입양될 수 있다. 법률은 (1) 또는 (2)만을 요구하는 것처럼 보인다. 그러함에도 불구하고, 통일유언법 § 2-114조 (b)항에서의 부모와 자녀관계에 대한 정의와 통일유언법 § 1-201조 (5)항에서의 자녀에 대한 정의는, 입양된 자는 더 이상 생물학적 부모의 자녀가 아님을 보여준다.

12. 다른 사람에게 입양된 바 없다면, C는 T의 유언누락된 유언후 자녀이다.

13. 유언 이후에 출생한 다섯 번째 자녀는 통일유언법 § 2-302조 (a)항에 의하여 유언누락된 것이 된다. 상속에서 배제할 의도에 관한 증거(생전증여의 경우를 제외한다)는 '유언장에서' 찾을 수 있어야 한다. 사소한(extrinsic) 증거는 배제된다. 피상속인의 발언을 배제하는 다른 증거법칙들 또한 적용될 수 있다. 다른 자녀들은, 그들이 유언장 작성 이후에 태어난 것이 아니므로, 통일유언법에 의

한 유언누락이 된 것이 아니다. 몇몇 주 법률들은, 유언시 그들이 생존해있었더라도 그들이 유언누락된 것처럼 취급하기도 한다.

14. T가 '조항을 남기지(to provide)' 않았다면 S는 유언누락된 것이다. T가 조항을 남겼는가? 이러한 질문의 한 면에서는, 유언후 자녀에게 흘러가는 경제적 이익이 있다는 사실이 자리잡고 있다. 다른 면에는, 그것은 상징적인 정도의 금액이라는 점과 그의 자녀라는 자격에 의해 주어진 것이 아니라는 사실이 자리잡고 있다. 몇몇 유언후 배우자에 관한 사건에서는 유추에 의하여 결혼전의 유언에 의한 증여(the bequest in a premarital will)는 그 배우자에게 다른 친족이나 친구자격이 아닌 배우자 자격에서 이루어지도록 요구되고 있다(require that the bequest in a premarital will be to the spouse as spouse, not as other relative or friend).

15. 아니다. 통일유언법 § 2-302조는 자녀들에 대해서만 규정한다. 유언누락법리에 따른 권리가 상속인인 모든 자손에게까지 확장되는 법리를 갖는 아주 적은 수의 몇 개 주에서는, G는 유언누락된 것이 된다.

16-19. 아니다. 통일유언법 § 2-302조는 자녀들에 대해서만 적용된다. 유언누락에 따른 권리를 상속인인 모든 직계비속에게까지 확장하고 있는 아주 적은 수의 몇 개 주에서는 다음과 같은 부수적 쟁점들이 존재한다.

16-17. 배제가 의도적이라는 점이 유언장의 문면에서 드러났는가? 문제16에서는 그렇다. 문제17에서는, 언급된 4명의 자녀들은 이미 사망한 다섯 번째 자녀의 자손을 포함하지 않고 있다. 그러나 "나의 … 다른 친족들"이라는 광범위한 내용의 표현은 그러한 자손들도 포함한다.

18. anti-lapse에 관한 법령[21]은, 1,000달러의 유산을 먼저 죽은 아들의 자손에게 "주는 것으로 규정함(providing for)"으로써 그 유산을 그들에게 넘기는가? 아마도 그럴 것이다.

19. 물론 손녀는 통일유언법의 적용대상이 아니다. 유언누락에 관한 조항을 자녀가 아닌 다른 자손들에게까지 확대적용하는 몇몇 법계에서라면, 아들의 포기는 손녀를 유언누락된 상속인으로 만드는가? 포기조항은 종종, 재산은 "마치 그 포기자가 유언자보다 먼저 사망한 것처럼" 상속재산이 넘어간다고 규정한다. 이러한 가정은 아마도 그렇지 않다면 상속인이 아니었을 손녀를 유언누락문제에 관한 한 상속인으로 만드는, 유언누락과 상속에 관한 조항에까지는 확대적용될 수 없을 것이다. 유언에 관한 법령의 목적 중 하나는 유언자로 하여금 만일 그가 희망한다면 그의 상속인들이 그의 상속재산에 관여하는 것을 피할 수 있도록 허용하는 것이다. 포기자가 있는 상황에 유언누락법리를 적용하는 것은 그 상속인에게 유언에 반하여 행동할 수 있는 지나치게 강력한 무기를 주는 것이 된다.

20. 배제하려고 하는 의도가 유언의 문면에 드러났기 때문에 아들은 유언누락된 것이 아니다. 종종 판결이나 법률은 포기된 유증은 "마치 그것이 행해진 적이 없는 것처럼" 다루어진다는 표현을 사용하곤 한다. 이러한 가정의 확장은 아들로 하여금 유언에 따른

21 'anti-lapse'라는 말을 우리 말로 정확하게 번역하기 매우 어려운데, 우리 개념으로는 권리자의 입장에서 적극적 행위를 하여 시효를 중단시키는 경우만에 한정되는 것은 아닌 듯하며, 그러한 경우를 포함하여 '권리가 소멸되는 것을 저지시키는 여러 사정'이라는 의미로 이해됨이 가장 타당한 듯한데, 따라서 이하에서는 'anti-lapse'를 문맥과 어감에 맞추어 번역하기로 한다. 이에 따라 'anti-lapse'를 '실효방지'나 '소멸중단' 등으로 번역하였다.

권리를 포기하고 유언누락에 의한 (더 큰) 비유언상속에 의한 상속지분을 선택하도록 허용하는데, 이는 적절한 적용이라 할 수 없다. 아마도 통일유언법 § 2-302조 (b)(1)항을 넓게 해석하면, "유언장에 의하면 [더 큰 상속지분]에 관한 누락은 의도적인 것이었다"라고 말할 수 있을 것이다.

21. 아니다. 유효하지 않은 유증은 아마도 유언누락을 방지하는 데 충분할 것이다. 유언자는 자녀를 위해 충분한 조항을 마련하지는 않았으나, "규정을(provide)" 전혀 하고 있지 않는 것은 아니다. 이러한 결과는, 비록 그것이 실질보다 형식에 치중한 것이지만, 더 수긍할 만하다.

22. 아니다. 유언이 모든 재산을 그 아동의 다른 쪽 부모에게 주도록 하였으므로, 통일유언법 § 2-302조 (a)(1)항 마지막 조항에 의하여, 그 자녀는 유언누락된 것이 되지 않는다. 많은 주는 이러한 상황을 규율하는 조항과 비슷한 조항을 두고 있지 않다. 그러한 주에서는, 자녀는 유언장 작성후에 태어났기 때문에 유언누락된 것이 된다.

23. 아니다. 유언은 아들을 상속에서 배제할 의도를 보여준다. 통일유언법 § 2-101조 (b)항은 부정적인 유언을 허용하며, 아들의 상속지분을 마치 그가 포기했던 것처럼 취급한다. 그러나, 대부분의 주에서는, 전통적인 접근방법에 의하면 유언자가 유효한 처분을 하지 못하였으므로, 아들은 유언누락법리에 의해서가 아니라 비유언상속법리에 의하여 상속을 받는다.

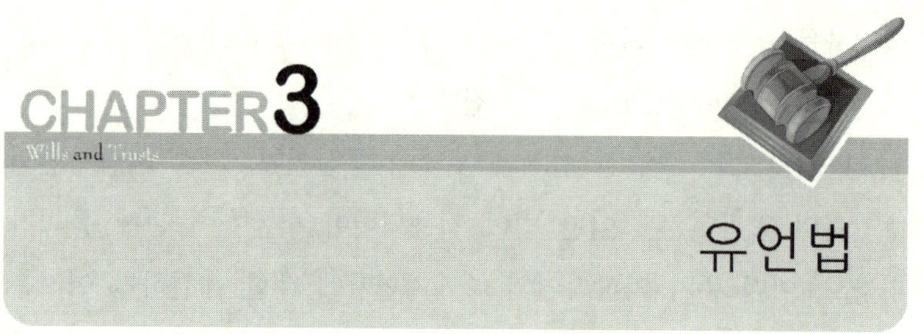

유언법

A. 서 론

각 법계는 각자 고유한 유언법을 갖고 있다. 자연스럽게 여러 법률들의 용어와 구조(terms and construction)가 충돌하게 된다. 그래서 우선적으로 살펴보아야 할 쟁점은, 어떤 유언법이 특정 피상속인의 상속재산에 관해 적용될 것인가 하는 점이다.

유언의 유효성과 피상속인의 재산관리는 부동산에 관해서는 부동산소재지법, 동산에 관해서는 피상속인의 거주지법이 적용된다. 불행하게도 법계들은 무엇이 동산이고 무엇이 동산이 아닌지에 대해 통일적인 규정을 두고 있지 않다.

저촉법(Conflict of Laws) 제 2 차 리스테이트먼트 § 269조는 다른 다양한 요인들을 강조하는 경향의 시발점이 되었으나, 피상속인의 재산의 성격(부동산, 동산, 지적재산)이 관할(jurisdiction)을 결정함에 있어 가장 중요한 기준인 점은 여전히 그대로이다. 그래서 50개 모든 주에 부동산을 소유한 피상속인은 50개의 각각의 상속재산집행절차를 요구하게 되며, 그중 하나는 주된(domiciliary) 집행절차이고, 49개는 부수적(ancillary)인 집행절차이다.

마지막으로, 관련된 법계가 무엇이 동산인가, 가령 피상속인의 주거지의 법과 같은, 어떤 법이 적용되어야 하는가에 관해 동의하더라도, 어떤 주가 피상속인의 주거지인가에 대한 해결하기 어려운 충돌이 있다. 주들은, 한 사람은 한 시점에 오직 하나의 주거지만 가질 수 있다는 점과 일반적으로 사망시의 거주지가 비부동산(personalty)[1]{또는 최소한 동산(movable)으로 분류된 비부동산의 어느 부분}에 관한 처분의 유효성을 결정한다는 점에 대해서는 동의하고 있지만, 주에 따라 사망 당시 피상속인이 거주하고 있던 곳이 어디인가에 대해서는 결론이 달라질 수 있다.

어느 법계가 적절한 곳으로 선택되면, 그곳의 유언법이 조사되어야 한다. 보통은 하나, 둘 또는 세 가지 방식의 유언이 허용된다(루이지애나주만 예외이므로 제외): 구술유언{Nuncupative(oral)}, 공정증서방식(증인형)유언{Formal(witnessed)},[2] 자필증서방식유언{Holographic(handwritten)}이 그것이다. 구술유언은 법과대학생의 시간을

---

1 personalty 또는 personal property는 보통은 '동산'으로 번역해도 되지만, 'movable'과 구분하여야 할 때는 부득이 '비부동산'이라고 표현하기로 한다. personalty는 movable보다 넓은 개념으로, movable과 부동산에 부착된 물건들도 포함한다. 예를 들어 카펫트는 movable이지만, 집의 heating system은 personalty이다. Steven H. Gifis, *Barron's Dictionary of Legal Terms*(4ed.), 378면 참고. 그리고 통상은 지적재산권은 이에 포함되지 않는 듯하다.

2 자필증서에 의한 유언이 아닌 일반적 형태의 유언을 formal will이라고 하며, 우리나라에서는 자필증서에 의한 유언과 공정증서에 의한 유언이 서로 대립하는 구조로 되어 있기 때문에, formal will을 공정증서에 의한 유언이라고 번역하는 경우가 많으나, formal will은 반드시 공정증서에 의해 작성되는 것은 아니기 때문에 정확한 번역이라고는 할 수 없다. 미국법상의 개념에 정확하게 대응하는 우리 용어가 없는 데에서 오는 한계점이다.

허비하게 하려고 만들어진 듯하다. 구술유언이 허용되는 조건은 주에 따라 크게 다르다. 어느 주에서건 가치가 크지 않은 비부동산에 대해서만 가능하다. 따라서 공정증서방식유언(모든 주에서 가능하다)과 자필증서방식유언(22개주에서 허용되나, 유언방식에 관한 저촉법 규정때문에 다른 주에서도 유효하게 될 수 있다. 가령 통일유언법 § 2-506조를 보라)에 대해서 심도깊은 논의가 이루어져야 한다.

B. 공정증서방식유언

공정증서방식유언을 위한 요건을 규정한 법률들은 비교적 간략한 통일유언법 § 2-502조부터 뉴욕상속 및 신탁법(New York Estates, Powers & Trusts Law) § 3-2.1조까지 다양하다. 그중 두 법률을 설명하면 다음과 같다.

1. 뉴욕상속 및 신탁법 § 3-2.1조

이 법은, 구술유언 및 자필증서방식유언을 제외하고 모든 유언은 다음과 같은 방식으로 필기되어야 하고(writing), 작성되어야 하고(executing), 증명되어야 한다(attested)고 규정하고 있다: “(1) 그 말미에 유언자에 의하여 서명되어야 한다 … ,” “(2) 유언자의 서명은 각 증인이 보고 있는 가운데 이루어지거나 유언자가 각 증인에게 그 서명이 자신 또는 자신의 지시에 의하여 이루어졌음을 인정하였어야 한다. 각 증인이 따로따로 보고 있는 상태에서 유언자에 의한 서명이 이루어지거나 각 증인에게 유언자가 따로따로 인정하는 것도 가능하다.”

제(3)항은, “유언자는 작성과 증명을 위한 행사 또는 행사들의 기간 중 어느 때, 증명을 위한 증인 각자에게 그가 서명한 것이 그의 유언장임을 선언하여야 한다." 제(4)항은, "한 번의 30일 기간 내에, 유언자의 서명이 그들이 보는 앞에서 이루어지거나 유언자가 그들에게 인정한 점과 유언자의 요청에 의하여 유언장의 말미에 그들도 서명을 하고 그들의 주소를 기록하였음을 증언할 최소한 두 증인이 있을 것"을 요구한다. 위 문장에서의 30일 기간 요건은 충족된 것으로 추정이 되나, 번복가능하다. 나아가 제(4)항은, "증인이 주소를 기입해넣지 않았더라도 유언의 유효성에 영향을 주지 않는다"라고 명백히 하고 있다.

2. 통일유언법 § 2-502조

통일유언법 § 2-502조 (a)항은, (1) 유언이 필기되었을 것, (2) 유언자에 의하여 서명되었거나 유언자가 의식이 있는 상태에서 유언자의 지시에 의하여 다른 사람에 의하여 유언자의 이름으로 서명되었을 것, (3) 최소한 두 명에 의하여 서명되어야 하는데, 각자는 유언장에 대한 서명 또는 그 서명에 대한 유언자의 인정이나 유언장 자체에 대한 인정을 목격한 뒤 합리적인 시간 내에 서명하였을 것을 요구한다.

나아가 (b)항은, "(a)항에 따르지 않은 유언은, 증인이 있건 없건 간에, 그 서명과 문서의 중요한 부분이 유언자의 자필에 의한 것이었다면, 자필증서방식유언으로 유효하다"고 규정하고 있다.

공정증서방식유언 및 자필증서방식유언에서는 유언자가 그 문서로 유언장을 만들겠다고 의도하였어야 한다. 통일유언법 § 2-502조에 의하면, 유언자의 의도는, "자필증서방식유언의 경우 자필로 쓰여지지 않은 부분과 같이 비본질적인 증거에 의해서도 인정될 수 있다."

3. 요건의 분석

위에서 언급된 요건 때문에 수 세기에 걸쳐 유언에 관한 분쟁이 발생하였다. 통일유언법은 유언에 관한 가족 간의 분쟁을 완화시키려고 노력하였다. 다투는 자들에게 도움이 되는 규정을 두지 않음으로써(denial of a handhold to contestants) 유언을 둘러싼 분쟁을 줄일 수 있을 것 같지는 않으나, 법정요건에 의하여 무효가 되는(defeated) 유언의 수는, 제정법에 의한 방식요건이 간결해짐에 따라 줄어들고 있다.

통일유언법이 1990년에 개정되면서 미국에 통일유언법 § 2-503조에 의한 '사소한 잘못(harmless error)'이라는 유보(saving) 원칙을 도입하였다. 이 원칙에 의하면, "서면 또는 필기된 것은 명확하고 신빙성 있는 증거에 의하여 피상속인이 그것에 의하여 (i) 피상속인의 유언, (ii) 유언장의 부분 또는 전부 철회, (iii) 유언에 대한 부가 또는 변경, 또는 (iv) 유언자가 종전에 철회한 유언 또는 유언 일부의 부분 또는 전부를 회복시키는 것을 의도한 것으로 인정될 수 있다면, [§ 2-502조]에 따라 작성된 것으로 간주된다." 이 원칙은 몇 개 주에서만 채택되었다.

유언이 적법하게 작성되었는지 여부에 관한 분쟁이 법률관계의 균형(symmetry of the law)을 향상시키려는 불편부당한 욕구에 의하여 촉발되는 일은 거의 없다는 사실에도 불구하고, 법원은 법률이 정한 화려한 형식요건을 충족하지 못하고 작성된 유언을 인정하지 않는 방법으로 피상속인을 벌하는 데에 악명 높게도 신속하였다. 법원은 피상속인이 유언을 남기지 않은 상태로 만들어버린다.

a. 유언은 필기되어야 한다.

이는 {1540년 원래의 유언법(Statute of Wills)이 아니라} 1677년 사기방지법(Statute of Frauds)에서 유래된 기본적인 원칙이다. 이 요건에 의하여 필기되지 않은 유언장은 배제되나, 필기(writting)란 무엇이며 어떤 언어로 필기되어야 하는가에 대해서는 답변되지 않는다.

필기된 서면은 번역해줄 사람이 있는 한 어떤 언어로도 작성될 수 있다. 이 점에 관한 가장 극단적인 예로 피상속인에 의하여 사용되고 그의 아들들 및 수익자들에 의해서만 해독이 되는 개인암호에 의하여 유언장이 작성된 경우인 1856년 영국사건이 있다. 그 사건에서, 영국에서 증여가 이루어지도록 할 의도는 영어로 쓰여져 있었으므로, 보석상의 암호로 쓰여진 액수는 번역의 문제라기보다는 모호함의 문제였다고 할 수 있다.

필기도구는 유언자의 상상력과 필요에 따라 천차만별이다. 필기된 서면은 항구적인 표면에 첨부되어야 한다. 글자들은 적법한 유언장을 구성하도록 유지되어야 하는데, 법원이 간호사의 속치마와 책상에 수기[3]한 것을 적법한 유언으로 인정한 사건들이 있다. 하늘에 유언장을 작성하기 위하여 비행기를 빌린 것은 비영구성의 좋은 예이다.

b. 필기요건의 예외

뉴욕과 같은 몇 개 법계는 구술형식의 유언을 허용한다. 그러한 (유언을 위한) 언급은 작은 규모의 재산에 적용되며, 사인증여(gift *causa mortis*)[4]나 사망을 예견한 상태에서 이루어진 증여와 비

---

3 원문의 'hand writing'을 '수기(手記)'로 번역한다.

4 Steven H. Gifis, *Barron's Dictionary of Legal Terms*(4ed.), 221면에 따르

슷하게, 사망을 목전에 앞둔 상황(during the last sickness)에서 이루어졌어야 한다. 3명의 증인이 그 구술유언을 들었어야 하며, 그 직후 필기되어야 한다.

c. 문서 말미에 서명이 되어 있을 것(Subscribed and Signed at the End)[5]

유언자나 증인 또는 그 둘 다에게 부과된 요건인, "서명된(subscribed)," "말미에 서명된(signed at the end)," 또는 중복된 표현이라 할 만한(redundant) "말미에 서명된(subscribed at the end)"이라는 단어들 또는 표현들이 많은 유언장을 무효로 만들었고(impale), 그 때문에 통일유언법에서는 배제되었다. 서명으로 의도된 거의 모든 행위는 이에 해당할 수 있는데(즉, 의도와 결합된 행위), 위 요건은 여전히 유언자에게 요구된다. (말미)서명(Subscription)이란 서명이 유언의 "말미"에 행해져야 한다는 요건을 추가한 것이다. 말미에 적혀야 한다는 요건이 존재하지 않는다면, 법원이 그것이 적혀 있는 곳이 어느 곳이든 그 이름이 서명된 것인지 여부를 결정하여야 하는데, 예를 들어 "Will of Anna England," 유언장의 서두에 적힌 "I, Lovian Bauman" 또는 서면 중의 "Bonds belonging to Helene I. Bloch"와 같은 것들에 대해서 그러하다.

유언장의 "말미(the end)"란 무엇인가? 문언의 해석상 이는 서명이 유언장의 마지막 부분(final entry)에 이루어져야 함을 의미한

면, 'gift *causa mortis*'란 죽음이 얼마 남지 않은 점을 고려하여 이루어진 동산의 증여를 말하며, 동산의 인도가 이루어져야 하고, 예측한 대로 사망하여야 하며, 그렇지 않은 경우 그 증여는 무효가 된다고 한다. 이 책에서는 이를 일단 '사인증여'로 번역하였으나, 우리나라 법체계에서 말하는 '사인증여'와는 다소 차이가 있는 것으로 이해된다.

5 번역자의 검토한 바로는, 'subscribe'와 'sign'의 차이가 명확하지 않다.

다(종종 증인의 서명에 관해서는 그러하지만, 유언자의 서명에 대해서는 그렇지 아니하다). “공간상 말미”기준(“spatial end” test)은 기계적으로 그러한 부분에서 서명을 찾게 된다. 반대로 “이론적 말미”기준(“logical end” test)은 유언장의 문언을 검토하여 유언조항의 결론이 있는 곳에서 말미를 찾게 된다(유언조항은 처분조항뿐 아니라 종전 유언의 철회와 유언집행자를 지명하는 내용도 포함한다). 이러한 접근방법은 유언자가 유언장 여백, 이면 또는 첨부문서가 첨부되어 있는 표지의 맨 아래에 서명하는 형태로 종이의 사용을 절약한 경우 등 많은 유언장을 적법한 것으로 인정하게 된다.

일반적으로 유언장으로 작성되었으나(purported will) 제정법상의 “말미서명(subscribed)” 기준을 통과하지 못한 것은 유효한 유언장이 아니다. 어떤 경우 법원(또는 때때로는 아래와 같은 법률조항)은 유언장 전체를 무효로 하기보다는 일부만의 유효로 인정하기도 한다.

뉴욕상속 및 신탁법 § 3-2.1조 (a)(1)항은 다음과 같은 요건을 요구한다.

(A) 유언 작성 당시 유언장에 기재되어 있는 사항들 중 유언자의 서명보다 뒤에 기재되어 있는 사항들이 있다고 하여 유언 작성 당시 유언장에 유언자의 서명보다 앞에 기재되어 있는 사항들이 무효로 되는 것은 아니지만, 다음과 같은 경우에는 서명보다 앞에 기재되어 있는 사항들도 유언검인판사(surrogate)의 재량에 따라 무효로 될 수 있는데, 서명보다 뒤에 기재되어 있는 사항들의 도움 없이는 쉽게 이해할 수 없을 정도로 불완전하거나, 서명보다 앞에 기재된 사항들의 효력을 인정하게 되면 피상속인의 상속재산에 관한 처분 및

관리에 관한 전반적 계획을 왜곡시키는 결과를 가져올 우려가 있는 경우가 그러하다.

(B) 유언자의 서명 이후에 기입된 것으로 인증을 위한 조항(attestation clause) 이외의 조항 또는 서명에 앞서는 사항이더라도 유언장의 작성 이후에 추가된 사항은 효력이 없다.

이러한 절단법리(amputation approach)는, 유언자의 서명 이후의 사항은 유언장에의 서명과 증인에 의한 목격 이후에 덧붙여진 것이라고 섣불리 추정하는 경향이 있는 법원들에 의하여 강화되었다.

d. 유언자를 위한 제 3 자에 의한 서명

사망에 임박한 자의 보호(infirmities)라는 관점에서, 통일유언법과 뉴욕을 포함한 주에서 유언자의 서명에 갈음할 수 있는 제도를 두고 있다. 다른 사람에 의한 서명절차는 종종 "X(유언자의 서명)"에 의한 서명조항에 부가되어 있는 경우가 많다; 양 절차는 엄격하게 따지는 경향이 있는 상세한 요구조건을 두고 있다. 뉴욕상속 및 신탁법 § 3-2.1조 (a)(1)항의 해당부분은 다음과 같이 규정한다:

(1) 서명은 그 말미에 유언자에 의하여, 또는 유언자의 이름으로 제 3 자에 의하여 행해져야 하는데, 제 3 자가 서명을 할 때에는 유언자가 그 자리에 존재(presence)하여야 하며, 유언자의 지시에 따라 다음과 같이 하여야 한다.

* * *

(C) (1)항에서 규정한 대로 유언장에 유언자의 이름을 서명한 자는 그 스스로도 서명하여야 하고, 유언장에 그의 주소도 기입하여야 하나, 유언장과 관련하여 필요한 증인 중 한 명으로 산입할 수는 없다. 유언자의 이름으로 서명하는 자의

> 서명이 없는 유언장은 효력이 없다; 그러나 만일 유언자의 이름으로 서명한 자가 그의 주소를 기입하지 아니하였더라도 유언장의 효력에는 영향이 없다.

이러한 "임석(臨席, presence)" 및 "유언자의 요구" 및 유언장에 관련하여 필요한 증인이 아닌 자에 의한 그의 이름의 기입이라는 부가적 요건들은 이 규정을 준수하기 매우 어렵게 만든다. 다른 자에 의한 서명에 관한 더 간단한 규정들이 통일유언법 § 2-1003조 (d)항에 의하여 제정된 국제유언법(International Wills Act)에 있다.

e. 유언자의 임석

유언자 임석하의 서명 또는 인정(acknowledging)이라는 요건은, 뉴욕 기타 많은 주에서 그것이 요구되는 경우, 그 임석이라 함이, 각 관계자들이 다른 사람들이 보는 앞에 있어야 한다는 의미의 엄격한 「면전(面前)요건」("line of sight" test)을 의미하는 것인지, 그것이 아니라 관계자가 옆 방에 있었다 하더라도 유언자(또는 만일 법에 의하여 요구되는 경우에는 다른 증인)가 서명하는 것을 들을 수 있었다면 임석한 것으로 인정될 수 있다는 의미의 약간 느슨한 「존재의 인식요건」("conscious presence" test)을 의미하는 것인지에 관한 오래된 논쟁으로 연결된다. 당사자들이 전화나 비디오폰 또는 원거리 쌍방향 텔레비전으로 연결된 경우에는 더 어려운 문제가 발생한다. 통일유언법은 "X"대신에 그를 위하여 유언자의 이름이나 더 완전한 서명을 하는 사람을 제외하고는 이러한 문제여지가 많은 요건을 삭제하였다.

f. 서명 또는 인정

보통 유언자는 두 증인이 임석한 가운데 서명한다; 완전히 대체가능한 조문이 있는 경우에는, 유언자가 이미 이루어진 서명이 그 유언장에서의 그 또는 그녀의 서명임을 인정하는 것도 허용한다. 어떤 주에서는 두 증인 모두 동일한 대체방법을 따르도록 요구한다; 즉, 두 증인 각자가 유언자가 서명하는 것을 보거나 유언자가 그 또는 그녀의 유언장임을 인정한 것을 들어야 한다. 두 증인이 모두 서명 또는 인정하는 것을 목격하였어야 한다(각 증인이 각 한 가지씩을 의미하는 것이 아니다)는 요건은 종종 증인들은 "동시에(at the same time)" 서명 또는 인정을 목격하여야 한다는 법조문상의 표현에서 나타난다. 뉴욕과 통일유언법은 한 증인이 유언자가 서명하는 것을 목격하고 다른 증인은 유언자가 자신의 유언장이라고 인정하는 것을 듣는 경우를 허용하는 내용으로 두 방법이 섞여 있는 경우도 허용한다. 유언자가 자신의 서명임을 인정하는 것과 유언자가 자신의 유언장임을 인정하는 것 중 어느 것이 유언자에 의하여 인정되어야 하는가? 뉴욕주에서는 "서명"이라고 한다; 통일유언법은 둘 중 어느 쪽이든 허용한다. 뉴욕에서, 유언자가 "유언장"이라고 인정하는 것을 유언장의 서명이 그의 것이라고 인정하는 것으로 인정할 것인지 여부는 법원의 해석에 달려 있다.

g. 동시요건(At the Same Time)

뉴욕은 공정증서방식 유언장(formal will)을 위해 요구되는 다양한 형태의 서명과 다른 행동을 "단일한 행위"("a ceremony")라기보다는 "여러 행위"("ceremonies")인 것으로 보고 있다는 점에서 독특하다; 나아가, 뉴욕은 모든 관련 행위들을 완료하는 데 매우 장기간의 시간을 허용한다(최장 30일); 이러한 내용은 극히 드문 경우이다. 보통은 유언장의 공식적 완성은 "동시"("at the same time")

에 완성되는 단일한 행위로 간주된다; 법원은 서명행위들은 "연속된 행위"("continuous transaction")라는 개념하에 어느 정도 기간을 연장해왔다.

h. 증인의 수

미국의 모든 지역에서는 공식적인 유언장을 위하여 최소한 두 명의 증인을 요구한다. 유언자는 둘 이상의 증인을 선택할 수 있다.

i. 유언자의 요청

유언자가 증인들에게 유언장에 유언자가 서명하는 것을 보도록 요청하여야 한다는 요건은 논리적으로 극단적인 경우에까지 이르게 되었는데, *In re Hales' Will*(1956) 사건이 바로 그러한 예이다[유언장에 서명하기 위해 변호사 사무실에 간 의뢰인이 변호사가 준비한 서면에 그의 비서가 임석하고 있는 상태에서 서명을 하였으나 비서에게 그의 서명에 대한 증인이 되어 달라고 요청하지는 않았던 사안]. 이 요건의 남용은 통일유언법에서 이 조문이 빠진 이유를 말해준다.

j. "자신"의 이름을 서명할 것

예상치 못한 흠결 때문에 어느 정도까지 유언이 무효로 될 수 있는지 여부를 보여주는 한 사례로 다음과 같은 것이 있는데, 이 사안에서는 주법에 의해 증인이 "자신의 이름을 서명"할 것이 요구되고 있음에도(현재 뉴욕의 경우가 그러하다) 증인이 자신의 이름 대신 유언자의 성을 사인함으로써 유언이 무효로 되었다! 통일유언법은 그러한 식의 해석에 대해 적절히 대처하였는데, 즉 법원이 아직도 서명요건을 그와 같이 해석하고 있음에도, 증인이 누구의 이름을 서명하여야 하는가에 관한 요건을 삭제한 것이다.

k. 증인의 주소

증인의 주소가 꼭 필요한 것은 아니라는 점은 법령상의 강행규정의 문구와 비교해볼 때 선명하게 드러난다; 이 점은, 다른 남은 조문들은 유언장이 유효하기 위하여 필수적이라고 보는 입장을 뒷받침한다.

C. 공정증서방식유언장에 대한 증인

공정증서방식유언장(formal will)을 위해서는 증인이 필요하다. 구술유언과 자필증서방식유언을 인정하지 않는 지역에서는(그리고 모든 지역에서 위 두 가지 유언방식의 요건을 갖추지 못한 유언장에 대하여), 증인이 두 명이 되지 못하는 유언장이 유효하게 될 유일한 가능성은, 그 유언장이 국제유언장으로 인정받거나 그 유언장과 충분한 관계를 갖는 지역(예를 들어 유언자의 거주지, 부동산의 소재지 또는 유언장작성지)의 법에 따라 유효한 외국유언장으로 인정받는 것이다.

{단순히 이해관계가 없는 것(disinterested)에 그치지 않고} 증인이 되기 위한 요건은 일반적으로 증인이 되기 위한 요건과 다르지 않다. 증인은 유언장을 서명하는 상황에서 일어난 일을 목격하고 이해하고 기억하고 설명할 수 있어야 한다. 유언자가 유효한 유언을 하기 위해서는 일반적으로 성인일 것이 요구됨과 달리 유언에 대한 증인이 되기 위한 최소연령은 없다.

증인의 역할은 어느 시점에서 가장 중요한가? 증인의 "능력(competence)"과 "신빙성(credibility)"을 확인함에 있어 최소한 두 번의 가능한 시점이 있다: 유언장에 서명이 이루어진 때 및 유언자의 사망 이후에 유언이 증명될 때가 바로 그때이다. 일반적으로 유언장에 서명이 이루어진 때에 초점이 맞추어진다. 그리하여 증인 모두가 사망하거나 유언장 작성시의 상황에 대해 증언할 수 없게 되더라도 유언장이 일반적으로 무효가 되는 것은 아니다. 어떤 지역에서는 통일유언법 § 2-504조와 국제유언법, 통일유언법 § 2-1005조에서와 같은 "자기증명적(self-proving)" 조항을 두고 있다. 그러한 지역에서는 유언장 작성시점이 고려대상이 되는 유일한 시점이다. 그 타이밍은 증인이 어떤 시점에는 "이해관계인(interested)"이었으나 다른 시점에는 그렇지 않은 경우에 중요한 요소인데, 예를 들자면 "내 종업원들"과 같은 어떤 집단에게 유증을 하였는데, 유언장 작성 시점에는 그 증인이 그 집단에 포함되어 있었으나 유언장을 증명하는 시점에는 그렇지 않은 경우를 들 수 있다.

D. "이해관계가 있는(INTERESTED)" 증인

필요한 증인이 이해관계인인 유언장의 문제와 관련하여 세 가지 기본적인 견해가 있다.

증인으로 행위한 자에게 유증이 행해진 경우에는 그 유언 전체가 무효가 되는 것으로 하는 오래된 커먼로(및 제정법의 입장)가 있다. 가장 극단적인 경우가 *Crowell v. Tuttle*(1914) 사건인데, 이 사건에서 법원은, 교회에서 발행한 약속어음의 보증인이 증인이 된 유언장을 무효로 보았다. 어음 자체는 소멸시효에 관한 규정 때문에 효력을 갖지 못하였다(그 어음에 의하여 발생된 이자는 그렇지 아니하였다). 그 유언장은 교회가 지고 있는 그때 당시의 저당채무를 감소시키기 위하여 300달러를 유증하는 내용이었다. 그 증인을 제외하고도 5명의 다른 보증인이 있었고, 그 어음에 대한 담보는 유효했다. 위 첫 번째 견해는, 유언 전체를 무효가 되게 하는데, 즉, 그것은 유언 내에서의 유증의 "내부적(internal)" 유효성에 대한 문제가 아니라, 유언으로서의 "외부적(external)" 유효성의 문제임을 유의하여야 한다.

두 번째 견해는 일리노이주 등의 법에서 발견되는데, 그 내용은 유언은 외부적으로 유효하나 이해관계가 있는 증인에 대한 유증은 효력이 없음을 명확하게(또는 암묵적으로) 선언하는 것이다. 예를 들어 일리노이주에서는 다음과 같이 요구하고 있다.

> "유언에서 수익적 유증 또는 이익(beneficial legacy or interest)이 유언작성을 증언할 사람이나 그 배우자에게 주어진 경우, 그 유언이 그 자를 제외한 나머지로 충분한 숫자의 증인에 의하여 적법하게 증언되지 아니하면, 그러한 유증이나 이익은 위 자에 의해 주장되는 수익자 및 모든 사람에 대해 무효이다; … 그러나 수익자는 만일 그 유언이 작성되지 않았더라면 유언자의 상속재산 중 그가 받았을 가액을 넘지 않는 범위 내에서, 유언에 의하여 그에게 주어진 유증 또는 이익과 같은 액을 받을 권리가 있다[Ill. —Smith-Hurd Ann. 755 ILCS 5/4-6]."

이러한 유형의 입법은 전형적으로, 다음의 세 가지 예외가 적용되지 않는 한, "필요한" 이해관계 있는 증인에 대한 유증을 무효로 만든다.

첫째, "이해관계 있는" 증인이 "필요하지" 아니한 경우. 즉, "남은 증인의 숫자가 충분한 경우(supernumerary)." 이러한 경우로 전형적인 경우는, 유언에 대한 증인이 셋이고 그중 한 사람이 "이해관계 있는데," 증인 두 명으로 충분한 지역인 경우이다. 그 경우,

"이해관계 있는" 증인은 "필요한" 증인이 되지 않으며, 유증을 받게 된다(보통은 유언장 서명의 순서와 상관없다). 둘 또는 그 이상의 증인이 이해관계 있는 경우 더 어려운 문제가 생긴다.

> 예: H라는 상속인이 있는 T는 그의 상속재산을 A, B, C에게 준다는 내용의 유언을 하였는바, 그들이 유언의 유일한 증인만 아니었다면, 그 유언은 유효하였을 것이다. A, B 및 C 각자는 각각 스스로에 대한 유증에 관하여 "이해관계 없는(disinterested)" 증인이 두 명이 있다고 주장할 수 있게 되는데, 공모의 가능성 때문에 이해관계 없는 증인이 없다고 보는 것이 더 타당할 것이다.

둘째, 이해관계 있는 증인에 대한 유증액이, 유증이 없었더라면 그 증인이 받았을 상속액을 초과하지 않는 경우에 해당되어 그 유증이 불필요하게 된 경우, 증인이 불필요한 경우와 유사한 경우가 생기게 된다. 이러한 경우에 관해 종종(그리고 부정확하게) "유언이 없었던 것처럼(as if there were no will)"이라고 표현되지만, "유언이 성립되지 못한 것처럼(as if the will were not established)"이라고 표현하는 것이 더 정확하다. 두 표현의 차이는, 이해관계 있는 증인이 두 번째 또는 후속 유언장의 작성에 참여한 경우 또는 그 증인이 상속인(비유언상속인)인 경우에 나타난다.

이러한 규정은 많은 매우 복잡한 문제를 해결할 열쇠가 된다. 일련의 유언장들이 작성과정에서의 다양한 문제들을 가지며 작성될 수 있다. 최후의 유언장에 관하여 필요한 증인으로서 수익자적 이해관계(benficially interested)를 가진 증인이 있다면, 필요한 증인으로 수익자적 이해관계가 있는 증인이 그러한 상황이 아니었다면 얼마를 받게 될 것인가를 결정하기 위하여, (그렇지 않았더라면 최종 유언에 의해 철회되었을 것이긴 하지만) 각 종전의 유언의 유효여부를 결정할 필요가 있다.

예: H는 T의 추정간접상속인인데, T가 다음과 같은, 정식 유언으로서만 유효한, 유언내용이 담긴 문서를 작성하였다면, 각 수익자적 이해관계가 있는 증인들은 얼마를 받게 되는가?

[수익자적 이해관계가 있는 증인들]

유 언#	상속재산의 분배	증 인
1	H와 A에게 각 1/2	H, A
2	H, A, B에게 각 1/3	H, A, B
3	H에게 1/3, A에게 2/3	H, A
4	H에게 1/3, 나머지는 A에게	H, A
5	H에 대한 1/3을 취소함	H, A

위 예는, "계약은 처음 것, 유언은 맨 나중 것(First Deed, Last Will)"이라는 금언에서 표현되는 유언에 관한 문제에 대한 논리적 접근방법을 이해하는 도구로 기능한다. "계약은 처음 것(First Deed)"이라는 것은, 행위자의 생존중에 이루어진 철회불가능한 거래에 대해 시간순서대로 따지는 접근방법이 논리적이라는 일반적인 원칙을 의미한다. 계약(deed)은 임의로 취소할 수 없는 것이므로, 처음 체결된 적법하고 유효한 계약은 관련된 재산을 처분하는 효과가 있다. 그러나 만일 그 거래가 취소할 수 있는 것이거나 유언(전형적으로 취소가능한 것이다)에 의한 것이었다면, 시간순서로 따져서 제일 나중에 이루어진 거래가 논리적으로는 맨 먼저 따져보아야 할 대상이다.

그러므로 유언에 관련된 문제에 관해서 가장 효율적인 접근방법은, 취소불가능한 생전처분을 제일 먼저 보는 것이고, 다음 후속

행위에 의하여 명시적 또는 묵시적으로 취소되지 않았다면 유효하다고 할 수 있는 취소가능한 생전처분에 관해서 보는 것이다. 어떤 경우에는, 유언 자체가 생전에 이루어진 취소가능한 처분을 취소하기도 한다.

마지막으로, 생전에 적법하게 처분되지 않았고 피상속인의 사망시 그가 소유하고 있는 재산은 최종적이며 유효한 유언에 의하여 처분된다. 유언의 외부적인 유효성은 시간순서의 역순으로 따져보게 된다. 유언이 유언으로서 유효한 것으로 인정되면(외부적 유효), 각 조항들의 유효성(내부적 유효)이 검토되게 된다.

이러한 접근방법을 위 예에 적용하면, 다섯 번째의 유언내용이 담긴 행위부터 시작하여 시간의 역순으로 검토하여야 한다. #5유언은 #4유언의 일부에 대한 문서에 의한 취소라 할 수 있고, 그에 대한 유언보충서(codicil)로 불리어질 수 있다. 일리노이주 법은, 새로운 유언삭성과는 반대로, 서면에 의한 철회에 관해서는 다루고 있지 않음에 주의하라.

보통, 법원은 조문의 표현을 문서에 의한 취소까지 포함하여 규정한 것으로 확장하여 해석한다. 커먼로의 오래된 견해에 따르면, 그 취소가 필요한 증인인 A의 몫을 증가시키기 때문에 그 행위 전체를 무효로 선언하지만, 일리노이주 법이 적용되는 경우 동 법은, 필요한 증인에 대한 유증을 "만일 그 유언이 작성되지 않았더라면 유언자의 상속재산 중 그가 받았을 가액[6]을 넘지 않는" 정도로 취소함으로써, 유언장을 유효하게 한다.

유언에 의하여 주어지는 몫은 상속재산에 대한 가정적인 몫에

6 이 부분 원문은 'value of the share'로, '상속분의 가치'라는 의미이다. 이 요건은 일리노이주 법과 관련하여 의미를 지닌다.

비교된다. 상속재산에 대한 가정적인 몫을 구할 필요에 의해, 다양한 추가적인 유언관련문제가 파생되게 된다. (그렇지 않다면 유언들이 유효하였으리라고 가정하는 대신) "말미에 서명되어 있지 않은 경우" 등과 같은 변수를 포함하여 유언작성과 관련된 여러 사항들이 각 유언장마다 다르게 존재할 수도 있다. 그러나 위의 예에서는 유언에 대한 증인들의 이해관계만이 문제된다.

먼저 따져보아야 할 문제는, #5유언이 특정인에게 어떤 몫을 주기보다는 박탈하는 경우(takes away rather than gives), "유언에 의하여 주어진"이라는 법문상의 표현의 해석문제와 관련된다. 위 문제에서는 차이가 발생하지 않는데, 그러나 만일 #4유언의 증인들이 C와 D라는 두 명의 이해관계 없는 당사자라면, #5유언에 대한 증인으로서의 A의 역할이 #5유언의 효력을 변경시키게 되는 것일까?

유언의 내용이 담긴 문서 #4 및 #5만이 존재한다고 할 경우, 일리노이주 법을 위 예에 적용해보자: A의 몫은 H의 몫을 취소함으로써 실제로 늘어나지만, 이론적으로는 그렇지 아니하다. 실제로는 A는 상속재산의 다른 1/3을 받을 것이다; 이론적으로는, A는 "잔여분(the residue)"을 받는 상태가 계속된다. #5유언에 관한 이해관계 있는 증인인 A가, "만일 그 유언이 작성되지 않았더라면 유언자의 상속재산 중 그가 받았을 가액(*value*)을 넘지 않는 범위에서 유언에 의하여 그에게 주어진 이익"만큼의 몫을 받는다고 정리하는 데 일리노이주 법은 도움이 된다[이 부분 강조는 원문에 의하여 추가됨].[7]

그러므로, A는 잔여분의 마지막 1/3을 받을 권리가 없는데, 왜냐하면 그것은 유언이 없었더라면 그가 받았을 몫을 초과하는 것이

7 이 부분 원문은 [Emphasis added]이다. 이 문단의 인용부호 및 이탤릭체에 의한 강조를 저자가 추가하였음을 의미한다.

기 때문이다. H 또한 유언의 증인이었으나, 그의 이익은 #5유언에 의하여 감축된 점에 유의하라; 그래서, H는 그 이상으로 추가하여 몫이 줄어들지 않으며(suffers no additional penalty), 그 유언은 그에 대하여 유효하다.

그러나, 위 예에서 제기되는 문제점은 여기서 끝나지 않는다. H와 A는 #3유언, #2유언 및 #1유언의 증인이기도 했다. "유언이 없었더라면 A가 받았을" 몫을 구하기 위하여 이러한 문서들이 검토되어야 한다. 이 문서들을 시간순서의 역순으로 고려하면, 다음과 같은 점들을 알 수 있다: #3유언과 #4유언의 조항을 비교해보면 그것들은 동일하게 보인다; 그래서 A의 몫은 #4유언에 의하여 증가하지 않는다(그러나 A를 잔여분취득자로 만들고자 하는 #4유언의 의도가 A가 잠재적으로 더 많은 몫, 즉 유효하지 않은 증여나 #5유언에서 취소된 증여된 부분 등을 받을 수 있게 한 점에 주의하라).

#3유언과 #4유언의 조항들을 #2유언의 조항들과 비교해보면, H의 몫은 동일하지만, A의 몫은 1/3에서 2/3로 증가하였다. 그래서 만일 #2, #3, #4 및 #5유언만 있었다면 A는 상속재산의 오직 1/3에 대한 권리만 얻게 된다. 하지만 A는 #2유언의 증인이기도 하다. 만일 다른 두 증인, H와 B가 이해관계 없는 증인이라면, A는 "여분의" 증인 또는 불필요한 증인이고, 그의 몫을 받을 수 있게 된다.

상속재산의 1/3을 A에게 유증한다는 점에 관하여 두 명의 이해관계 없는 증인들이 있다는 주장에도 불구하고, 공모 가능성의 문제는 #2유언에 따른 A의 몫을 #2유언에 따른 유증액보다 적은 액수, 즉 #2유언이 작성되지 않았을 경우 A가 받았을 액수만큼으로 감축시키도록 만든다.

이러한 점은 #1유언과의 비교(및 유효성 여부에 관한 결정)를 하게 만든다. #1유언에 따라, A(필요한 증인으로서의 A의 역할에 상관없이)는 상속재산의 1/2을 받게 된다. #1유언에 따라 A가 받을 유증액은 #2에 따른 유증액을 제한하지 않는다. 그러나 불운하게도, 모든 곳에 존재하였던 A는 #1 유언에서도 "그의 일을 하였다."[8] #1유언이 없다면 A가 받았을 액은 영(零)이므로(A는 상속인이 아니었다), 어떤 유언에 의하더라도 A가 받았을 몫은 영이다.

#2유언이 실질적인(material) 내용을 담고 있다면, B가 받을 유증액에 관하여 동일한 결론이 가능하다; H의 몫을 결정하는 것을 제외하고는, 위 예의 사실관계하에서는 #2유언의 내용은 실질적인 것이 아니다.

H의 몫은 H가 상속인이라는 사실 때문에 더 복잡해진다. 위 예에서 H가 증언을 하게 될 유언에 따른 유증은 H가 받을 몫을 증가시키지 않았다: 어떤 유언에 의하더라도, A와 B에 대한 유증은 무효인데, 왜냐하면 그 유증액이 유언이 없었다면 그 필요한 증인들에게 주어졌을 금액을 초과하기 때문이다. H가 아닌 다른 사람에 대한 모든 잠정적으로 적법하고 유효한 유증은, 그러한 유증이 없었다면 H가 받게 될 몫을 감소시킨다.

일리노이주 법의 "상속분의 가치(value of share)"라는 용어 사용 및 "상속인"이라는 지위가 사망시 결정된다는 사실 때문에 유언장이 작성된 시기와 유언자 사망시기 사이에 발생하는 변화가 문제된다. 언제 그 액수가 정해지는가? 유언장 작성시점의 추정직접상속인 및 추정간접상속인은 "유언이 이루어지지 않았을 경우 그가

8 이 부분 원문은, 'did his thing'으로, '증인이 되었다'는 의미이다.

받았을" 몫을 받게 되는가? 피상속인의 사망시점보다는 유언장의 작성시의 사실들이 결정적인 것으로 보이지만, 법원은 조문의 해석에 있어 다양한 견해를 보인다.

"수익자로서 이해관계를 갖는 증인(Beneficially Interested Witness)"이란 누구인가? 일리노이주 법은 수익자의 배우자가 "수익자로서의 이해관계"를 갖는가 하는 문제를 해결하였다. 우리는 이미 유언장이 해당 채무와 관련하여 300달러를 지급할 것을 정한 경우 교회의 약속어음에 대한 공동보증인을 "수익자와 이해관계를 갖는" 것으로 간주하였던 극단적인 사안을 보았다. 다른 한편, 몇몇 지역에서는 제3자에 대해서는, 설령 그가 배우자라 할지라도, 이해관계가 있는 것으로 보지 않는다. 그 중간쯤에 증인이 관계되는 특정인(예: 자녀들) 또는 기관(예: 교회)에 대한 유증이 있다. 부모-자식 관계는 목사-교회관계보다 더 명확하다. 유언에서 "주어진" "이익"이란 무엇인가에 관한 의문 또한 존재한다: 보통은 상속재산관리인(executor)이라는 이름으로 불리우는 사람은 증인 역할을 하고 상속재산을 관리하고 그에 대한 비용을 받을 권한을 갖는다. 어떤 은행이 집행자로 명시된 유언장에 관하여 그 은행의 직원이 그 유언장의 증인이 되었다고 하여 일반적으로는 그 은행이 집행자로서의 직무를 수행하지 못하게 되지는 않는다.

때때로 필요한 증인의 "이해관계"는 법에서의 다른 규정과의 상호관계에 따른 결과물일 수 있다. 예를 들어 어떤 유언이 그 아들에 대한 유증을 포함하고 있고, 그 아들의 딸(유언자의 손녀)이 유언의 증인이 되었는데, 그 손녀가 실효방지에 관한 규정들에 의하여 그녀의 아버지의 유증몫을 받는 경우, 그 손녀는 그 유증몫을 받을 수 없게 되는가?

어떤 경우에는 법조항이 특정인은 수익자로서 이해관계에 있는 것이 아니라고 명시하기도 한다: 예를 들어 채무변제에 관해 유언장에 둔 일반 조항이 그 채권자를 그 유언에 대한 증인 "부적격자(incompetent)"로 만들거나 그 채무변제를 금지하지는 않는다.

법률에 대한 세 번째 예외는, (일리노이주와는 달리) 자필증서방식유언을 허용하는 지역에서 적용된다. 유언장이 자필증서로 유효한 경우, 증인의 서명은 "불필요한 것(surplusage)"으로 취급되어 무시된다. 이것은 "필요한" 증인 이론에 대한 변형이다.

통일유언법은 유언장(will) 또는 유증(bequest)을 무효로 만드는 특정 조문을 두고 있지 아니하다. 대신에 통일유언법은 유언에 관해 필요한 증인의 이해관계를, 부당한 영향(또는 사기)이 유언자에게 행해졌는지 여부에 관해 결론지음에 있어 고려하여야 할 요소로 본다. 그리하여 가장 최신의 접근방법은 기술적인 부정의(mechanical injustice)를 피하기 위하여 불명확한 여지를 남겨둔다.

E. 자필증서방식에 의한 유언

약 반수(半數)의 주는 정식의 증언에 의한 유언에 대한 대체물로, 자필증서방식유언을 허용한다. 루이지애나주의 경우, 그 이름에서 "H"를 제거하고, "olographic"이라고 부른다. 이에 관한 핵심요건은, 피상속인이 유언장을 자필하였을 것이다. 이에 관한 가장 관대한 규정이 통일유언법 § 2-502조 (b)항에 포함되어 있다: "[공정증서방식유언에 관한] (a)항에 부합하지 않는 유언이라도, 만일 그 서명 및 실질적 조항이 유언자의 수기에 의하여 이루어졌다면, 증인이 있건 없건 간에 자필증서방식유언으로 유효하다."

핵심요건은, 피상속인이 수기하였을 것 및 서명하였을 것이다. 다른 법들은, 유언장이 "완전히(entirely)" 피상속인의 수기에 의하여 작성되었을 것을 요구함으로써 큰 제약을 두었으며, 몇몇 주에서는 유언장에 날짜가 적혀 있을 것을 요구한다.

1. "자필(HANDWRITING)"

합리적으로 항구적인 형식으로 수기되었을 것이라는 요건에는 별다른 문제가 없다. 피상속인이 통상 사용하는 필기방식이 목판인쇄(block printing)이었더라도 일반적으로 받아들여진다. 대부분의 필기방식이 "손" 그 자체 이외의 다른 도구(즉, 펜이나 연필)를 사용하여야 하지만, 법원은 비록 피상속인이 사용한 습관적인 필기방법이라 하더라도 타자로 작성된 것이라면 일반적으로는 그것을 수기형식유언으로 인정하지 않는다.

2. "완전히(ENTIRELY)"

"피상속인의 완전한 자필"이라는 용어를 사용하는 지역에서는, 법원은 종종 수기되지 않은 부분(즉, 편지지 윗부분의 인쇄문구 또는 1인 이상의 증인의 서명 또는 인쇄된 문장 또는 원래 용지에 "Will"이라고 제목이 붙어 있는 경우 등)을 무시할 수 있는가에 관한 문제에 부딪치게 된다. 기계적 접근방법을 취한다면, 수기되지 않은 부분이 없었더라면 유효하였을 자필증서에 의한 유언의 효력을 인정하기 위하여 용지의 윗부분 또는 아랫부분을 제외하는 것을 허용할 것이다. 유언 용지 위에 기계로 인쇄된 조항과 같은, 유언의 본내용 중 수기되지 않은 실체적 부분을 무시하는 것은 더 어렵다. 가장 극단적인 경우가 바로 *In re Thorn's Estate*(1920)인데, 이 사건에서 유언의 내용에 관해서는 불필요한 한 단어가 유언장의 본문 부분에 고무도장으로 날인되어 있었다; 그 유언장은, 피상속인에 의하여 "완전히(entirely)" 수기된 것이 아니라는 이유로 검인절차가 거부되었다.

3. "서명(SIGNED)"

"서명(signature)"으로 할 의도로 하는 대부분의 행위가 서명으로서의 요건을 충족한다. 서명은 읽기 쉬워야 할 필요가 없고, 피상속인의 이름 전부나 공식적인 이름이 사용되어야 하는 것도 아니다. "서명"으로 의도되지 않았을 장소, 즉, "Will of ______"로 시작되는 곳 또는 "I, ________, hereby make my will"이라고 시작하는 곳의 맨 앞에 피상속인이 그의 이름을 적은 경우, 서명으로 의도하였다는 것이 무엇인가 하는 문제가 발생한다. 어떤 사람의 이름을 적은 것이 "서명"을 의도한 것인가 결정해야 한다는 문제 때문에 정식의 유언에서는 유언자가 "말미에 서명"해야 한다거나 "맨 밑에 서명"해야 한다는 등의 요건이 요구되었다. 위에서 본 대로, 이러한 요건은 무엇이 "말미(end)"인가 하는 점을 정의내리는 문제를 부가적으로 만들어낸다. 서명의 위치 잘못만 없었더라면 유효하였을 많은 유언장에 관해 그러한 잘못으로 인하여 검인절차가 거부되었다.

4. "날짜기입(DATED)"

"날짜기입"요건과 같은 불필요한 결과를 만들어내는 요건은 거의 없다. 캘리포니아주 및 루이지애나주는 자필증서방식에 의한 유언에는 "날짜가 기입되어야" 한다는 요건에 집착하여 헤아릴 수 없이 많은 유언장을 무효로 만들었다. 날짜는 완전하여야 하며 — 연월일—, 숫자로 표현될 수 있다. 1975년까지 루이지애나주는, 기입된 날짜가 "12" 또는 그 이하여서 월(月)과 혼동될 수 있는 경우, 정확한 날짜를 특정하기 위한 외부적인 증거를 허용하지 아니하였다. 그 날짜는 정확해야 할 필요는 없으나, 보통은 반증으로 추정이 번복되지 않는 한 정확한 것으로 추정된다.

통일유언법은 법정 유언요건의 주요한 "분쟁거리(trouble)"를 제거하려는 경향이 있다: 공정증서방식유언에 관해서는, "서명(subscribed)"과 "동시에 둘 다 임석할 것(both present at the same time)"이라는 요건 및 자필증서방식유언에 관해서는 "완전한" 및 "날짜기입" 요건이 바로 그러한 것들이다. 통일유언법은, 유언자가 실질적으로 규정을 지키려고 했다면 몇몇 실수만으로는 유언의 효력에 영향을 미치지 않는다는 '실질준수의 원칙(doctrine of substantial compliance)'을 채택하였다.

위와 같은 관대한(permissive) 법규정을 갖고 있지 아니한 지역에서는, 유언자와 관련하여 부당한 영향, 사기, 강박, 착오가 있었던 것도 아니고 또한 유언자가 능력이 없었던 것도 아니며, 모두가 유언장으로 의도되었음을 인정하며 그렇지 않았더라면 유효하였을 놀랍게도 많은 유언장들에 관해, 법규에서의 엄격한 요건을 충족하지 못하였다는 이유로 검인절차가 거부되고 있다. 비록 법원이 종종 법규정의 표현에 맞추기 위하여 여러 가지로 해석하고 있으나(twist)(예를 들어 자필증서방식유언에 대한 유일한 증인의 서명이 불필요한 것이라며 무시하거나 어떤 이름의 이니셜을 쓴 것을 서명으로 인정하는 등), 법이 요구하는 요건을 충족시키지 못하면 유언장으로 보이는 것에 대해 검인절차가 거부되는 원인이 된다; 그 결과는 무효가 되는 것이다.

F. 엄격한 해석과 관대한 해석

유언장에 대한 법원의 태도를 두 진영, 즉 엄격한 쪽과 관대한 쪽으로 나누는 것은 쉬운 일이다. 그러나 어떤 태도가 특정 상황에 적용될 것인지를 사전에 아는 것은 쉬운 일이 아니다.

유언장의 준비와 유효성에 대한 법원의 서로 모순되는 태도는 유언장 그 자체만큼이나 오랜 기간 존재하여 왔다. 유언에 관한 법규정의 목적 — 사기와 부당한 영향을 제거하고, 당사자들로 하여금 사망 후 그들 재산의 권리향방 결정에 대한 명확하고 비용이 많이 들지 않고 쉽고 확실한 수단을 제공할 수 있도록 하기 위한 것 — 은 그 자체가 "엄격한(strict)" 목적과 "관대한(liberal)" 목적으로 나누어진다.

비록 유언장 작성의 요식성에 대해 관대해지고 있는 경향이 명백하기는 하지만, 엄격함(strictness)과 관대함(tolerance)은 다수 지역인가 소수 지역인가 하는 문제는 아니다. 특정 지역에서의 유연성이 종종 적용되어야 할 유언에 관한 법규정 자체의 용어나 선례구속의 원칙(*stare decisis*)이라는 법원칙에 의하여 제약되기는 하지만, 서로 다른 태도가 같은 지역 내에서도 종종 발견된다.

G. 유언의도(TESTAMENTARY INTENT)

모든 법적 행위는 특정 유형의 행위와 특정 유형의 의사가 결합된 것이다. 예를 들어 "서명"이란 어떤 사람의 이름, 별명, 이니셜 또는 다른 상징물을 기재하거나 표기하는 행위와 서명에의 의사(*animus signandi*)라고 불리우는 특정 유형의 의사가 결합된 결합물이다. 서명하고자 하는 의도란, 그 행위가 "서명"이 되도록 하는 정신적 의지, 즉, 현재 서명에 수반되는 형식성과 최종성을 의미한다.

이와 마찬가지로, 모든 유언장은 특정한 행위(적용될 유언에 관한 법규정에서 요구하는 유언으로서의 형식성)와 유언을 하려는 의도(*animus testandi*)의 산물이다. 요식성은 거의 언제나 법에 규정되어 있지만, *animus testandi*가 무엇인가에 관해서는(description) 커먼로의 발달에 맡겨져 있다. 유언의 의사의 본질은 사망 시점 이전의 권리귀속관계와 무관하게 당해 행위가 (사망 이전이 아니라) 사망 시점에 유효하도록 한다는 데 있다.

유언을 하려는 의도는 두 가지 평면(equation)에서 관련이 있다. 첫째는 사망시에 효력이 발생하도록 생존중에 해놓았으나, 유언에 관한 법령이 요구하는 요식성을 갖추지 못한 처분들에 관한 것이다. 둘째는, 유언에 관한 법규정들이 정한 요건을 충족시키기는 하나, 유언을 할 의도가 아니었던 문서에 초점을 맞추게 된다. 요컨대, 행위와 의도 둘 다 요구되므로, 보통은 행위는 없고 의도만 있는 경우나 의도는 없고 행위만 있는 경우에 문제가 발생한다.

이 장의 앞 부분은 유언의 형식성이 존재하지 않는 상황에 관하여 다루었다; 그러한 경우에는, 유언의 의사가 존재하였는지 여부는 아무런 상관이 없는데, 아예 유효한 유언이 존재하지 않기 때문이다. 지금부터는 형식은 갖추어졌으나, 의도가 의문스러운 경우에 관하여 논의한다: 편지에 의한 유언(letter will), 조건부 유언(conditional will), 모의유언(mock will) 및 거짓유언(sham will)이 바로 그것이다.

1. 편지유언장

특히 자필증서방식유언을 허용하는 지역에서는, 특정 문서가 유언장으로 의도되어 작성되었는지 여부에 대한 문제가 발생한다. 가장 일반적인 두 가지 경우가 자살자가 적은 노트(suicide note)와 변호사에 대한 지시를 적은 편지이다.

두 경우 모두에 관해, 추가문서를 작성하려고 계획했다기보다는 바로 그 문서(this very paper)가 재산을 처분하고 특정 임무자를 지명하는 문서인 것으로 인정하기 위해서는, 전통적으로 "this very paper" 법리가 적용된다. 따라서, 변호사에게 보낸 편지에 "… 라는 내용의 유언장을 작성해주기 바랍니다"라고 되어 있다면, 그것은 유언장이 아니다. 반대로, "내 희망사항은 다음과 같다; 내가 더 공식적인 스타일로 다시 쓸 때까지는 이것이 효력을 갖는다"라고 되어 있는 편지는 유언장으로 할 의도를 보여준다.

2. 조건부유언장

유언자는 유증이나 유언 전체를 특정한 사항의 발생을 조건으로 할 수 있음이 일반적으로 인정되고 있다. (물론, 모든 유언은 유언자의 사망을 조건으로 한다.) 이와 같은 정지조건부 유언을 할 수 있는 능력은 해제조건부 유언을 할 수 있는 능력과 명백하게 대비된다.[9] 따라서 특정한 사건을 유언의 정지조건으로 붙이는 문구는 일반적으로 그 효력이 인정되는 데 반해, 동일한 사건을 유언의 해제조건으로 붙이는 것은 받아들여지지 않을 수도 있다.

유언이 진정으로 조건부인가하는 문제는, 유언자가 왜 유언장을 작성하는가에 대해 심리학적으로 설명가능한 합리화를 하면서

---

9 이 부분 원문은, 'This ability to limit by condition is often in sharp contrast to the ability to create a will which is revoked under certain conditions'이다.

스스로 작성한(self-drawn) 유언에 관련하여 발생한다: 예를 들어 유언장에 "내가 지금 하고 있는 아이다호로의 여행후에 집으로 돌아가지 못하는 경우, 이 문서가 유언장이다"라고 되어 있는데, 그 유언자가 여행을 성공적으로 마쳤으나 그 유언장을 그대로 갖고 있다가 사망한 경우가 바로 그러한 경우이다.

전문(前文, preamble)은 진정한 조건인가 아니면 왜 그 유언장이 작성되었는가에 관한 설명에 불과한 것인가? 만일 그것이 진정한 조건이라면, 조건은 충족되지 못하였으며, 그 문서가 유언장이 되게 할 의도가 결여되어 있으므로, 유언장은 존재하지 않는다. 만일 설명에 불과한 것이라면, 재산처분에 관한 조항들은 이행되게 된다. 법원은 유언장이 유효한대로 유지되고(the will has been retained) 그 유언장에 관한 검인절차를 거부하는 것보다 허용하는 것이 더 정의로운 것처럼 보이는 경우에는, "조건"이라고 가정된 대부분의 것들이 조건이 아니라고 하는 합리적 판단을 내리려는 경향을 보여왔다.

3. 모의유언(MOCK WILLS) 및 거짓유언(SHAM WILLS)

유언이 형식과 명백한 의도의 면에서는 요건을 충족하였으나, 유언장으로 할 진정한 의도가 없는 경우들이 있다: 유언장 샘플을 제시하는 법학교수, 개업식 또는 다른 사람에게 영향을 미칠 의도 또는 어떤 행동을 유도할 의도로 하는 행위 등이 바로 그것이다. Atkinson, *Wills*[10] § 46은, "유언장 형식을 갖추었으나 조크나 진정하지 않은 유언으로 의도된 것이라는 명확한 증거가 있다면, 그 문

10 Atkinson on Wills, *Handbook of the Law of Wills*, West Publishing Co., St Paul, MN(1953)을 의미하는 것으로 보인다.

서에 대해서는 유언검인절차가 거부되고, 유언으로서의 효과가 부여되지 않는다"라고 설명하고 있다. 그러나 법원은 추정이 아니라 명확한 증거를 요구한다.

예를 들어 *Fleming v. Morrison*(1904) 사건에서, 프랜시스 M. 버터필드는 그의 재산 중 잔여분(residue)을 메어리 플레밍에게 주며, 그녀를 (유언)집행인으로 지정한다는 유언장을 남겼다. 그 유언장은 버터필드의 변호사인 시드니 굿리지를 포함한 증인들에 의하여 적법하게 목격되었다. 굿리지가 서명을 한 뒤, 그들이 헤어지기 전, 버터필드는 굿리지에게 그 문서는 특정 목적을 위하여 만들어진 "거짓(fake)" 유언장이었다고 말했다. 버터필드의 목적은 "메어리 플레밍과 동침을 원한 버터필드가 메어리 플레밍으로 하여금, 그가 그녀를 위한 유언장을 만든 것으로 생각하게" 만드는 것이었다. 법원은, 버터필드가 유언을 할 때 그에게 유언을 하려는 의도(*animus testandi*)가 없었기 때문에(그의 진정한 목적은 메어리 플레밍을 유혹하는 것이었다) 그 유언장은 효력이 없다고 판시하였다.

유언하려는 의도의 결여는 유언에 대한 분쟁(절차)(will contest)의 시금석이기도 한데, 유언에 대한 분쟁절차는 누구나 강요 또는 기망 없이 결정할 수 있는 상태에서 일정한 법률행위를 할 것을 의도하여야 한다는 광의의 형평법상 관념에 기초하고 있다.

H. 유언에 대한 분쟁: 무능력, 사기, 부당한 영향력 행사

유언자가 유언을 할 의도를 형성할 수 없게 하는 요소들에 대한 다양한 표현들이 있다. 무능력(Incapacity), 사기(Fraud) 및 부당한 영향력 행사(Undue Influence)는 그러한 목록에 거의 언제나 포함된다. 강요(Duress) 또는 위협(Menace)과 같은 표현들 또한 사용된다. 만일 이러한 유언을 무효로 만드는 유언의도 배제요소(overriding intention-eliminators) 중 하나라도 있으면 형평법원은 그렇지 않았더라면 유효하였을 행위(유언으로 의도된 행위, 계약, 신탁 또는 다른 행위)를 무효로 할 것이라는 의미에서, 이러한 요소들은 "형평법상의 무효사유(equitable overrides)"가 된다는 점에 유념하여야 한다.

이러한 유언에 대한 분쟁사유들이 갖는 속성으로부터 다음과 같은 점들을 추출해낼 수 있다:

- 각 케이스는 각각의 특별한 사실관계에 따라, 사안별 접근방법(case-by-case approach)에 의해 결정되어야 한다.
- 각 사유들은 법에 의해 규정되어 있기보다는, 법원에 의해 정해지는 것(decisional)이 압도적이다. 비록 법률이 사유들을 명시하고 있기도 하지만(예: 능력의 결여, lack of capacity), 능력의 존재와 능력의 결여가 무엇인가에 대한 논의의 발전은 법원에 맡겨져 있다.
- 법원에 의해 정해지는 영역에서는 정확한 용어에 대한 유권해석(authoritative statement)과 같은 것(cf. 법규정)은 없다. 그리하여 특정 사유의 정의는 하나의 법계 내에서도 그것이 법원에 의해 판시되고, 또 재차 판시되어감에 따라 달라질 수 있다.

• 같은 지역 내에서도 차이가 많은가 하면, 이러한 법 분야의 사법재량적 성격 때문에 다양한 법계 간에 더 광범위한 통일이 이루어지기도 하는데, 한 지역에서 행해진 결정들이 다른 지역에서도 사용됨으로써 그러하다. 예를 들어 비록 법률이 능력이 있는 경우에 관해 'Sound Mind, Sound and Disposing Mind, Memory 또는 Capacity'라는 각각 다른 용어들을 사용하고 있으나, 능력의 결여에 관해서는 거의 일치하는 정의가 존재한다.

• 사안별 접근방법 때문에 결과를 예측하기는 더욱 어려워진다. 구체적 타당성(fair results)을 기하기 위하여 결과의 예측가능성은 희생된다.

• 어느 정도의 법적 현실(유언을 하는 자들은 종종 아프거나 죽음이 임박한 사람이라는 사실과 같은 사정들)의 적용에 의하여 조정된 상식에 의해 대개는 받아들일 수 있는 결과로 유도된다.

• 여기서 다루어지는 분쟁사유들은 유언을 둘러싼 분쟁에서의 대리인 기능(attorney function)과만 관련되는 것이고, 유언을 할 준비작업과 관련된 대리인 기능과는 관련이 없다. 무능력, 사기 또는 부당한 영향력 행사를 이유로 한 항변을 피하기 위해 유언에 어떠한 문구를 삽입할 수도 없으며, 삽입하여서도 아니 된다.

• 이 영역에서의 사실관계 조사는 특히 비현실적인데, 주어져 있는 세부 사실의 숫자가 한정적이며, 확장될 수도 없기 때문이다. 실무상 변호사가 조사를 계속하면 부가적 사실이나 본래 드러나 있던 사실과 달라진 점들을 발견할 수 있을지도 모른다.

• 즉시 결론을 내릴 수 있게 해주는 특별한 사실관계가 없는 경우, 각 연관되는 사실을 조사하여야 할 필요 때문에, 이러한 논의(Discussion in an examination answer)는 오래 걸릴 것이다.

1. 능력의 결여(INCAPACITY)

유언을 무효로 만들기에 충분한 정신적 문제(Mental derangement)는 통상 다음과 같은 두 가지 형식 중 하나로 존재한다고 말해진다: 첫째, 일반적으로 정신적 무능력상태를 만드는 넓은 범위에서의 정신이상(insanity) 또는 둘째, 유언자를 어떤 환상이나 환각의 희생자가 되게 하는 특별하고도 좁은 의미의 정신이상이 그것이다.

환각상태에 관해서는, 유언 그 자체가 그러한 환각의 창조물이나 산물이고, 그 환각이 직접적으로 그 유언의 성립과 용어들과 관계가 있고, 그것들에 영향을 미쳤다는 점, 만일 그러한 환각이 없었더라면 유언자가 취하지 않았을 방식으로 그의 재산을 유증한 점이 증거에 의하여 입증되어야 한다. 그래서, 유언자가 뉴욕에 있는 그의 집을 그의 아내인 메이블에게 유증하는 것보다, 루이지애나를 죠세핀 황후에게 남긴다는 내용의 유증이, 유언자가 스스로를 나폴레옹이라고 생각하는 환각과 더 명확하게 연결된다.

유언자가, 그의 재산의 성격과 범위, 그의 친족 및 주변인들 간의 관계를 이해할 수 있고, 이를 고려할 수 있으며, 자신과 가장 이해관계가 깊은 이들이 누구인지에 관해, 그리고 가장 이해관계가 깊은 재산이 무엇인지를 명확하게 기억하고 있고, 자신이 하려고 하는 행위 및 수증 목적물과의 관계를 이해할 능력이 있다면, 그는 유언능력이 있는 것이다. 이러한 능력은 종종 다음과 같은 하부능력으로 나뉜다.

a. 그의 재산의 성질과 정도를 이해할 수 있는 능력. 완벽한 능력이 요구되는 것은 아니다.

b. “그의 재산에 대하여 청구권을 갖는” 사람을 알 수 있는 능력.

c. 합리적 방식으로 그의 수익자에게 그의 재산을 처분할 수

있는 능력. 유언계획 자체가 유언능력을 추론하는 기초로 기능하는 정도에 관하여 판례는 일치되어 있지 않다(authorities differ).

d. 위 세 가지 능력을 서로 연결시키는 능력, 즉 재산을 타인에게 처분함(the disposition of one's property to the objects of one's bounty)에 관한 합리적인 계획을 세울 수 있는 능력.

일반적인 정신능력에 관한 요건을 충족시키는 것은 비교적 쉽다. 유언자가 더 약해지고, 고령, 질병 또는 외상으로 인해 사망에 임박한 것으로 예측되는 경우까지 유언 작성을 연기하는 것이 일반적인 경향이기 때문에 더 엄격한 심사는 많은 유언의 효력을 잃게 만들 것이다. 특히 다른 사람들에게 재산을 처분하는 유언절차와 관련되지 않는 경우, 비정상적인 행동만으로는 유언장이 무효가 되지는 않을 것이다.

정신이 약해진 상황은 유언을 둘러싼 분쟁에 관한 다른 사유와 관련될 것이다. 예를 들어 부당한 영향력의 행사가 쟁점인 경우, 유언자가 심신미약의 상태에 있다는 사실은 그의 정신상태가 제압당하기 쉬운 상태라는 것, 그래서 유언자의 희망이 타인의 희망에 의해 대체되기 쉬운 상태라는 점을 보여주는 경향이 있다.

2. 사기(FRAUD)[11]

기망이란 상속인 또는 유언으로 인해 이익을 얻을 자에 의한 고의적인 허위 사실의 진술을 말하는데, 그로 인해 실제로 피상속

11 우리나라 형법 제347조 제1항은, '사람을 기망하여 재물의 교부를 받거나 재산상의 이득을 취한 행위'를 사기죄로 규정하고 있다. 이에 따르면 기망은 사람을 속이는 행위이고, 사기는 기망으로 인해 성립한 죄이다. 원문의 'fraud'를 번역함에 있어 '사기'로 번역하는 것이 자연스러운 경우도 있고, '기망'으로 번역하는 것이 자연스러운 경우도 있어서, 각 경우에 따라 달리하였다. 즉 이하 번역에서 '사기'와 '기망'은 원문의 'fraud'를 번역한 것이다.

인이 속임을 당하고, 그러한 진술로 말미암아 피상속인이 유언을 작성 또는 변경하였어야(또는 작성 또는 변경하지 않았어야) 한다.

사기는 본질적으로 형평법적 사유이지만(이는 넓게 해석되어야 함을 의미한다), 유언법에서는 사기가 되는 사유를 좁게 해석하고 있다. 위에서 기술된 내용은 모든 부분이 충족되어야 하며, 따라서 잘못된 진술을 한 사람이 그 진술이 옳다고 믿거나, 피상속인을 기망하려는 것이 아닌 다른 목적에서 그 진술이 이루어졌거나 또는 피상속인이 그러한 진술 "때문에(cause)" 그의 유언장을 작성한 것이 아닌 경우에는 그 유언장에 관한 검인절차가 거부되지 않는다.

인과관계 요건의 법리(causation test)의 가장 일반적인 내용은, 이 사기가 "없었다면(but for)" 유증이 있었을까를 따져보는 것이다. 두 번째 내용은 그 사기가 증여의 "유일한 동기(sole motive)"인가를 따져보는 것이다. 부당한 영향력 행사나 환각 등을 이유로 하여 유언이 부분적으로 무효가 되는 것도 가능할 것이지만, 보통은 유언 전체가 부적절한 작성, 의도의 결여 또는 일반적인 정신적 무능력(또는 연령으로 인한 무능력)을 이유로 하여 무효가 된다.

사기는 적절하게 작성된 유언장에 대한 검인절차의 시행을 저지하는 원인이 된다. 사기에 관한 법리가 적용되는 다른 경우이나 "유언에 대한 분쟁(will contest)"과는 관계되지 않는 경우가 있는데, 바로 부당이득을 막기 위하여 의제신탁(constructive trust)을 형성되게 하는 형평법상의 조치(action)이다. 그리하여, 작성되었어야 할 유언장의 수익자들이, 앞선 유언장의 수익자가 새로운 유언장의 작성을 막기 위하여 유언자(testatrix[12])를 살해하였음을 주장하는 경

12 원문에는 'testatrix'라고 되어 있고, 이 단어는 '여자유언자'를 뜻하지만, 이 부분에서는 '여자'라는 점이 특별한 의미를 갖지 않는 것으로 이해되므로,

우, *Latham v. Father Divine*(1949)에서 보듯이 앞선 유언장에 대한 검인절차를 거부하는 것보다는 새 유언장의 수익자들을 위한 의제신탁이 적절한 구제수단이 된다.

소위 사기적 유언장(Purtportedly fraudulent wills)도 종종 두 가지 유형으로 나뉜다: 작성에 있어서의 사기(Fraud in the factum) 유형은 유언자가 그 문서가 유언장이 아닌 다른 문서라는 말을 듣고 서명한 가짜유언장과 관련된다. 이 경우에는 유언장을 작성하려는 의도가 없는 것이므로 보통은 쉬운 경우이다. 사기의 다른 유형, 즉 유인에 의한 사기(fraud in the inducement)는 더 어렵다. 유인에 의한 사기의 경우에는, 유효한 유언장을 작성하고자 하는 일반적인 의도가 존재한다; 엄격한 "but for" 인과관계 법리가 적용된다. 유언자의 잘못된 믿음이 사기가 아니라 착오의 산물일 수 있다.

법원은 유언자가 유언장을 작성함에 있어 실수를 범하였다는 주장에 대하여 엄격한 입장(short shrift)을 취한다. 예를 들자면 *Gifford v. Dyer*(1852)사건[여자유언자가 그녀의 아들이 죽은 것으로 믿고 유언초안을 작성해주는 사람에게 그녀의 아들이 살아있다 하더라도 유언대상에서 배제한다는 의사표시를 하였다]에서, 법원은 그 방론(in dictum)에서, 실수는 유언장의 문면에 드러나야 하고, 그 실수가 없었더라면 그 유언자의 유언이었을 것 또한 나타나 있어야 한다고 판시하였다. 이러한 입장은, 유언자가 그의 유언장을 취소하기 위하여 실수를 하였다는 주장, 즉 상대적 철회 원칙의 적용이 요청되는 상황과 극명하게 대조된다. 강력한 증거가 없으면, 법원은 생존자(living)들에 의한, 유언자가 원했을 것으로 그들이 믿는 것에 대

'유언자'로 번역한다.

한 주장을 보장해주기 위하여 피상속인이 방식을 갖추어 언명한 내용을 무효로 만들기를 꺼린다. 마찬가지로, 유언장 작성단계에서의 실수, 예를 들어 배우자를 위하여 마련된 유언장에 서명한 경우 등이 법원에 의하여 받아들여지는 경우는 거의 없다.

— 회복불가능한 실수와 유언장을 무효로 만드는 사기라는 — 두 지점 사이에 다른 사람의 사기에 의한 선의의 수익자가 있다. 그 또는 그녀가 받은 유증은 착오의 성질에 더 가까우므로 수정되지 않은 채 남아있어야만 하는가 아니면 사기에 의하여 그 효력이 훼손되어 배제될 것인가? 법원에 따라 입장이 다르다. 사기와 관련된 유언검인절차 외의 조치는, 그 구제방법이 형평법에 의한 것(의제신탁)인가 아니면 커먼로에 의한 것(기망으로 인한 불법행위소송)인가에 따라 다르다.

3. 부당한 영향력 행사

부당한 영향력 행사란, 유언자의 자유로운 의지(free agency)를 파괴하고 그의 유언을 다른 사람의 유언으로 대체하는 종류의 영향력이 행사되는 경우를 말한다. 어떤 영향력이 강력하고 지배적이라 하더라도 유언하는 것과 관련되지 않는다면 충분하지 않다. 그 영향력이란 유언장의 작성과 관련하여 직접 사용되어야 하고, 유언자의 자유로운 의지를 파괴하는 강박(coercion)에 이르러야 한다.

부당한 영향력 행사에 관한 증거는 보통 여러 요소들의 결합으로 이루어진다. 예를 들어 해당 유언으로부터 부당한 이득을 얻는 자가 유언자와 신뢰관계(confidential relationship)를 유지하고 유언장의 작성에 능동적이었다면, 그 유언이 부당한 영향력 행사에 의하여 유인된 것이 아니라는 점을 입증하여야 할 부담은 통상 유언검인신청자(proponent)에게 전환된다. 마찬가지로, 아래와 같은 요소가 있다면, 부당한 영향력 행사가 있었다고 볼 수 있다.

(a) 유언검인신청자와 피상속인의 관계에서 비롯하여 유언검인신청자가 유언행위를 통제할 기회를 얻었을 때(신뢰관계, Confidential Relationship);

(b) 피상속인의 상태가 그의 자유로운 의지(free will)를 붕괴시킬 정도였을 때(위약한 상태, Weak Condition). 부당한 영향력과 능력결여가 겹치면 유언자는 위약한 상태가 된다.

(c) 유언검인신청자가 유언장작성을 위한 도구의 취득에 적극적이었을 때(참여, Participation); 그리고

(d) 유언검인신청자가 분쟁의 대상이 되는 유언장에 의해 수익자로서 "부당하게 이득을 얻을(unduly profited)"때(부당한 이득, Undue Profit). "부당함(undue)"의 상대적인 성질은 사안별로 구체화된다. "자연스러운 급여목적물(natural objects of bounty)" 개념은 마찬가지로 모호하지만, 그러한 "목적물(object)"의 배제는 다른 사람에 대한 "부당한 이득(undue profit)"에 의하여 균형을 이루게 된다.

이러한 요소들은 동일한 사실관계에서 도출되는 몇몇 추정을 가능하게 한다. 예를 들어 "우리는 자매와 같았다(We were like sisters)"라는 표현은 신뢰관계가 있음을 의미할뿐더러 그 이득이 부당한 것이 아님을 나타내는 경향이 있다; 즉 그 증거는 유언에 관한 분쟁에서 어느 쪽에 의해서도 사용될 수 있다.

공정증서방식 유언에 대한 수익자로서 이해를 갖는 필요한 증인(the beneficially interested necessary witness)의 문제 및 특별한 조항을 두지 않은 통일유언법에 관해 돌아가보면, 그러한 사람은 참여하였고 이득을 얻은 것으로 보일 수 있다. 몇몇 사건에서는,

법원은 어떤 사람에게 유언 준비를 도와줄 것을 요청한 행위로부터 신뢰관계를 추출해내기도 하였으나, 이것은 관련요소들을 적절하지 않게 섞은 결과로 보인다.

더 어려운 분야가 바로 참여자의 행위를 수익자인 다른 사람의 탓으로 돌리는 것인데, 즉 아버지가 여자유언자에게 영향을 미쳐 그녀의 재산을 그 아버지의 아들에게 유증하도록 하는 경우 또는 아내가 그녀의 시어머니를 유인하여 그녀의 아들에게 유증을 하도록 하는 경우 등이 바로 그러한 경우이다. 일반적으로 법원은 수익자가 아닌 자의 부당한 영향력 행사를 수익자의 탓으로 돌리는 것에 주저해왔다. 가능한 예외가 교회의 구성원(목사를 포함한다)에 의하여 그 교회에 유증할 것을 유인하는 행위이다.

몇몇 주는 아직도 소위 영구양도금지 규정(Mortmain statutes[13])을 두고 있는데, 이 규정에 의하면, 자선단체에 대한 유증은 유산의 몇 % 또는 유인장이 죽음이 가까운 시점에 작성된 경우에만 허용되는 것으로 제한된다. 대부분의 주는 특별한 조항을 두지 않는 통일유언법의 예에 따랐다. 변호사들은 여전히 부당한 영향력 행사가 있었음을 주장할 것인지 여부에 대해 선택할 수 있다.

---

13 원래 'mortmain'은 'dead hand'라는 의미로, 문언상으로는 '금지'라는 표현이 들어있지 않으나, 의미를 살려 '영구양도금지규정'이라고 번역하였다.

CHAPTER 4

Wills and Trusts

유언의 철회 및 변경

A. 철회가능성

유언의 본질적인 성질은 유언은 비밀리에 이루어져야 하고(유언자를 제외한 어떤 사람도 그 내용을 알 필요가 없다는 의미), 가변적인 것(ambulatory)이며(유언조항은 유언이 작성된 때 이후에 취득한 재산에 대하여 적용된다는 의미), 철회가능한 것이라는 점이다. 유언자는 자유롭게 유언조항을 공개할 수 있고, 사후에 취득한 재산은 해당 유언에 복종하지 않는다고 정할 수 있지만, 철회가능성이라는 본질적인 특성을 배제하려는 시도는 종종 성공적이지 못하다. 예를 들어 유언장은 특정 사건의 발생에 의하여 철회된다는 취지의 유언조항 자체는 무효로 취급되는데, 왜냐하면 그것은 준거규정(applicable statute)에 의하여 정해지지 않은 방식으로 유언을 철회하려는 시도이기 때문이다(이에 대한 다른 접근방식은, 유효가 되기 위한 조건이 성취되지 아니한 조건부 유언으로 취급하는 것이다). 마찬가지로, 유언자가 유언을 철회하지 않기로 계약을 체결하였다고 하더라도, 유언자는 여전히 유언을 철회할 권한을 갖는다(그러나 계약파기에 대한 책임을 지게 될 것이고 유산에 관해 의제신탁이 형성될 것이다).

B. 법정철회

유언후 배우자에 관한 조항, 의도하지 않게 유언에서 누락된 자녀들에 대한 유언누락조항은, 그것들이 법정철회(revocation by operation of law)에 해당하는지 여부에 관한 정의상의 경계선상에 놓여있다. 통일유언법 § 2-508조 및 § 2-804조 (f)항은 이혼 또는 살인을 제외한 상황의 변화는 유언의 전부 또는 일부를 철회하지 않는다고 규정하고 있다. 그러함에도 불구하고 통일유언법은 유언에서 누락된 유언후 배우자(§ 2-301조)와 유언누락된 아동(§ 2-302조)에 관한 조항을 두고 있고, 아울러 유언의 특정부분을 무효로 만드는 효력을 갖는, 배우자에게 반드시 부여하여야 하는 상속분에 관한 상세한 조항을 두고 있다.

통일유언법 § 2-804조는, 이혼 또는 혼인무효에 의하여 유언장 중 배우자 또는 전(前)배우자의 친척을 위한 비유언검인조항, 재산처분조항 및 선임에 관한 조항은 철회된다(그리고 그 부부가 다시 결혼하면 부활한다)고 규정한다. 많은 지역에서는 통일유언법의 조항과 비교될 만한 조항을 두고 있지 않으며, 그리하여 이혼은 유언을 철회하지 않음에 반하여 결혼은 유언의 전부 또는 일부를 철회한다는, 균형이 잡히지 않은 입장을 취하고 있다.

의제신탁에 의하여 유언의 효과가 제거될 수는 있겠지만, 유언 자체가 "철회"되는 것은 아니라는 점에 유념할 필요가 있다. 마찬가지로, 유언보충서에 의한 유언의 변화나 유언수익자가 유언에 의하여 부여된 유산을 향유할 수 있는 능력이 결여된 경우와 같은 것들은, 비록 그러한 점들이 수익자와 관련되는 한 동일한 효과를 초래하기는 하지만, 기술적으로는 "철회"라 할 수 없다.

C. 의도적인 철회

철회는 법에 의할 수도 있고 의도적으로 이루어질 수도 있다. 의도적으로 유언을 철회하는 것은, 일반적으로 정의되지 않은 철회의 "의사"(*animus revocandi*)와 행위(새로운 유언장 작성 또는 원래의 유언장에 하는 행위)의 결합으로 이루어진다는 점에서, 유언을 만드는 것과 유사하다. 모든 의도적 철회는 철회의사를 필요로 한다. 이러한 의사를 형성하기 위해서는, 유언을 하는 것과 마찬가지로, 그와 동일한 능력이 있어야 하고, 부당한 영향력 행사 및 사기로부터 자유로울 것이 요구된다.

유효한 철회를 구성하는 행위는 유형적으로 다음과 같이 법에 규정되어 있다.

통일유언법 § 2-507조

(a) 유언의 전부 또는 일부는 다음과 같은 경우 철회된다:

(1) 선행 유언장 전부 또는 일부를 명시적으로 철회하는 내용의 후행 유언장을 작성하거나 모순된 행동(inconsistency)을 하는 경우; 또는

(2) 유언자가 유언장의 전부 또는 일부를 철회할 의도와 목적에서 행위를 하거나, 유언자가 의식을 갖고 임석한 상황에서 유

언자의 지시에 따라 다른 사람이 그러한 행위를 함으로써 유언에 관한 철회행위를 하는 경우. 이곳에서의 목적과 관련하여, "유언을 철회하는 행위(revocatory act on the will)"란 유언장 전부 또는 일부에 대한 태우기, 찢기, 취소하기(canceling), 지우기 또는 파괴하기를 포함한다. 태우기, 찢기 또는 취소하기는 그 태우기, 찢기 또는 취소하기가 유언장의 단어들에 직접 연결되건 되지 않건 간에 "유언을 철회하는 행위"이다.

(b) 후행 유언장이 명시적으로 선행 유언장을 철회하지 않더라도, 만일 유언자가 후행 유언장으로 선행 유언장을 보충하기보다는 대체하기를 의도하였다면, 후행 유언장의 작성은 모순된 행동이 되어 선행 유언장 전체를 철회한다.

(c) 후행유언장이 유언자의 재산을 완전히 처분하는 내용이라면, 유언자가 후행 유언장에 의하여 선행 유언장을 보충하기보다는 대체하고자 의도하였던 것으로 추정된다. 이러한 추정이 명확하고 설득력 있는 증거에 의하여 번복되지 않는 한, 선행 유언장은 철회된다; 유언자의 사망시 후행 유언장만이 실행된다.

(d) 후행 유언장이 유언자의 재산을 완전히 처분하는 내용이 아니라면, 유언자는 후행 유언장으로 선행 유언장을 대체하기보다는 보충할 의도였던 것으로 추정된다. 이러한 추정이 명확하고 설득력 있는 증거에 의하여 번복되지 않는 한, 후행 유언장은 후행 유언장과 선행 유언장이 일치하지 않는 범위 내에서만 선행 유언장을 철회한다; 유언자 사망시에 각 유언장은 그것들이 모순되지 않는 범위 내에서 완전히 실행된다.

통일유언법은 철회에 관하여 서면작성(writing)과 철회행위(revocatory act)라는 두 가지 대체 범주를 설정하고 있다: 각 범주 내에서 다시 하위 범주가 있다: 서면작성에 의한 철회는 명시적일 수도 있고 묵시적일 수도 있다. 철회행위는 태우기, 찢기, 취소하기, 지우기 또는 파괴하기를 포함한다.

D. 서면에 의한 철회: 명시 또는 묵시

철회와 관련된 법률규정은 어떤 유형의 "서면작성(writing)"이 철회로 인정되기에 충분한 것인지에 관하여 해석을 요구한다. 만일 법률조항이 모든 유형의 서면작성을 인정한다면, (그 서면에 관해서는) 유언형식은 지켜질 필요가 없다. 만일 (*역자 삽입: 철회를 가능하게 하는 서면으로) "유언장(will)"이 요구된다면, 유언보충서는 그에 해당되는 것인지 또는 유언형식을 충족시키지만 재산처분 내용이나 개인적인 대리인을 지명하는 내용을 담지 아니한 서면작성행위, 가령 "나는 이로써 나의 유언을 철회한다"라고 쓰여져 있는 적법하게 작성된 서면만으로도 "유언장"이라고 할 수 있는지 여부에 관하여 의문이 제기된다. 통일유언법은 § 1-201조 (55)항에서 "유언장(앞서의 § 2-507조에서 사용된 용어)"을 정의함으로써 이러한 문제에 대해 답한다: "'Will'에는 유언보충서 및 단순히 유언집행자를 지명하거나 다른 유언을 철회 또는 변경 … 하는 데 불과한 모든 유언수단이 포함된다." 대부분의 법률조항은 유언을 철회하기 위하여는 유언내용을 담은 서면작성을 요구한다.

명시적 철회는, 그것이 애매모호하거나 상대적 철회 원칙(dependent relative revocation)과 관련되지만 않으면 문제될 것이 없다. 철회는 매우 모호할 수도 있는데, 즉 “나는 나의 이전 유언장의 전부는 아니지만, 일정한 부분을 철회한다”라고 하는 경우가 그와 같은 경우이다. 철회는 그것이 아무것도 해결하지 못하는 정도로 모호할 수도 있는데, 예를 들자면 “이 처분이 나의 종전의 처분과 일치되지 않는 범위 내에서 종전처분을 철회한다”라고 하는 경우가 그와 같은 경우이다.

묵시적 철회는 서면에 의한 명시적인 철회가 없는 경우와 관련되지만, 종종 묵시적 철회는 철회행위보다 덜 모호하기도 하다. 실무상의 문제로서, 변호사들이 초안을 잡은 유언장은 전통적으로 선행하는 유언장을 명시적으로 철회하는 내용을 담지만, 그러한 조항은 처분에 의한 불일치 때문에 어떤 일이 일어날 것인가에 관해서만 언급한다. 명시적인 철회조항이 없는, 후행하는 유언적 서면은, 그것이 선행 유언장과 완전히 불일치하는 것(그러한 경우 후행 유언적 서면은 유일한 새로운 유언장이 된다)이 아닌 한 선행 유언장을 완전히 철회하는 것은 아니다(그래서 선행 유언장에 대한 유언보충서가 된다). 그러나 후행하는 유언적 서면은 (*역자 삽입: 선행하는 유언적 서면들의) 그것과 일치하지 않는 조항들을 변경한다. 그래서 “최후의(Last)” 유언장이 맨 처음 검토되어야 한다. 마찬가지로, 어떤 서면이 “최후의” 유언장(그런데 그것이 작성 당시에 최후의 것이 되리라는 것을 어떻게 알 수 있겠는가?)이라는 진술은 그 서면에 의하여 모든 선행 처분이 묵시적으로 철회된 것이라는 주장의 기초가 되는 작은 단서(slim straw)가 된다.

어떤 경우에 후행하는 처분이 (선행 처분과) “불일치하는가”? 동일한 특정의 동산이나 부동산을 다른 사람에게 처분하는 것이나 유산 중 잔여분을 다르게 처분하는 것과 같은 경우는 매우 쉬운 경우이다.

예: A의 첫 번째 유언장은 5,000달러를 B에게 유증하였다. 그 뒤에 다른 유언적 서면(명시적인 철회조항을 포함하고 있지 않음이 명백함)은 선행하는 유증에 대해 언급함이 없이 10,000달러를 B에게 유증하였다. 두 번째 유증은 첫 번째의 것과 "불일치하는가"? B는 10,000달러를 받게 되는가, 15,000달러를 받게 되는가? 두 번째 유증이 "대체적인 것인가," "보충적인 것인가"? 명백하게도, 유언자의 의도에 따라 결정되며(controlling), 따라서 절대적인 정답은 불가능하다. 그러나 반대되는 증거가 없는 경우, 어떤 추정이 우세한가? 지역에 따라 다르다.

형평법적 불일치(equitable inconsistency, 블랙에이커[1]를 문서 #1에서는 A, 문서 #2에서는 B에게 유증하는 내용을 담은 경우)와 정식 불일치(formal inconsistency, 문서 #1 및 문서 #2 둘 다 모든 재산을 A에게 남긴다고 한 경우)의 구분은 실무적인 가치보다는 의미론적 문제라는 면이 더 크다. 정식 불일치의 경우, 두 번째 문서는, 동일한 처분을 한 것이지만, 아마도 선행하는 문서를 완전히 대체하는 "유언장"에 해당될 것이다. 이러한 구분유형은 사용되는 전문용어('유언장'과 '유언보충서')와 절차들(어떤 문서에 관해 유언검인절차가 개시되어야 할 것인가)에 영향을 미치지만, 유산을 받을 자에게는 그렇지 않다.

예: A의 첫 번째 유언장은 5,000달러를 B에게, 블랙에이커를 C에게, 나머지를 D에게 유증하였다. 그 후에 명시적인 철회조항을 두지 않은 다른 유언적 문서는 블랙에이커를 E에게 나머지 유산을 D에게 유증하였다. B는 5,000달러를 유증받는가? 유언자의 의도는 여러 가지로 해석될 수 있으나(controlling), A는 어떤 것을 의도하였는가? E[2]에 대해 블랙

---

1 이 책 전체의 내용에 비추어 볼 때, 농장, 즉 부동산인 유언(유증) 대상물이다.

2 이 부분 원문에 'The devise of Blackacre to D … '라고 되어 있기는 하나, 여기서 'D'는 'E'의 오기(誤記)가 아닌가 생각된다.

에이커를 유증한 것은 동일한 재산을 C에게 유증한 것과 형평법적으로 불일치된다; 그래서 C에 대한 유증은 명백하게 철회되었다. 양쪽 문서 모두에서 나머지를 D에게 유증한 것은 공식적인 의미(formal sense)에서 불일치되나, 두 번째 문서에 기재된, 나머지 재산의 D에 대한 유증이, 첫 번째 문서에 기재된 5,000달러의 B에 대한 유증을 묵시적으로 철회하려는 목적에서 기재된 것이라고 보지 않는 한, 실제에 있어서는 차이가 생기지 않는다.

E. 행위에 의한 철회

행위(예: 유언장의 작성)에 의한 철회의 요건은 법령의 엄격한 해석과 문언에의 집착으로 말미암아 일반적인 상식과 반하는 결과들을 많이 만들어낸다.

예 #1: T는 그의 유언장을 꾸겨 쓰레기통에 버렸는데, 그것은 다른 쓰레기와 섞여 매립지로 보내졌다. T의 위와 같은 행위는 법령에서 규정된 철회요건에 맞지 않으므로, 그 유언장은 철회된 것이 아니다; 그 유언장은 "유언자에 의하여" 태워지거나 찢어지거나 삭제되거나 지워지거나 파괴되지 아니하였다.

예 #2: T는 그의 변호사에게 전화를 걸어, "내 유언장을 찢어버리시오; 나는 그 유언장을 철회하고 싶소"라고 말했다. 만일 변호사가 전화를 끊고 T의 지시에 따랐더라도, 유언자 아닌 다른 사람이 유언자를 위하여 하는 행위는 "유언자가 임석한 상태에서" 이루어져야 하므로, 그 유언장은 철회된 것이 아니다. 만일 전화를 끊지 않은 상태로 이루어졌다면 "유언자가 임석한 상태"가 되는지 생각해보라.

예 #3: T는 유언의 수익자인 조카에게, "그 유언장을 태워버려라"라고 말했다. 조카는 봉투에서 유언장을 제거한 다음 옆 방에서 봉투를 태웠다. 조카의 이러한 사기적 행위에 의하여 유언장 철회가 지장을 받지 않는데, 왜냐하면 어차피 그 행위가 유언자 면전에서 행해지 않은 이상 철회는 효력이 없을 것이기 때문이다.

예 #4: T가 그의 유언장의 여백에 "나는 이 유언장을 취소[3]한다(I hereby cancel this will)"이라고 썼다. 이 유언장은 취소되었는가(canceled)? 통설적 견해(통일유언법의 입장과 다르다)에 따르면 그렇지 않은데, 왜냐하면 "취소(cancellation)"란 기재된 바에 횡선(橫線)을 긋는 것을 의미하기 때문이다; 위 예에서 유언의 문언에 "횡선이 그어지지(crossed)" 않았다. T가 위와 같이 적은 것은 어떠한 효과가 있는가? 법적으로는 효과가 발생하지 않는다. 위와 같이 적은 행위는 의도를 보여주기는 했지만, 그 행위가 결여되었다(missing). 위와 같은 기입이 서면에 의한 철회(revocation)가 될 수 있는가? 그렇지 않다. 왜냐하면 유언자에 의하여 서명이 이루어지지 않았기 때문이다(아울러 자필형식유언을 허용하지 않는 지역에서는, 증인에 의하여 목격되지 않았기 때문이기도 하다).

위와 같은 예들이 보여주듯이, 철회에 관하여 법령이 정하는 요건을 정확히 이해하고 그에 엄격히 따르는 것이 요구된다.

위에서 본 바와 같은 엄격성에도 불구하고, 법원이 "추정"에 의하여 결론을 내리는 경우가 있다. 우리는, 유언의 철회를 위해서는 행위와 의도가 필요함을 보았다. 유언장이 피상속인에 의하여 "안전하게 보관(secure possession)"되고 있으나(특히 그 사람이 사망하여 그 사정을 설명하거나 그 유언장을 보호하기 어렵기 때문에, 검사되

3 revocation을 철회로 번역하고 있으므로, cancel을 취소라 번역하였으나, 원문에서 이 두 가지가 법률적으로도 다른 것으로 보는 것 같지는 않다. 아울러 이하에서는 'eliminate'와 'elimination'이 사실행위에 관한 것이 아니라 법적인 의미를 지닌 행위를 한 것을 지칭하는 경우로 쓰였을 때는 '취소한다'와 '취소'로 번역하고, 필요한 경우 해당 부분에 원래의 단어를 표기해두기로 한다.

어야 하는 경우(open for investigation)}, 유언장이 발견되지 않았거나 다른 조건(altered condition)하에서 발견된 경우, 이러한 두 가지 요소(안전한 보관 및 변화되지 않은 상태로 발견되지 아니한 것)로 인하여 유언자가 변화 또는 파괴행위를 하였고 유언자가 그것으로 유언장의 변화나 철회를 의도하였다는 추정이 가능하게 된다. 요컨대, 법원은 그러한 상황에서는 법령이 요구하는 모든 것이 갖춰졌다고 추정한다.[4]

F. 행위에 의한 일부 철회

통일유언법은 특히 행위에 의하여 유언을 일부만 철회하는 것도 허용한다. 거의 절반에 달하는 주(州)는, 유언의 어느 만큼이 철회되는 것으로 의도하였는가를 결정하기 어렵다는 점을 고려하여 통상 준거조항의 해석문제로 보고 행위에 의한 유언일부 철회를 허용하지 않는다. 유언장의 서명이 취소(cancelled)되었다면, 유언 전체의 철회가 의도되었다는 추론이 가능하다. 그러나 부분만 태웠다거나 다른 방식으로 철회한 경우에는 명백하지 아니하다. 부분 철회가 시도되기는 하였으나 효력이 없는, 유언에 대한 부가(예를 들어 유언형식을 갖추지 않고서 두 건의 특정 유증의 수익자들 이름에 선이 그어져있고 변경되어 있는 경우)와 결합되면, 상대적 철회(dependent relative revocation) 원칙이 발동된다.

행위에 의한 일부 철회를 허용하지 않는 지역(jurisdiction) 역시 문제를 피할 수 없다; 그저 다른 문제가 발생될 따름이다: 만일 유

---

4 '법원은 그러한 경우에는 법령에서 정한 바대로의 유언철회요건이 갖추어졌다고 본다'는 의미이다.

언이 일부만 철회될 수 없다면, 그 유언 전체가 완전히 철회된 것으로 보아야 하는가, 아니면 유언자가 그 효력이 유지되기를 원하지 않는 의도에도 불구하고 해당조항의 효력이 계속 유지된다고 보아야 하는가?

G. 분실된 유언장

철회되지 아니한 유언장이 있었으나 요구되는 수준의 증거가 제시될 수 없기 때문에 입증이 불가능한 경우가 생길 수 있다.[5] 몇몇 주는 "분실된" 유언장에 관한 증명에 대해 명문의 규정을 두고 있다. 대부분의 주들은, 문서 자체가 없어진 경우, 문서내용의 증명문제를 일반적인 증거법의 문제로 남겨두고 있으나 증거법은 유언조항에 관한 "명백한(clear)" 증명을 요구한다.

분실된 유언장의 증명에 관한 법규정들은 일반적으로 분실된 유언장의 증명에 관한 더 큰 범위의 기준[6]을 두며, 받아들여지는(accepted) 분실사유의 개수를 제한한다. 그리하여, 전형적인 법규정들에 의해 분실된 유언장으로 인정되는 유언장들은 유언자의 사망시에 "존재(in existence)"한 것으로 보게 되나, 그의 사망전에 그가 의식하지 못한 채 기망당하여 파괴되었거나 재난(public calamity)으로 인하여 파괴된 것들에 한한다. 각 사유는 해석을 필요로 하며 새로운 문제를 제기한다. 예를 들어 유언장이 "존재"한다는

5 '유언장이 분실되어, 철회되지 않은 유언이 있다 하더라도 명백한 증거가 없다는 이유로 유언장 내용에 대한 입증이 불가능한 경우가 생길 수 있다'라는 의미이다.

6 원문의 'greater standards for proof'을 위 본문에서는 그 표현에 충실하게 번역하였으나, 아래에 나오는 'a greater set of conditions'의 의미에 비추어 볼 때, '더 엄격한 증명기준'이라는 의미인 것으로 해석된다.

것은 유언장이 물리적으로 존재(종이로 된 문서가 존재하는 경우)하는 것을 의미하는가 혹은 법적으로 존재(이론적으로 해당 유언장이 철회되지 않은 경우)하는 것을 의미하는가? 기망으로 "의제되는(constructive)" 경우, 예를 들어 원래의 유언장에 의하여 위임된 변호사가 우발적으로 유언장을 파괴한 경우도 "기망에 의하여(fraudulent)" 파괴되는 경우가 되는 것인가? 재해의 정도가 얼마나 광범위(public)하여야 재난이 되는가?

법규정은 유언장을 입증하기 위하여 두 명의 증인을 요구한다.

"사라진(missing)" 또는 "분실된(lost)" 유언장은 유언에 관한 여러 원칙들의 적용이 겹치는 경우이다: 그 유언장은 전혀 작성된 사실이 없을 수도 있다. 설령 그 유언장이 실제로 작성되었다고 하더라도 유언자에 의해 의도적으로 철회되었을 수도 있고, 그의 의도와 파괴행위에 대한 입증이 존재할 수도 있으며, (파괴에 의한 철회의사의 추정을 가능케 하는) 안전한 보관의 법리(secure possession)가 적용될 수도 있다. 그러한 경우에는 유효한 유언장은 존재하지 않게 된다. 어떤 사람이 기망에 의해 유언장을 파괴할 수도 있는데, 그런 경우에는 유언내용에 대한 증거만 존재하다면 유언장의 존재가 입증될 수도 있을 것이다. 유언장에 대한 증명은 있으나 두 가지 범주(유언자에 의하거나 다른 사람에 의해 기망에 의해 이루어진 경우) 중 어느 하나에 해당되는 파괴의 증명이 없는 경우, 유언장은 철회되지 아니한 것이지만, 그 내용에 대한 명백한 증거에 의해서만(또는 법에 의해 요구되는 경우에는 두 명의 증인에 의하여) 증명될 수 있다.

예: T는 그의 자동차에 유효한 유언장을 남겨두었는데, 그 차가 폐차되었다.[7] 그때는 유언을 철회할 의도가 없었으나, 결국 T는 그 문서를 다시 작성하는 것(recreate)을 원하지 않았고, 유언 없이 죽는 편을 택했다. 그 유언장은 철회된 것인가? T는 철회할 의도를 갖고 철회할 행위를 하지는 않았다; 통상은 위 유언장은 철회되지 않았다고 해야 할 것이다. 유언내용이 증명되지 않는다면, T는 유효하고 철회되지 않았으나 그 내용이 증명되지 않은 유언장을 남긴 것이다. 만일 유언내용이 증명되는 경우, "분실된 유언장"에 관한 법규정이 더 엄격한 요건(a greater set of conditions)(즉, 그가 모르는 상태 또는 기망된 상태에서 파괴되었을 것 또는 유언이 두 명의 증인에 의하여 증명될 것)을 부가하지 않는 한, 유언검인절차가 허가될 것이다.

H. 부활(REVIVAL)

유언장 작성후 철회하였다가 그 철회를 취소(elimination)한 경우, 작성자가 사망시 효력이 생기도록 계획된 문서를 어떻게 다루어야 하는가? 첫 번째 문서는 점차 공기가 빠져나가지만 다시 채워질 수 있는 풍선인가 아니면 그 풍선은 폭발해버린 것인가?

유언자는 생존중에는 당연히 첫 번째 문서를 다시 유언장으로 삼을 수 있는데, 마치 그것이 첫 번째 것인 것처럼 새로운 유언장을 작성하는 과정을 통하여 그러하다. 철회된 유언장의 회복이 문제되는 것은 유언자가 그렇게 하지 않은 때이다.

각 지역에 따라 그러한 상황에서 유언이 언제나 부활한다거나

---

7 이 부분 원문은, 'T leaves his valid will in his automobile which is compacted'인데, 'compact'가 동사로 쓰일 때는 'To compact something means to press it so that it becomes more solid'이라는 점과 유언장에 문제가 된 경우에 관한 내용이라는 점을 감안하여, '폐차되었다'는 의미로 보고 번역하였다.

혹은 절대로 부활하지 않는다는 식의 단일한 접근방법(flat approaches)에서부터 유언자의 의사가 존재하는지 여부에 따라 정반대의 결론을 내리는 것을 선호하는 접근방법까지 다양한 양태를 보이고 있다. 그리하여 어떤 지역에서건 그 지역에 따른 특정 접근방식이 채택되고 있고, 남은 문제는 유언자가 법에서 정한 방식에 관해 반대되는 희망을 명백하게 나타냈는가 하는 점이다.

통일유언법은 이혼한 당사자들이 다시 결혼한 경우 그렇지 않았더라면 이혼이나 혼인무효에 의하여 철회되었을, 전(前)배우자에 관한 종전의 유언장을 회복시키는 점을 이미 보았다. 통일유언법 § 2-509조는 철회의 철회(revocations of revocations)문제를 다룬다. 애초의 철회가 부분적인 것이었는지 전부에 대한 것이었는지에 따라 서로 다른 추정이 적용된다. 전부 철회가 이루어진 경우, "후행의 유언장이 철회되는 상황 또는 유언자의 동시 내지 사후의 선언으로부터 유언자가 선행하는 유언에 효력을 부여하고자 한다는 의사가 명백하게 드러나지 않는 한" [선행 유언은] 부활하지 않는다. 아마도 이러한 접근방법이 가장 일반적인 형식일 것이다; 이러한 접근방식에 따르면, 유언자의 반대되는 의도가 명확하지 않는 한, 철회하는 행위를 철회함에 의하여 선행하는 유언이 회복되지 않는다. 회복은 통상 문서에 의한 철회를 취소하는 것(elimination of written revocations)과 관계되지만, 보통은 행위에 의한 철회와는 관계되지 않는다. 통일유언법 § 2-509조 (a)항은 철회의 상황이나 유언자의 선언에 기초한 회복을 허용한다.

부활은, 이혼과 혼인무효의 구분과 마찬가지로, 상대적 철회원칙과 구분될 수 있다. 이혼을 하려면 일정기간 혼인이 지속되어야 하듯이, 부활이 되려면 일정기간 철회가 계속되어야 한다. 상대적 철회의 상황하에서는, 혼인무효에 의하여 결혼이 없었던 것처럼 되는 바와 같이, 철회가 없었던 것과 같은 결과가 된다.

I. 상대적 철회 원칙

1. 이론과 접근방법

그 효과의 측면에서 기술하자면, 상대적 철회가 되면 유언에 관한 문서 또는 그 일부의 철회는 취소(eliminates)된다. 유효한 유언 및 그 유언의 일부 또는 전부에 대한 철회가 있었는데, 그 철회가 유언자의 의사를 담지 못하게 된 어떠한 사정이 있어서 유효하지 못하게 되었다면, 이러한 결정적인 원칙이 적용될 무대가 마련된 셈이다. 아마도 상대적 철회 원칙은 본질적으로 적절한 사건들에서만 적용될 형평법상의 원칙이라고 보는 것이 더 온당할 것이다. 그러므로, 이 원칙은 단순한 공식으로 의미가 축소될 수 없으며, 예측이 더 어렵고 이 주제를 공부하려고 시도하는 학생들에게는 더 어렵게 보일 것이다. 이 원칙의 명칭뿐만 아니라, 이 원칙에서 사용된 용어는 관련 이슈를 명료하게 하기보다는 더 불투명하게 하는 경향이 있다. 유효한 유언장의 철회는 다른 처분(보통은 후행이나 완벽하지 않게 작성된 유언으로 의도되는 것)의 유효성에 의존한다고 말해진다.

예 #1: T는 이미 유효한 유언장(#1)을 작성한 바 있음에도, 새로운 유언장(#2)을 만들고자 시도하였으나 성공하지 못하였다. 두 번째 문서가 유효한 유언장이라고 믿은 T는 유언장 #1을 파괴해버렸다. T는 유언을 남기고 사망하였는가? 두 번째 문서는 유언장이 아니다; 첫 번째 것은

> 철회되었다. 법원이 주어지지 아니한 사실들(즉, 두 유언장의 조항들 비교, 유언을 남기지 아니함 및 변화가 시도된 이유들)에 터잡아 상대적 철회 원칙이 적용되어 유언장 #1의 철회가 취소된 것으로 결정하지 않는 한, T는 유언을 남기지 아니하고 사망한 것이다.

상대적 철회 원칙에 대한 다른 접근방법은 더욱 기계적이다. 이 방법은 철회와 효력이 없는 처분 사이의 (비교보다는 그) 관계에 주목한다.

> 예 #2: T는, 새로운 유언장을 작성할 의도로 그의 유효한 유언장의 서명에 횡선을 그어 취소하였으나(crosses off), 새로운 유언장을 작성하기 전에 사망하였다. 옛 유언장은 철회된 것인가? 대부분의 경우, 새로운 유언장을 작성하겠다는 의도만으로는 충분하지 않을 것이나, 만일 철회와 새로운 유언장이 "하나의 계획(one scheme)"의 일부인 것으로 밝혀지면, 상대적 철회 원칙이 적용된다. 몇몇 법원들은 기계적인 결과를 얻기 위하여 통일된 행위(하나를 철회하고 두 번째 것을 만드는 것)라는 개념을 적용한다. 유언자의 의도를 확정하기 위하여 상황을 검토하고 가능한 한 가장 근접하게 결정하는 것이 보다 나은 접근방법으로 보인다.

상대적 철회 원칙이 기계적으로 적용되지 않도록 하는 것이 더 나은 접근방법이다. 대부분은 아니라 하더라도 많은 경우에, 동 원칙은 적용되어서는 아니 된다. 이 원칙은 철회에 대한 주요한 흐름에 반대되는 흐름이다. 이 원칙을 적용하는 이유는 명백해야 한다.

이 분야에서 종종 "착오(mistake)"라는 용어가 사용된다. 위에서 본 예들에서, 첫 번째 문서의 철회는 실수라고 말할 수 있다. 예 #1에서, 두 번째 문서의 철회조항에 의하여 첫 번째 문서에 의한 유언을 유효하게 철회했다고 T가 잘못 생각하였기 때문에, 철회하는 행위에 철회하고자 하는 의도가 존재하지 아니하였다고 말할 수 있다(철회에 관해 유언형식을 요구하는 지역에서는 그다지 실효성이 없다; 만일 철회를 오직 "문서"로만 할 수 있다면, 유언장 #1을 파괴하는 후행 행위 없이도 상대적 철회 원칙의 적용여부가 문제된다). 상대적 철회가 되는 상황의 양 극단에 모두(both sides of the dependent relative revocation situation) 실수라는 동일한 용어를 사용할 수 있는 상황들이 있기 때문에, 아마도 "실수(mistake)"란 지나치게 넓은 의미의 용어일 것이다. 한쪽에는 유언장을 우발적으로 태워버리는 경우와 같이, 철회할 의도 없이 유언장을 실수로 파괴해버리는 경우가 있다. 이 경우, 철회하려는 의도는 없다. 다른 쪽에는, T가 그를 "이해하지 못하고(not understand)" 자신에 대한 유증을 철회하는 "실수"를 범하였다고 하는 전(前)수익자의 불만스러운 주장이 있다.

어떤 지역에서는 서면에 의한 철회를 제거하기 위해 상대적 철회 원칙을 적용하는 것을 거부하고 있는데, 설령 이를 철회행위의 선언으로 받아들이더라도 별다른 실효성이 없음에도 불구하고 그러하다. 이러한 구분을 정당화하는 것은 그 행위가 본래부터 애매모호하다는 점에 있다. 법원은, 애매모호한 행위를 분석하여 유언자가 무엇을 하였는지 결정하는 권한이 있는 것으로 보이지만, 유언자가 했어야 할 것이었다는 법원의 파악대로 결정하기 위하여 유언자가 명백히 한 것을 무시할 권한은 없는 것으로 보인다. 철회행위의 원래 애매모호한 성질은 또한, 철회상황을 증명하기 위해 정도가 낮은(extrinsic, 비본질적인) 증거도 허용하는 이유로 언급된다.

상대적 철회 원칙은, 유언법의 많은 경향과도 배치된다: 상대적 철회 원칙이 적용되어야 하는가를 사안별로 결정함에 있어, 유언장의 작성과 철회에 관한 법규정에서 사용된 표현을 엄격히 해석하고 적용하는 것, 그리고 구술증거 원칙에 대한 철학에는 무게가 별로 주어지지 않는다. 결정을 내리는 법원은 피상속인의 유언 패턴(선행 유언장의 내용과 유언을 남기지 않는 상황과 비교할 때 그러한 유언장들이 포함하고 있는 지시), 선행하는 유언장 및 새 유언장으로 의도된 문서에 있어서 누가 수익자인가와 수익자의 각 지분, 새 유언장으로 의도된 문서가 효력을 발휘하지 못하게 하는 하자의 성질, 변경하고자 하는 유언자가 희망하게 된 이유에 대한 증거의 신빙성, 유언자가 희망한 목적이 유언을 남기지 않은 상태와 대조적으로(as contrasted to intestacy) 선행 유언계획에 얼마나 부합하는가 하는 점을 고려하여야 한다. 예외가 문제되는 경우를 유념하라: 법원은 비록 스스로가 "유언자를 위한 새로운 유언장을 작성하는 것(write a new will for the testator)"은 아니라고 선언하면서도, 선행하는 유언장을 회복(restore)시킬 것인가를 결정하기 위하여, 유언장이 아니라고 본 바로 그 문서를 검토한다. 법원은 새로운 유언장을 만드는 것은 아니나, 동일한 목적을 달성할 선행 유언장에 생명을 불어넣기 위하여 철회를 무효화한다.

2. 다른 유언원칙들과의 상호작용

상대적 철회 원칙은 원칙상의 차이와 사안별 처리방식에 적용되는 형평법상의 원칙에 고유한 불확실성에 더하여 어려움을 더한다: 종종 이 원칙은 먼저 적용되어야 할 다른(preliminary) 원칙{부활, 영구양도금지(mortmain), 수익자로서의 이해관계를 갖는 증인, 행위에 의한 일부 철회, 행간에 써넣기(interlineation)}들이 적용된 후에 적용되는 대체적인 원칙이 된다. 이에 더하여 이 원칙은 유언장의 일부 또는 전부에 대해 내부적으로 또는 외부적으로 적용될 수 있다.

> 예 #3: 이미 작성된 유효한 유언장 #1과 #2가 있는 T가, 유언장 #1이 유효하다는 믿음과 희망하에 유효한 유언장 #2를 철회하였다. 해당 지역이 "부활"을 허용하는 경우, 첫 번째 문서는 부활된다. 해당 지역이 부활을 허용하지 않는다면, 두 번째 유언장은 그 철회에 관하여 상대적 철회 원칙의 적용에 의하여 유지되는가?

철회의 유형은 이러한 점들과 관련하여 매우 중요할 수 있다. 몇몇 법원들은, 아마도 철회행위는 즉시 효력이 발생한다는 이유로 오직 문서로 한 철회에 관하여만 부활을 허용한다. 몇몇 법원들은 문서로 한 철회가 행위보다 덜 애매모호하다는 점 때문에 문서로 한 철회에 대해서 상대적 철회 원칙을 적용하기를 거부한다.

> 예 #4: T의 유효한 유언장 #1은, 적용되어야 할 "영구양도금지"조항(동 조항은 죽음에 지나치게 임박한 때에 작성된 유언에 의하여 자선단체에 대한 유증의 양을 제한하거나 무효화한다)에 위반되지 않는 자선단체에 대한 유효한 유증을 포함하고 있다. 유효한 유언장 #2는 유증을 반복하였으며, 상속재산관리인(executor)을 변경하였다. T는 법정기간 내에 사망하였다. 유언장 #1의 유증은 상대적 철회 원칙에 의하여 그 효력이 유지되는가?

In re Kaufmann's Estate(1945)사건에서, 캘리포니아주 대법원은, 유언자가 영구양도금지조항의 효력 및 유언장과 유언보충서의 차이에 관하여 설명을 들은 뒤, "아니오, 나는 새로운 유언장을 원합니다. 나는 유언보충서를 원하지 않습니다"라고 말했다는 점에 대한 문서와 증언에서의 명백한 반대되는 표현에도 불구하고, 상대

적 철회 원칙을 적용하여 유언장 #2를 유언장 #1에 대한 유언보충서로 만들었다.

미시시피주 대법원은 *Crosby v. Alton Ochsner Medical Foundation*(1973)사건에서 반대되는 결과에 이르렀는데, 문서로 이루어진 철회의 성질을 강조한 데에 따른 것이다.

> 예 #5: T의 유효한 유언장 #1은 A에 대한 유증내용을 담고 있다. 유언장 #2는 그 유증을 반복하였으나, 처분계획의 다른 부분을 변경하였다. A는 유언장 #2에 대한 필요한 증인이다. 어떤 결과가 초래되는가?

필요한 증인이 부족하게 되면(Unless the provision for necessary witnesses is given), 모든 가능성이 고려되어야 한다. 유언장 #2는 유언으로서는 유효하지 아니할 것이다{이해관계가 있는 증인이 있는 경우, 커먼로의 견해 #1(Posture #1)}. 그 안에 담겨 있는 철회 역시 효력이 없을 것이다 — 해당 지역이 유언장보다 형식을 덜 갖춘, 문서에 의한 철회를 허용하는 곳이 아니라면 그러하다. 그 경우, 상대적 철회 원칙이 고려되어야 한다. 그러한 원칙 양쪽 — 이해관계 있는 증인이 있을 경우 유언장을 무효로 하는 것과 유언장에 비해 덜 형식을 갖춘 철회를 허용하는 것 — 을 유지하는 지역은 드물다.

수익자에 대한 유증을 유효하지 않은 것으로 선언하는 견해 #2(Posture #2)가 더 많이 적용될 것이다. "유언장이 작성되지 않았더라면 그가 받았을 유언자의 재산에 대한 몫의 가치를 초과하지 않기" 때문에, 일리노이주 법은 명백히 유증을 무효화하지 않는다. ILL. —SMITH-HURD ANN. 755 ILCS 5/4-6.

통일유언법에 의하여 유형화된 견해 #3(Posture #3)은 이해관계 있는 증인이나 상대적 철회 원칙에 관한 규정을 두고 있지 않다; 남은 관련 쟁점은 부당한 영향력 행사의 가능성이다.

> 예 #6: T의 유효한 유언장 #1은 "A에 대해 1,000달러"라는 유증내용을 담고 있다. T는 "1,000달러"라는 숫자에 금을 그어 지우고, "500달러"라고 기입하였으며, 이름의 이니셜과 변경일자를 적어 넣었다. 만일 A가 무언가 받게 된다면, T의 재산으로부터 얼마를 받게 되는가?

상대적 철회 원칙이라는 쟁점에 도달하기 위해서는, 우리는 유언보충서와 자필문서의 유언으로서의 유효성 및 행위에 의한 일부 철회와 관련된 법규를 검토하여야 한다.

- 문제가 되는 양쪽 수단 모두 자필문서(또는 해당 지역이, 증인에 의하여 증언이 될 수 있는 유언장에서의 자필에 의하지 아니한 부분과 함께 존재하는 자필에 의한 유언보충서를 허용하는 경우)이고, 해당 지역이 자필형식유언을 허용하고 아울러 이니셜을 서명으로 허용하는 경우라면, 그 변경시도는 유효하다.
- 만일 그 변경이 적절하지 못한 자필문서(가령 전체가 수기가 아니거나 서명되지 아니하였거나 또는 단순히 자필기재의 수단으로 인정되지 않기 때문에 자필에 의한 유언보충서로서 효력을 갖지 못하거나 완전한 유언문서로의 삽입이 이루어지지 않은 경우)에 의한 것이었다면, "1,000달러"에 금을 그어 지운 것은 철회행위로 받아들일 수 있는 것이 된다. 만일 해당 지역이 행위에 의한 일부 철회를 허용하지 않는다면, 그 유언장은 전체가 철회된 것인가 아니면 여전히 그대로 유효한 것인가? 그대로 유효한 것으로 보는 입장에 따르면 상대적 철회 원칙을 따르는 것과 동일한 결과를 가져오지만, 통일된 행

위이론(새로운 처분과 관련되는 철회)에 따른 동일한 기계적인 방식에 의할 때 그러하다.

- 만일 그 변경이 받아들여질 수 있는 자필문서에 의한 것이 아니었고, 유증의 일부 또는 전부가 철회행위 때문에 효력을 잃게 된다면(fail), 유증을 회복(restore)하기 위해서는 상대적 철회 원칙이 적용되어야 하는가? 여기서 우리는 가장 어려운 문제에 맞닥뜨리게 됨에 주의하라: 유증은 감축되었다. 만일 유언자가 500달러 유증이 효력이 없게 됨을 알았다면, 유언자는 무엇을 희망하였을까?: 1,000달러 또는 영(零) 달러? 만일 이 논점을 적절하고 공평하게 평가한다면(If the issue is evenly balanced), 상대적 철회 원칙의 옹호자들이 그들의 주장을 입증하지 못했다고 해야 할 것이다. 유언자의 의도가 무엇이었는가를 결정하기 위한 시도로, 반대되는 의도가 증명되지 않은 경우들에 대해 일반적인 원칙(철회)이 적용되어야 한다.

J. 유언보충서

유언보충서(CODICILS)는 선행하는 유언을 완전히 철회하지 않고서도 그 유언을 보충하거나 변경한다. 유언보충서는 유언을 하기 위한 요건을 갖추어야 한다. 특정 문서가 유언보충서에 해당되는지 여부를 결정함에 있어 법원은 세 가지 결론을 내렸다:

1. 후행하는 문서는 유언에 관한 준거조항들의 요건을 충족시켜야 한다.
2. 유언의 형식요건을 충족시키는 선행하는 문서가 존재하여야 한다; 그리고

3. 나중의 문서는 선행 문서 전체를 명백히 철회하거나 필요한 추론의 결과에 의하여 철회하는 것이어서는 아니 된다.

유언의 내용을 담은 문서는 다른 시점에 작성될 수 있다. 두 곳 또는 그 이상의 부분이 유언으로서의 형식성을 갖추기 위한 요구조건을 갖추는 정도가 되는 경우, 가장 먼저의 것이 "유언장"이 되고, 보완하는 모든 것(최소한 원래의 유언장이 완전히 대체될 때까지)은 유언보충서가 된다. 문서들 중 오직 하나만이 유언으로서의 형식성을 충족한다면, 그것이 유언장이 된다. 유언장이 작성된 뒤에 그것을 공정증서방식유언장으로 변경하는 것이 유효하기 위해서는, 일반적으로 유언으로서의 형식성을 위한 모든 요건을 완전히 다시 충족시킬 것이 요구된다. 다른 한편, 몇몇 지역에서는, 모든 유언조항을 유언자가 직접 수기한 때에는, 때때로 여러 개의 일자가 표시된 경우에도(even having a number of dates) 자필형식유언을 허용한다.

예: T는 유효한 유언장을 작성하고자 하였으나, 그에게 알려지지 않은 이유, 예를 들자면 두 명의 필수적인 증인 중 한 명이 유언장에 서명하지 않았다는 등의 이유로, 그 유언장은 효력이 없게 되었다. 나중에 T는 원래 유언장으로 삼으려고 했던 문서를 약간 고치는 내용의, "유언보충서"로 불리우는 서면을 유효하게 작성하였다. 만일 어느 문서에든 유언검인절차를 밟아야 한다면, 어느 문서에 대해 동 절차가 허용되어야 하고, 어떤 논리에 의하여 가능할 것이며 또한 그 문서들은 무엇이라 불러야 하겠는가?

기술적으로는, 둘 또는 그 이상의 적절하게 작성된 문서가 있는 것은 아니므로, 두 번째 문서는 유언보충서가 아니다. 그러나 법원이 두 건의 문서를 각각 다른 문서 — 유언장과 그 유언보충서로 보는 경우가 드물지 않다. 이는 두 번째 문서에 의하여, 처음에 적절하게 작성되지 아니한 유언장을 "재작성(re-execution)"한다는 이론에 의하여 뒷받침될 수 있는데, 이 경우, 그 "유언보충서"는 그 자체 및 그것이 보충하고자 하는 유언장(underlying will) 둘 다를 유효하게 하기 때문에, "자력(自力) 유언보충서(bootstrap codicil)[8]"라고 할 수 있다.

두 번째 접근방법은 두 면(two pages[9])을 하나의 문서, 즉 유언보충서 작성시기에 작성된 하나의 유언장으로 취급하는 것이다. 어떠한 내적 불일치(discrepancies)도, 그리고 그것이 하나의 문서에 존재하는 것이라 하더라도 (설령 동일한 서면에 존재하는 경우라도) 후자가 전자에 우선한다는 해석원칙(constructional rules)에 의하여 해결될 수 있다. 유언자의 의도를 실천하는 것이 따라야 할 원칙으로 사용되는 경우, 이러한 유형의 유효화와 해석은 적절하게 보인다.

인용에 의한 결합요건(the requirement for incorporation by reference[10])이 충족되는 사건에서는, 두 번째 문서가 유언검인절차가 허용되는 유일한 문서이지만, 인용에 의하여 앞의 것을 결합하는 것이 된다.

---

8 'bootstrap'의 사전적인 의미는 '손잡이 가죽', '혼자 힘'이다.

9 이 부분 원문이 'two pages'이므로 위 본문과 같이 번역하였으나, 실제 의미는 '두 서면'으로 이해된다.

10 이하 'reference'를 '인용'이라고 번역하였으나, 우리 말에서의 '인용'을 의미할 수도 있고, 구체적인 인용이라기보다는 '참고' 정도의 의미일 수도 있을 것이다. 번역 자체를 위해서는 위 단어가 나오는 해당 문장의 문맥에 따라 달리 번역하는 것이 더 나아보이기도 하지만, 법률용어를 일관되게 번역하는 것이 옳겠다는 생각에서 '인용'으로 번역하였다.

K. 통 합[11]

유언의 "통합(integration)"이란 어떤 부분이 유언을 구성하는 것인가를 결정하는 행위이다. 통합문제는 자필형식유언을 허용하는 지역에서 더 자주 발생한다. "통합"이라는 용어는 내적 통합 및 외적 통합 둘 다의 의미에서 사용된다.

1. 외적 통합

외적 통합(external integration)은 어느 면 어느 면(*pages*)이 유언장을 이루는가를 결정하는 절차이다. 유언장을 이루는 면들은 유언자가 그의 유언장으로 하려고 의도한 바로 그 면들이다 — 그러나, 그 의도가 어떻다는 것은 어떻게 판단되는가? 필기한 여러 곳이 생각의 연속에 의하여 연결되거나, 하나로 묶이거나 또는 물리적으로 하나의 문서를 형성할 경우, 만일 유언자가 모든 면을 일체로 하여 그의 유언장을 구성하고자 의도하였다고 합리적으로 추론될 수 있다면, 그것들은 통합된다.

공정증서방식 유언은 다른 문제를 야기한다: 유언에 관한 준거조항이 유언장의 "말미(at the end)"에 서명되어야 한다고 요구하는 경우, 서명이 된 면 뒤에 한 면이 추가되었다면 유언장 전부를 무효로 만드는 것으로 보일 수 있다. 통상 법원은, 유언자가 서명한 때 또는 증인들에게 그 문서가 "나의 유언장"이라고 승인한 시점에 어떤 면들이 존재하였는가에 초점을 맞춘다. 달리 볼 증거가 없다

---

11 원문상 표현의 차이를 살려 'incorporation'을 '결합', 'integration'을 '통합'으로 번역하나, 실제 의미상의 차이가 있는 것 같지는 않다.

면, 법원은 서명 뒤의 면들은 유언장 작성 뒤에 추가된 것이라는 가정을 하게 되며, 그리하여 사후에 추가된 면들에게는 효력을 부여하지 아니하고, 서명 앞에 있는 면들에 대한 유언검인절차를 허용한다.

2. 내적 통합

유언자가 쓴 것이 여러 건 있을 때, 그리고 종종 같은 면에서도 그러한 경우가 있는데, 그와 같은 경우, 내적 통합(internal integration)이란, 필기된 어떤 부분(what *writings*){어떤 면(what *pages*)이 아니다}이 유언장이 되는가 또는 유언장 및 유언보충서가 되는가를 결정하는 절차이다. 공정증서방식유언의 출발점(touchstone)은, 문서가 작성될 당시 존재하였던 필기임이 인정되는 것이다. 그러나 사필형식유언에 있어서는, 법원은 유언자의 수기인 한 모든 필기를 인정해왔다. 유언장은 "완전히(entirely)" 유언자에 의해 수기로 이루어질 것을 요구하는 지역에서는, 유언자의 수기에 의하지 않은 것과 유언자에 의하여 유언의 일부로 결합시키고자 의도되지 않았던 것, 즉 인쇄된 문구 등을 배제하는 해석론(construction preference)이 존재하는 듯하다.

예: T는 처분에 관한 조항을 적은 21개 면을 완전히 수기로 적었다. 사용된 도구(종이와 잉크의 유형)와 조항들(관련된 일자들 사이에 태어나거나 사망하는 사람들에 대한 언급)은, 유언이 3번에 걸쳐 작성된 것임을 보여준다. 각 면에는 T의 이름이 적혀 있다; 문서에는 3개의 서로 다른 일자가 있다. 유언검인절차가 허용되어야 한다면, 무엇에 허용되어야 하는가? 그것은 유언장인가 아니면 유언장과 유언보충서인가? 아마도 유일한 것은 아닐지라도 가장 일반적인 견해는, 문서를 21면으로

된 유언장으로 취급하여 그것에 유언검인절차를 허용하는 것이다. 또한, 두 건의 유언보충서가 있는 한 건의 유언장으로 선언하는 것도 가능하다. 한 가지 불운한 가능성은, 문서가 특정 일자를 갖고 있지 않다고 보는 것이다(왜냐하면 문서가 "특정(certain)"일자를 세 개나 갖고 있기 때문이다). 이러한 접근방법을 활용함으로써, 루이지애나주는 자필형식 유언인 문서를 무효화시키는 것이 가능했다.

L. 재구성

유언보충서는 유언장을 재구성(republication)한다. 유언으로서의 방식을 갖춘 유언장의 재작성 또한 유언장을 재구성한다. 재구성은 시간에 따라(in time) 유언계획에 새로운 점을 더하게 된다.

유언장의 시기가 중요한 차이를 가져오는 경우가 있다. 사후에 취득한 재산은 잔여재산처분조항(residuary clause)에 의하여 처분된다.

유언장이 만들어졌을 때 수익자가 사망하였다면, 유증이 "소멸(lapse)"되는 것이 아니라, 무효(void)이다. 실효방지(Anti-lapse)조항은 종종, 유언장이 작성된 뒤에 사망한 사람들에 대한 유증에 대해서만 적용되어야 하고, 유언장이 작성된 때에 이미 사망한 사람들에 대한 무효인 유증에 대해서는 적용되지 않는다. 만일 수익자가 유언장 작성후 사망하였다면, 유언장의 재구성은 소멸된 유증과는 반대로 유증을 무효로 만들며, 실효방지조항은 적용되지 않는다.

과거에는 영구양도금지조항(Mortmain statutes)이 유언자가 사망한 때를 기준으로 하여 법정기간(보통 30일, 90일 또는 6개월) 내에 작성된 유언장에 의하여 자선단체에 기부할 수 있는 금액을 제한하였다. 그리하여 그의 유산을 자선단체에게 남기는 유언장을 작성(그리하여 특별조항에 의한 “보호되는 범위(protected class)” 내의 친족들의 상속권을 박탈하게 됨)하는 유언자가 1년 또는 그 이상을 생존하면 그러한 조항의 “시간(time)” 제한을 피할 수 있었다. 그러나 만일 유언자가 유언장을 “재구성(republished)”하는 유언보충서를 작성하고(자선단체에 대한 기증을 증가시키지 않았더라도) 법정기간 내에 사망하였다면, 유언보충서는 영구양도금지조항에 저촉되게 된다. 많은 지역에서는, 재구성조항은 이러한 경우에 대해서는 적용하지 않는 것으로 해석하는데, 왜냐하면 동 조항의 목적(특정 친족들에게는 권리제약요인이 될, 임종시의 경솔한 유증을 제한하는 것)이 재구성이론과 부합하지 않기 때문이다.

아래의 각 내용은 유언보충서에 의한 재구성이 여전히 의미 있는 상황들이다.

a. 많은 경우, 철회, 권한의 행사(exercise) 또는 유증은 어떤 사건의 발생 “후(after)”에 작성된 유언장에 의하여 이루어질 것이 요구된다. 예를 들어 사인증여(gift causa mortis)는 증여가 이루어진 후 작성된 유언장에 의하여 철회될 수 있으나, 일반적으로 증여 이전에 작성된 유언장에 의해서는 철회되지 않는다. 권한행사자의 지정조항을 창설하는 것은 일단 그 권한이 창설된 “후”에 작성된 유언에 의해 당해 권한이 행사될 것이라고 규정하는 문서로써만 가능하다. 법령 또는 이혼한 부부 사이의 화해계약(marital settlement agreement)에서, 그 이혼이나 화해계약 “이전(prior to)”에 작성된 유언장에 의한 모든 유증, 권한 및 지명은 철회되거나 포기된(renounce) 것으로 정해질 수 있다. 선행하는 유언장에 대한 유언보충서는, 사인증여를 철회하거나 지정권을 행사하거나 전(前)배우자에게 임의대리인이나 후견인으로서의 권한을 부여 또는 지명하고

있는 유증을 변경함으로써 유언을 재구성하여야 하는가? 그것은 아마도 (지명권 내에서 권한을 줄 수 있는 사람의 의도와 결합하여) 유언자의 의도에 달린 문제로 비춰질 것이다. 명백한 의도가 발견되지 않는 경우라면, 그렇지 않은 경우라면 상관이 없었을 유언보충서가 사인증여를 철회하는 것이 되는가? 이 부분에서 더 어려운 문제가 된다. 그 권한(창설) 이전의 유언장의 잔여재산처분조항이 권한의 창설 이후에 "작성된" 것으로 간주되도록 재구성되었는가 하는 문제뿐 아니라, 위 문제에 대해서도 법원들이 서로 다른 결론에 이를 것으로 예측될 수도 있다. 이 경우, 특히 유언보충서에 의한 변경이 상관이 없는 것이거나 사소한 것일 경우, 권한의 창설자가 만들어둔 보호조항에 의하여 그 권한을 행사하지 않는 쪽으로 범위가 변경될 수 있다. 다른 한편, 이혼후 작성된 유언보충서가 있는 이혼 이전에 작성된 유언장은 아마도 "재작성"된 것으로 간주되어야 할 것이며, 따라서 전(前)배우자에 대한 유증 및 지명은 유지된다. 여기서 그것이 앞선 사건들에 의해 구속되는 것이 아니라면, 특정 사건에 있어 법원에 의해 다른 요소들(예를 들어 비유언상속에 있어 다른 상속인이 새로운 배우자인가 더 먼 친척인가 하는 것)이 고려될 수 있다.

b. 여러 건의 문서 또는 모순되는 조항이 있는 경우, 보통은 나중에 작성된 조항이 우선한다. 재구성이라는 개념은 그 이전에 이루어진 유증이나 다른 조항에 인위적으로 새로운 일자를 부여한다. 관련되는 모든 조항이 유언내용을 담은 문서에 들어가 있는 경우, 각 유언보충서가 동시에 유언과 선행하는 유언보충서를 재구성한다고 하는 것은, 문서들의 실제 작성시기를 무시하는 것이 된다. 이러한 점들과 관련하여 법적 의제(legal fiction)가 이루어져서는 아니 된다.

c. 유언장이 작성된 뒤에 태어난 자녀(또는 자손)에 대해서 그리고 유언장 작성후의 배우자가 있는 상황에 대해 유언누락에 관한 법리가 적용되는 경우, 출생전 또는 결혼전이라는 점은 출생후 또는 결혼후의 유언보충서에 의하여 재구성될 수 있다. 만일 유언보충서의 조항들이 유언자가 유언보충서를 만들면서 자녀의 출생이나 자신의 결혼에 대해 숙고하였다는 점을 보여주는 경우, 재구성은 명백하게 적절한 것이다. 몇몇 관련없는 변화를 담은 유언보충서는 어떤 효력을 가져야 하는가? 예를 들어 T가 그의 유산 전부를 형제에게 남기고, 결혼하여 자녀를 남긴 다음, 그의 법인인 유언집행자(corporate executor[12])를 변경하는 내용의 유언보충서를 작성한 경우, 누가 T의 유산을 받아야 하는가?

d. 인용에 의한 결합(Incorporation by reference)은 종종 결합하는 문서(incorporating document)가 작성될 당시 결합되어야 하는 문서(document being incorporated)가 "존재하였을 것(be in existence)"을 요건 중 하나로 포함하고 있다. T가 1월 1일 유언장을 작성하였고, 2월 2일에 쓰여지고 일자도 부여된 편지에 관련조항을 포함시킨 경우, 3월 3일자 유언보충서는 결합을 완성시키는 유언장을 재구성할 수 있는가? 아마도 그러할 것이다.

e. 유언장의 작성일과 유언보충서의 작성일 사이에 출생과 사망에 의하여 증감될 수 있는 구성원들에 대한 집단구성원에 대한 증여(class gift)에서와 같이 수익자의 변화가 있는 경우, 어떤 일자가 그 유언장에서의 "현재(now)"가 되는가? 원래의 작성일이 그것

---

12 통일유언법은 'corporate executor'라는 용어를 사용하고 있지 아니하나, 개별 주법(州法)에서 사용되는 경우가 있다. 예를 들어 아칸소주 Title 26 Taxation, Subtitle 5 State Taxes, Chapter 59 Estate Taxes, § 26-59-121 참고.

에 해당되는 듯도 하지만, 사후의 구성원들을 포함시키려는 희망 또는 법의 다른 원칙의 작용 때문에 이 일자는 유언자의 의도에 충실한 것이 되지 못한다. 예를 들어 T가, "나는 지금 생존해있는 나의 자녀들을 위한 조항은 두지 않는다"라고 유언장을 작성하고 나서 다른 자녀를 출생하고 유언장에 직접 관련이 없는(unrelated) 변경을 가져오는 유언보충서를 작성한 경우를 보라.

f. 유증된 대상물에 대한 변경, 예를 들자면 이행 또는 소멸, 부합(accretions),[13] 실효 또는 책임면제[14] 등 유증을 철회시킬 만한 변경이 있는 경우, 유언장 작성시의 유증 또는 유언보충서 작성시의 유증은 유언보충서에 의하여 재구성된 유언장에 의하여 영향을 받지 않게 되는 것인가(pass by)?

위 목록이 완벽하지는 않더라도 꽤 그럴싸하게 보일지도 모르지만(impressive, if not oppressive), 저자들은 "재구성"이라는 문제 또는 유언장 혹은 유언보충서의 일자의 적절성에 관한 문제를 불러올 수 있는 다른 상황을 위 목록에 추가할 것을 제안하는 것은 아니다. 위 목록의 내용은 (독자를 힘들게 하려고 하는 것이 아니라) 열거적인 것으로 의도되어 작성된 것이다.[15]

M. 인용에 의한 결합

이미 존재하는 문서를 신청서, 계약 또는 다른 법적 문서에

---

13 이 책에서의 부합이란, 유언장 작성시와 유언자 사망시 사이에 유증된 대상물이 증감(增減)하는 것(감소의 경우도 포함)을 말한다. 제 6 장 C. 참고.

14 이 부분 원문은, 'satisfaction or extinction, accretions, abatement or exoneration'이다.

15 원문은, 'It is intended as an exhaustive(if not exhausting) list'인데, 'exhausitve'와 'exhausting'이라는 단어를 사용하여 유머러스하게 표현하였다.

"인용에 의한 결합(incorporation by reference)"을 시키는 것이 일반적인 초안작성(drafting practice) 실무이다. 기존문서 한 단어 한 단어를 그대로 복사하기보다는, 그 문서의 내용을 서술한다(또는 결합관련문서(incorporation document)에 기존문서를 복사하여 첨부한다). 그러나 이러한 표준적인 실무는 유언장에 대한 법정요건에 관해 난점을 불러일으킨다: 만일 유언장이 자필형식이라면, 첨부문서는 피상속인의 "수기에 의한 것"이라 할 수 없다(문제: 어떤 사람이 수기한 것을 복사한 것을 그 사람이 수기한 것이라 할 수 있는가?).[16] 공정증서방식유언장의 경우, 첨부는 유언자 또는 증인이 유언장의 "말미에" "서명하여야" 한다는 요건을 충족시키지 못한 것이 된다. 준거규정이 말미에의 서명을 요구하지 않는다면, 유언장에 서명이 이루어진 때 결합되어지는 문서(incorporated document[17])가 존재하지 않았을 수 있으며, 이러한 상황에서는 유언자가 그것을 그의 유언장의 일부로 "선언하였는가(declared)"에 관한 의문이 제기된다.

결합되어지는 문서는 보통은 유언장 그 자체의 일부로 취급되지는 않으나, 유언장의 의미가 완성되는 외부 출처(external source)로 취급된다. 이러한 점에 의해, 유언장을 구성하는 면들(pages)의 "통합"과 문자적인 의미에서라기보다는 비유적인 의미에서의 통합

---

16 이 부분 원문은, '(Query: Are we positive that a photocopy of one's own handwriting "is" one's own handwriting?)'으로, "is"가 강조되고 있으나 이를 번역을 통해 살리기 어려웠다.

17 이상과 같이 원문에는 'incorporation document', 'incorporating document', 'incorporated document' 및 'document being incorporated'라는 표현들이 사용되고 있는데, 'incorporating document'는 'incorporated document'를 포함하여 유언장이 되는 문서를 의미하고, 'incorporated document'는 결합되어 유언장이 되는 문서의 일부가 되는 문서이며, 'document being incorporated'는 'incorporated document'와 같은 의미인 것으로 이해된다. 한편, 'incorporation document'는 위와 같은 문서의 총칭이거나 'incorporating document'와 같은 의미로 이해되나, 명확하지 않은 점이 있다.

에 해당되는 "인용에 의한 결합"의 차이가 생긴다. 결합은 마치 통합된 것처럼(*as if*) 취급된다.

아마도 기망에 의해 대체될 수 있다는 우려가 인용에 의하여 어떤 문서를 유언장에 결합시키기 위한 특정 조건에 대한 준수를 법적으로 요구하는 근거가 될 것이다. 유언자는 유언으로서의 형식성을 갖추지 못한 문서에 관하여, 유언법에 의한 보호를 "포기(waive)"할 수 없다. 인용에 의하여 유언장에 결합하기 위한 요건은 때때로 다음과 같이 표현된다.

1. 결합되어지는 문서는 유언장이 작성될 시점에 존재하여야 한다. 유언장이 유언자의 사망시까지 효력이 없다 하더라도, 명확성을 위하여 이 요건은 엄격히 준수될 것이 요구된다. "나중에 작성된(to be made later)" 목록에 의하여 재산을 처분하고자 하는 희망은 통일유언법 § 2-513조와 같은 상대적으로 특별한 규정에 의해서만 가능한데, 위 규정은 문서나 목록에 의하여 처분되는 동산(tangible articles of personality)에 대해 다룬다.

2. 결합하는 문서(incorporating document)는 결합되어지는 문서(incorporated document)의 조항들을 결합하는 의도를 명백히 나타내야 한다. 이 필수적인 요건은, 법에 의하여 허용되는 범위 내에서 중요한 것은 유언자의 의도라는 사실을 강조한다.

3. 결합되어지는 문서는 그것과 동일함이 인정될 만큼 충분히 기술되어야(記述, described)[18] 한다. 이 요건은, 어떤 의도가 그대로 실행되려면 인식될 수 있어야 한다는 명제의 단순한 변형이다. 기술은 법률가에 의한 것과 같이 (복사물이 포함되어) 엄격하게 이루

---

18 특정되어야 한다는 의미이다.

어지는 경우부터 절망적으로 애매모호한 경우까지 다양할 수 있다. 몇몇 법원들은, 이 요건의 다른 면 — 결합되어지는 문서는 기술한 바와 일치하여야 한다 — 을 별개의 요건으로 강조한다.

4. 인용에 의한 결합을 위한 요건에 관한 서술이 전부 그런 것은 아니지만 몇몇 서술은 다음과 같은 요건을 포함하고 있는데, (결합되어지는 문서가 실제로 존재한다는 요건에 추가하여) 결합하는 문서(incorporating document)는 결합되어지는 문서(incorporated document)가 존재하는 것으로 언급하고 있어야 한다는 것이다. 잘 이해하기 어려운 이 요건은, 많은 판결이나 통일유언법 § 2-510조와 같은 법령의 표현에서 삭제되었다.

현재 대부분의 주에서는, 위 조건들이 충족되면, 인용에 의한 유언장에의 결합이 허용된다. 자필형식유언을 허용하는 주들 중 대부분은 실제(*actual*) 결합(즉, 통합)이, "완전히(entirely)" 피상속인의 수기에 의하여 이루어진 것이 아니라는 이유로 유언장을 무효로 만들고 있음에도 불구하고, 자필형식이 아닌 자료에 대한 인용에 의한(*by reference*) 결합을 허용한다.

통합, 인용에 의한 결합, 중요한 독립된 사실에 대한 참고 등의 법리에 따를 경우의 문제를 해결하기 위하여 둔 특별규정이 '신탁에의 유언에 의한 추가에 관한 통일법(the Uniform Testamentary Additions to Trusts Act)'이며, 통일유언법 § 2-511조에서도 발견된다. 이 규정은 설정, 재원마련(funding) 및 수정이 어떻게 이루어져 왔는지(chronology)에 상관없이, 유언장에 의한 신탁의 설정에 관한 "추가조항(pour-overs)"[19]을 가능하게 한다.

---

19 "pour-over"란, 생전에 유효하게 설정된 신탁에 대하여 별개 독립된 새로운 신탁을 설정하는 대신, 유언에 의하여 일정한 상속재산을 신탁에 추가하는

N. 독립된 법적 중요성(INDEPENDENT LEGAL SIGNIFICANCE)

통일유언법 § 2-512조는, 유언자의 유언계획과 상관없이 중요성을 갖는 사실들을 인용(reference)하여 유언장의 의미완성에 대한 원칙의 허용하는 성질(permissive nature)을 요약하고 있다. 통일유언법의 해당 부분은, 유언장에 의하여, "유언장에 의한 처분에 대한 특정 행위나 사건들의 효력과 상관없이 중요성을 갖는 그 행위나 사건을 인용함으로써" 재산을 처분하는 것을 허용하고 있다.

아마도 이 원칙은, 스스로에게 "유언과 관련된 권한을 부여하려는(delegate the testamentary power)" 시도를 부정적으로 보는 커먼로에 대한 상식에 입각한 반응(common sense response)을 공식화한 것에 지나지 않을 것이다. 유언장의 모든 조항은 그 유언장 내에 있어야 하고 유언장 작성시 알려져야 한다는 법리를 엄격하게 적용하여야 한다는 입장은, 많은 유증시도를 무효로 만들어왔다. 법원은, 내 재산 중 "남은 것(residue)"(그 범위와 내용은 사망시 또는 그 이후가 되어야 알려진다)을 나의 "상속인들(my heirs)"(사망시에 결정되는 자들이다)에게 유증하는 것을 꾸준히(regularly) 허용해왔다. 그러한 유증에 있어서는, 문제되는 재산 및 수령인은 유언계획과 독립된 중요성을 갖는 사실에 의해 결정된다. 유사하게, "내가

취지의 유언내용을 말한다. 現代信託法研究会著, 海原文雄・砂田卓士編, 英米信託法辞典, 社団法人金融財政事情研究会(1996), 166면. 위 '신탁에의 유언에 의한 추가에 관한 통일법(the Uniform Testamentary Additions to Trusts Act)'이라는 번역명도 같은 곳에서 참고하였다.

죽은 뒤에도 생존하는 나의 자녀들(such of my children as survive me)"에게 "내가 사망할 때 내가 소유한 모든 자동차(all automobiles which I own at my death)"를 유증하는 경우, 유언장 외의 사실들에 의하여 처리될 것이다. 더 나아가자면, "내 금고 속에 있는 내용물"을 "내가 죽기 전 해의 크리스마스 때 나와 같이 저녁을 먹은 사람"에게 유증하였다면, 이는 좀 더 어려운 경우가 되고, 효력이 없게 될 것이다. "내가 내 변호사에게 말한 액수의 돈"을 "내가 내 변호사에게 지명한 특정인"에게 유증하는 것을 유효하게 보는 법원은 거의 없다. 변호사는 "독립적(independent)"이고 "법적(legal)"이지만, 그 처분은 유언계획과 상관없는 중요성을 갖고 있지 못하다.

수익자

A. 개설: 유증을 받을 수 없는 수익자

분실된 것도 아니고, 피상속인의 유산 중 존재하는 부분을 처분하는 것이 명백한 내용을 담은 유효하면서도 철회되지 아니한 유언장이 있더라도, 수익자로 의도된 자가 그 또는 유언자, 또는 그 둘 다의 행위 때문에 재산을 받지 못하는 경우가 있다.

수익자만의 행위로는 다음과 같은 것들이 있다.

- 사람이 아니거나, 중죄를 짓지 않은 시민권자(because not a human, non-felon citizen)가 아니기 때문에 취득할 수 없는 경우.
- 유언자보다 전에, 동시에 또는 후에 수익자가 사망한 경우.
- 수익자에 의한 포기.
- 권리순위에 있어 앞선 자를 살해한 경우.

유언자만의 행위는, 특정 처분을 하는 유언자를 형평법적으로 구속하는 유언장을 만드는 계약을 창설(the creation of a contract)

하는 것이 된다; 그 집행은 종종 유언수익자와 관련하여 형성되는 의제신탁(constructive trust)과 관련된다.[1]

유언자와 수익자 모두가 유언과 관련된 행위를 한 경우는 다음과 같은 상황과 관련된다.

- 유언자가 유언장에 '분쟁을 일으켜서는 안 된다는 조항(no-contest clause)'을 넣었는데, 수익자가 분쟁을 일으킴으로써 그에 위반한 경우.
- 유언 중에 선택권을 설정해놓거나 유증의 수령인에게 조건으로 형평법상 담보(equitable charge)[2]를 부여한 경우.
- 유언자와 수익자(또는 다른 자) 사이에 체결된 재산에 관한 화해계약이 수익자가 유언자의 재산에 관한 수익자의 권리를 계약에 의해 포기하는 조항을 포함하고 있는 경우.
- 그렇지 않았더라면 유언자가 사망하였을 때 수익자가 받을 몫(또는 생전증여이고 유언을 남기지 않은 경우의 몫)을 받음으로써 생전증여(advancement)나 유증철회(ademption)로 의도된, 유언자 생

---

1 이 부분에서 말하는 계약(contract)은 우리나라 법에서 말하는 계약과 완전히 일치되는 것은 아닌 것으로 이해된다. 우리 법에서는 양 당사자의 계약체결의사가 없으면 계약이 체결될 수 없으며, 계약의 성립을 위해서는 묵시적으로라도 그 계약체결을 위한 의사가 인정되어야 한다. 번역자의 소견으로는, 영미법에서는 '관계'에 의한 권리의무 발생에 관해 우리보다 훨씬 더 자유로운 듯하다. 따라서 이 부분에서 말하는 '계약의 창설'이란, 유언자만의 행위로 우리 법에서 말하는 계약이 창설된다기보다는 계약이 창설된 것과 같은 권리의무관계가 형성된다는 의미로 이해함이 옳을 것이다. 그로 인하여 발생되는 의제신탁이라는 법률관계가 우리나라의 개념으로는 법정신탁에 가까운 개념이라는 점을 고려하면 더욱 그러하다.

2 'equitable charge'는 우리식으로 표현하면, '형평법상의 담보'일 수도 있고, '형평법상의 권리'일 수도 있으며, 문맥에 따라서는 '형평법상의 의무'로 번역하는 것이 더 올바를 수도 있다. 이하에서는 원칙적으로 '형평법상의 담보'로 번역하고자 하나, 경우에 따라 '형법상의 의무'로도 번역하였다. 위와 같은 정도로 위 개념의 의미영역이 우리 개념으로는 가변적임에 주의하여야 한다.

존중에 이루어진 증여를 유증자가 하고, 수익자가 받는 경우.

• 수익자가 유언자에게 채무를 지고 유언자가 사망할 때까지 갚지 아니하여, 유언자의 개인적인 대표자에 의하여 "상계(set-off)" 또는 "유언집행자 등의 보류권(retainer right)"[3]의 대상이 되는 경우.

B. 수익자 자신의 행위 또는 성질

1. 중범죄자, 외국인 및 비인간

커먼로에서는 중범죄자(felon)는 모든 민사적 권리를 잃게 되는데, 상속이나 유언에 의하여 재산을 받을 권리도 그에 포함된다. 오늘날 대부분의 주(州)들은 중범죄자가 상속을 받고 재산을 다루는 것(유언장의 작성을 포함한다)을 허용하지만, 제한과 예외가 남아 있다.

외국인(aliens)[4]에 의한 토지의 소유를 제한하는 것은 봉건시대의 전통으로까지 거슬러 올라갈 수 있지만, 많은 주들은 20세기에 들어서 비로소 외국인에 의한 상속을 제한하는 입법을 하였다. 이러한 제한은 *Zschernig v. Miller*(1968) 사건에서 엄격하게 한정되었는데(그렇다고 하여 완전히 사라진 것은 아니다), 위 사건에서 오레곤주의 "상호주의(reciprocity)"조항(동 조항은 수익자에게, 그 수익자가 오레곤주에서 거주자인 시민과 마찬가지로 상속을 받기 전에, 오레곤주의 시민이 외국에서 그 나라의 시민과 마찬가지로 상속받을 수 있다는 점을 보여줄

---

3 'retainer': 보류권, 유언집행자(executor) 또는 유산관리인(administrator)이 유산으로부터 장례비용 등 우선적으로 변제하여야 할 것을 지급하고 나머지로부터 다른 일반채권자에 우선하여 변제를 받는 것. 田中英夫編集代表, 英米法辞典, 東京大学出版部(1991), 730면.

4 진한 글씨체에 의한 강조는 원문에 의함. 이하 동일함.

것으로 요구한다)이 국제관계에 관한 연방정부의 지침에 대한 위헌적 위반행위라고 판시되었다. 이것과 조약이 법률에 우선한다는 추가의 제약조건하에서, 몇몇 주는 외국인이 상속받을 권리에 대한 법정 제한(statutory restrictions)을 유지하고 있다. 법정 한계(statutory limitations)는 상호주의적("당신은 내게 당신 것을 보여주고 … ")이거나 또는 '압박방식(impounding type)'으로 규정되는데, 압박방식에서는, 외국인에게 "나타나서 주장할 것(appear and claim, Come and get it)"을 요구한다. 이러한 법령들의 문구와 구조는 개정헌법 § 14조상의 평등보호조항에 의해 발생하는 문제를 피하기 위하여 거주자와 비거주 외국인을 구분하는데, 전자가 헌법적으로 더 우대받는다. 통일유언법 § 2-111조는 "어떠한 개인도 그 또는 그가 그 사람을 통하여 권리를 주장하게 되는 사람이 외국인이거나 외국인인 적이 있었다는 이유로 상속인 자격을 박탈당하지 않는다"라고 규정하고 있다.

비인간(非人間, non-human)은 **자선단체**(소위 "영구양도금지(mortmain)"조항)에 대한 증여의 한계문제 및 법인과 동물이 유언수익자가 될 수 없다는 점과 관련되게 된다. 대부분의 경우, 영구양도금지 규정에 따른 제한은 제거되었다; 남아있는 것들은, 접근방식에 있어 다양하고, 법원의 해석에 의하여 복잡해졌다. 법규정은 피상속인이 유언에 의하여 자선단체에게 남길 수 있는 범위(%로 설정된 부분 또는 전부)를 제한한다. 때때로 법규정은 사망시부터의 특정 기간(30일, 3개월, 6개월) 이내에 작성된 유언에 의한 유증에 대해서만, 그리고 피상속인의 특정 친족들이 그 피상속인보다 더 오래 생존한 경우의 유언에 대해서만 적용된다. (일정한 경우에는 지방자치단체, 주 및 미국 연방정부까지도 포함하는 개념인) **법인**(Corporations)은 수차례에 걸쳐, "인간(persons)"이 아니기 때문에 유증을 받을 자격이 없다고 판시되어 왔다. 일반적으로는, 이러한 유형의 한계는 통일유언법 § 1-201조 (34)항에서 기구(organizations)를 포함한 바와 같이, "인간"을 정의하는 방법에 의하여 제거되었다.

가장 큰 제한이 있는 비인간인 수익자는 "애완용(pet)" 동물이다. 동물에게 직접 증여하는 것은 보통은 무효가 되는데, 많은 지역에서 그것을 수익자로 의도된 동물과 함께 또는 그렇지 않다면 그 동물과 관련하여 지명된 사람에 대한 직접적인 유증으로 간주하거나, "명예신탁(honorary trust)"[5] 개념을 통하여 그 유증이 실제 효과가 나게 하기도 한다. 통일유언법 § 2-907조는 명백하게, "지명된 가축이나 애완용 동물을 돌보기 위한 신탁"을 허용하였다.

2. 수익자의 사망

유언자보다 전에 또는 같은 때(동시사망), 또는 유언자보다 뒤에 수익자가 사망할 수 있다. 상속인은 유언을 남기지 않은 피상속인보다 120시간 이상 더 생존해있어야 한다는 통일유언법 § 2-104조의 요건을 제외하고, 일반적으로 상속인(즉, 비유언상속시의 재산취득자)이 한 순간(an instant) 이상 더 피상속인보다 오래 생존해있어야 한다는 요건은 없다. 물론 유언자는 어떤 유증이든지 간에 그가 원하는 바에 따라 생존조건을 붙일 수 있다.

---

5 現代信託法硏究会著, 海原文雄・砂田卓士編, 英米信託法辞典, 社団法人金融財政事情硏究会(1996), 110면에서는 이를 '덕의적 신탁(德義的 信託)'이라고 번역하고 있으며, 그 뜻은, '불완전신탁의 일종이다. 사자(死者)의 분묘 또는 기념비의 건설이라든가 수리, 영혼의 공양(供養), 특수한 애마(愛馬)나 애견(愛犬) 기타 동물의 보육 내지 시설, 초상회화의 그리기, 노예해방, 법인격 없는 비공개단체의 이익 등 자연인 이외를 수익자로 하는 신탁을 총칭한다'라고 해설하고 있다. 그러나 '덕의적 신탁'이라는 말은 매우 생경하므로, 원어의 표현을 살려, '명예신탁'이라고 번역한다.

피상속인과 수익자의 동시사망은 일반적으로 통일동시사망법과 같은 입법에 의하여 다루어진다. 유언검인절차가 여러 차례 되풀이 됨에 따른 비용과 지연을 피하기 위한 그러한 법률은, 둘 또는 그 이상의 사람이 동시가 아닌 이시(異時)에 사망하였다는 점에 대한 충분한 증거가 없는 상황의 경우, 각각의 재산은, "마치 그가 생존해있었던 것으로 보고 처분되어야 한다," 즉 상속인후보자나 유언수익자는 그 재산이 분배되어야 할 자[6]보다 먼저 사망한 것처럼 보도록 규정하고 있다.

비유언상속의 경우, 어떤 자가 "상속인(heir)"이 되려면, 이해관계의 순서에 있어 그보다 앞선 자[7]보다 더 오래 살아야 한다. 유언에 의한 수익자가 유언자보다 먼저 사망한 경우에는 어떻게 되는가? 커먼로에서는, 유언장이 작성된 때에 이미 사망한 유언수익자(이 경우 유증은 "무효"가 된다)와 유언장이 작성된 때와 유언자가 사망한 때 사이에 사망한 유언수익자를 구별하고 있다. 후자의 경우, 유증은 "소멸(lapse)"되었다고 표현된다.

거의 대부분의 지역은, 먼저 사망한 수익자에 갈음하는 대체취득자를 정하는 "소멸중단(anti-lapse)"조항을 두고 있다. 다음과 같은 규정들은 소멸중단조항들의 다양성을 보여준다:

통일유언법 § 2-603조는, "수증자[8](devisee)가 유언자보다 더

---

6 이 부분 원문은 'the person whose estate is being distributed'로 대상속인을 의미한다.

7 'predecessor in interest'를 번역한 말인데, 보통은 선순위상속인을 의미한다. 그 외에, 만일 유증에 의하여 A에 앞서서 유증을 받은 자가 있고, A가 존재하지 않는 경우 B가 상속을 받는다면, B의 입장에서는 A가 위와 같은 자에 해당될 수 있을 것이다.

8 증여를 받는 사람을 '수증자'라고 하는데, 우리 민법 제1036조, 제1064조 등은 유증을 받는 자도 '수증자'라고 하고 있다. 한편 국세기본법 제24조 등에서는 유증을 받는 자를 '수유자'라고 한다. 증여와 유증은 법률적 성격이

생존하지 못하였고, 유언자의 조부모, 조부모의 직계비속 또는 양자인 경우, … [그리고 만일] 사망한 수증자가 생존해있는 직계비속을 남긴 경우, 수증자의 생존해있는 직계비속에게 대체증여가 이루어진다. 그들은, 수증자가 유언자보다 더 오래 생존하였을 경우, 수증자가 얻었을 재산을 수증자를 대습하여(by representation) 취득한다"라고 규정하고 있다. * * *

소멸중단조항은, 먼저 사망한 수익자에게 요구되는 유언자에 대한 관계에 따라 폭넓게 달라진다. 주별 소멸중단조항 상황 목록(anti-lapse table)에는 6가지 유형이 제시되어 있다.

- 유형 #1, 4개 주 채택, 수익자가 유언자의 아동이거나 다른 직계비속일 것을 요구.
- 유형 #2, 5개 주 채택, 수익자가 유언자의 직계비속이거나 유언자의 부모의 직계비속이면 허용한다. 이 유형은 형제자매(siblings)와 그 자손들(offspring)에게 자격을 부여한다.
- 유형 #3, 12개 주 및 통일유언법 채택, 유언자의 조부모 또는 조부모의 직계비속(lineal descendants)에게 소멸중단조항을 적용한다. 이 유형은 고모, 삼촌, 사촌 및 그들의 자손(offspring)들에게 유증을 받게 한다.
- 유형 #4, 10개 주 채택, 유언자의 조부모, 조부모의 직계비속 또는 유언자의 양자에게 적용한다.
- 유형 #5, 10개 주 채택, 유언자의 모든 친족에게 적용한다. 유형 #5에 속하는 캘리포니아주 유언법(California Probate Code)

다르므로 유증을 받는 자를 수유자라고 하는 것이 바람직하다고 생각되기는 하나, 이 책에서는 민법과 같이 모두 '수증자'라고만 한다. 영문 법률용어로 '유증을 받는 자'를 나타내는 단어도 여러 가지가 있다. 이 책에서도 'devisee' 외에 'trasferee'를 수증자로 번역하였다.

§ 21110조는 다음과 같이 규정한다.

(a) 만일 수증자(transferee)가 사망하면, 사망한 수증자의 자손(issue)은 수증자의 지위에서 증여를 받는다.

(c) 이 장에서 사용되는 "수증자"란, 증여자의 친족(kindred)이거나 증여자의 생존해 있는 배우자, 사망한 배우자 또는 전(前)배우자의 친족이다.

• 유형 #6, 이 유형은 모든 수증자에게 적용되며, 유언자와 아무런 관련을 요하지 않기 때문에 가장 광범위하다. 이 유형은 8개 주에서 채택되고 있다. 유형 #6의 예로는, Maryland Estates and Trusts Code § 4-403조가 가장 넓은 적용대상을 규정하고 있는 것을 들 수 있다.

(a) 반대되는 의사가 유언장에 명백하게 표시되어 있지 아니하는 한, 유언장의 작성후, 유언자의 사망전에 수증자의 사망을 이유로 하여, 유증(legacy)이 소멸하거나 무효가 되지 않는다.

(b) (a)항에 기술된 유증은, 재산을 보유했던 자의 유산으로부터 수증자가 재산을 보유한 채 유언을 남기거나 또는 남기지 아니하고 사망한 경우, 재산을 보유하게 될 자에게 직접 분배하도록 지시하는 것과 동일한 효과와 작용을 갖는다.[9]

모든 규정은 일치된 원칙을 포함한다: 소멸중단조항의 적용은 유언자의 의도에 달린 문제이다. 반대되는 의도를 명백히 밝힌 경우, 소멸중단조항은 적용되지 않는다. 모든 주는 아니지만, 몇몇 주에서는 위 규정이 명시적으로 집단구성원에 대한 증여(class gifts)에 적용되고, 사망한 수증자집단 구성원의 몫을 다른 구성원들에게 재

9 유증자의 사망전에 수증자가 사망한 경우, 수증자의 사망시 그로부터 상속이나 유증을 받은 자에게 곧바로 유산이 넘어가게 된다는 의미이다.

배분하는 대신, 따로 분리하여 보존한다.

['주별 소멸중단조항 상황 목록(ANTILAPSE TABLE)']

유형 1	**유언자의 자녀 또는 다른 직계비속 (4개 주)**	아칸소, 인디애나, 일리노이, 미시시피
유형 2	**유언자의 직계비속 또는 유언자의 부모의 직계비속 (5개 주)**	코네티컷, 루이지애나, 뉴욕, 펜실베니아, 텍사스
유형 3	**유언자의 조부모 또는 조부모의 직계비속 (12개 주)**	알라배마, 콜로라도, 델라웨어, 플로리다, 아이다호, 메인, 미네소타, 노스캐롤라이나, 노스다코타, 사우스캐롤라이나, 버지니아, 워싱턴, 와이오밍
유형 4	**유언자의 조부모, 조부모의 직계비속 또는 유언자의 양자 (10개 주)**	알래스카, 애리조나, 하와이, 미시간, 몬태나, 뉴저지, 뉴멕시코, 사우스다코타, 유타, 위스콘신
유형 5	**유언자의 친족 (10개 주)**	캘리포니아, 캔자스, 메사츄세츠, 미주리, 네브래스카, 네바다, 오하이오, 오클라호마, 오레곤, 버몬트
유형 6	**수증자 또는 유산수령인 (6개 주)**	죠지아, 아이오와, 켄터키, 매릴랜드, 뉴햄프셔, 로드아일랜드, 테네시, 웨스트버지니아

소멸중단조항은 관련된 두 가지 경우에 대해 유추적용될 수도 있다: 사망 이외의 사유로 인해 유언이 무효로 되는 경우(대체취득

자를 "포기한 수익자가 사망한 경우 취득할 사람"이라고 규정한 포기조항) 및 유언대용수단(will substitute)의 경우가 그러하다.

1993년에 개정된 1990년 개정 통일유언법 § 2-706조는, 소멸중단조항의 적용범위를, 생명보험, 퇴직후 연금계획, 사인지급계좌, 사인양도예약 등과 같은 유언대용수단[10]에까지 확대하였다. 통일유언법 § 2-707조는 소멸중단조항을 신탁에까지 확대적용하였다.

3. 포 기

커먼로에서는, 유증을 포기(renunciation, disclaimer)할 수 있으나, 유언이 없었을 때(*intestate*)의 상속권은 포기할 수 없다. 많은 지역은 이 원칙을 변경하여 비유언상속권도 포기할 수 있게 하였다. 일반적으로 포기는, 채권자를 피하고, 세금을 최소화하려 하거나 또는 유언장상으로는 불완전하게 작성되었으나, 알려진 유언자의 의도에 따라 처리되게 하기 위하여 이루어진다.

통일유언법 § 2-1101조 내지 § 2-1117조로 통일유언법에 삽입된 The Uniform Disclaimer of Property Interests Act(1999)는 권리를 포기할 권한을 명백히 하고 확장하였다.

포기된 재산은 누가 받게 되는가? 첫째, 포기시에 유효한 대체처분행위(alternative disposition)가 있었는가를 보기 위하여 근거가 되는 문서(governing instrument)가 검사된다. 그러한 대체처분행위가 없는 경우, 포기된 재산은 "마치 포기자가 사망한 것처럼" 그를 통과하여(passes) 처리된다. 이 경우, 소멸중단조항의 적용문제가 제기된다.

---

10 이 부분 원문은, 'will substitute, such as life insurance, retirement plan, payable on death accounts, transfer on death registrations'이다.

양도세에 관련된 목적을 위하여, 내국세법(Internal Revenue Code) § 2518조는, 9개월 제소기간을 포함하여 추가의 요건을 부가하고 있다. 따라서 동일한 포기라도 통일유언법상 주재산법적(state property law) 목적을 위해서는 유효하지만, 내국세법 § 2518조상의 양도세 관련 목적을 위해서는 무효일 수도 있다.

4. 살인자가 취득할 권리

2007. 3. 23.자 AP통신에 따르면, 브라질의 가정주부가 남편을 살해하여 그 사체를 조각낸 다음 튀긴 혐의로 유죄가 선고되었고 19년형을 선고받았다. 만일 이 사건이 미국에서 발생했다면, 이 가정주부는 유증 또는 유언대용형식에 의한 증여를 받을 수 없게 된다. 배우자 살해에 관해서 말하자면, 3가지 영역의 변형이 있다: 법리, 살해유형 그리고 관련된 재산의 유형이 바로 그것이다.

a. 법리(*Legal Theories*)

만일 법령이 살인자가 유증 등을 받지 못하게 한다면, 특정 유형의 살인과 특정 유형의 재산상 이해관계가 해당 법령이 정하는 문언 내에 포함되는가, 만일 그렇지 않다면 유추에 의하여 동 법령 적용이 확장되어야 하는가 하는 점이 중요하게 된다. 법령은 오직 한 방향 — 즉, 살인자가 유증 등을 받는 것을 금하는 방향으로 나아가고 있으며, 그러므로 해당 법령이 여기까지 확장적용되었는가 하는 점이 쟁점이 된다.

적용되거나 유추에 의하여 확장적용될 수 있는 법령이 없다면, 법원은 살인자가 이해관계에 있어 그보다 앞서는 순위자의 재산을 받도록 허용할 것인가를 결정한다. 세 가지 적용가능한 법적 접근방법이 있다. 첫 번째 접근방법은 살인자가 유증 등을 받도록 허용하는 것이다. 이는 입법부작위(legislative inaction) 이론에 의하여 정당화된다("만일 입법자들이 그러한 상속을 금지할 것을 희망하였더라면, 그렇게 규정할 수 있었다"). 헌법상 상속을 받을 "권리"는 없는 것이지만, 살인자가 유증 등을 받을 수 있도록 허용하고자 하는 유인(impetus) 중 몇몇은, 적법절차(due process), 평등보호(equal protection), 소급입법(ex post facto), 잔혹하며 이상(異常)한 형벌금지원칙(cruel and unusual punishment) 및 사권박탈법(私權剝奪法)규정(the bill of attainder provision)에서와 같은 몰수의 배제 등을 포함한 제반규정에 따른 헌법적 뉘앙스를 갖는다.

반대방향으로 법원의 가장 직접적인 접근방법은 법령과는 유사하지만, 법령에 의한 뒷받침 없이 상속을 금지하는 것이다. 현대에 들어 몇몇 법원들이 이 접근방법을 채택하였다.

20세기가 시작될 무렵, 법학자들과 법원들은 살인자가 희생자의 재산을 받도록 허용하는 것과 법원이 법을 "발견(found)"하는 것이 아니라 만드는 것을 모두 꺼렸다. 그 때문에 "의제신탁"이라는 도구가 사용되었다. 법원들은 살인을 저지른 상속인 또는 유언수익자라도 법정상속 또는 유언상속을 받을 권한이 있다고 판시하였으나(그럼으로써 반대되는 명문의 규정이 존재하지 않는다는 것에 대해 말로만 경의를 표하고 있다), 많은 법원은 그와 같이 판시한 다음 "그렇지 않았더라면(otherwise)" 재산을 받았을 사람의 이익을 위하여 살인을 저지른 상속인이나 유언수익자와의 관계에서 "의제"신탁이 됨을 판시하였다.[11] 이와 같은 법적 기교에 의해 이루어지는 법령

11 즉, 살인을 저지른 자를 수탁자로 하는 의제신탁관계를 인정함으로써, 살인을 저지른 자는 유산에 의한 수익을 얻을 수 없게 되고, 그 의제신탁의 수

의 뒷받침 없는 신탁의제(verbal fiction of a trust)는 상속인이나 유언수익자에게 상속 또는 유증이 거부되는 것과 동일한 효과를 얻기 위한 것이었다.

살인자에게 유증 등이 거부되거나 또는 그가 의제수탁자가 된다면, 수익자로서의 이익을 누가 취하게 되는가? 유언자가 유언자의 사망에 책임이 있는 사람에 대한 유증을 철회하는 규정을 둔 유언장을 만들 것으로 보이지는 않는다. 수익자의 사망에 대비한 규정들은 권리가 제한된 살인자에게 확대적용될 수 있다 — 그러나, 수익자 또는 대체취득자가 소멸중단조항의 적용범위 내에 있는 경우라면, 동 조항이 적용되어야 하는가? 소멸중단조항을 '이론적인 사망(theoretical deaths[12])'에 확대적용하는 것은 해당인이 유증 등을 받지 못하는 사람을 "통과하여(through, 없는 것으로 보고)" 취득하도록 허용하게 되지만, 소멸중단조항의 적용을 거부하는 것은, 부모의 잘못을 그 자녀들에게 씌우는 것이며, "혈연에 의한 오염(corruption of the blood)"이라는 시대착오적인 개념을 부활시키는 것이다.

살인자의 행위의 결과로서 다른 사람이 이익을 얻도록 허용되어야 하는가? 만일 살인자가 상속인과 결혼하였거나 살해행위의 "잘못(wrong)"으로부터 "이익을 얻을(benefit)" 다른 사람이 있는 경우, 그들이 취득하는 것 역시 금지되어야 하는가? 보통은 살인자만 상속이 금지된다.

익자에게 수익을 넘겨주어야 하는 관계가 된다.

12 전후 문맥에 비추어, 살인자가 사망한 것으로 보고 처리된다는 점을 의미하는 것으로 이해된다.

b. 살인유형

형법수업은 살인행위를 그 중대성에 따라, 정당화될 수 있는 살인과 과실에 의한 우발적인 경우부터 여러 등급의 고살(故殺, manslaughter)과 모살(謀殺, murder)까지 여러 유형으로 나누어 가르치고 있다. 명백하게도, 살인이 더 중대한 유형일수록(소위 "자비에 의한 살인(mercy killing)"과 같은 동정을 받을 만한 점이 더 적을수록), 법원 또는 법령은 살인자가 취득할 권리를 거부할 것이다. 법령이 어느 정도 이상의 고살 또는 모살을 요구하거나, 특정 입증책임을 요구할 경우, 법원이 법령의 목적을 해석에 의하여 축소하는 것은 어렵다. 예를 들어 어떤 법령들은 형사절차에서 요구하는 수준의 입증(형사상의 책임을 인정하는 것과 일치되는 정도의 것)을 요구하고, 그리하여 형사법원의 결정을 민사법정에서 결정적인 것이 되게 하는 짐에 있이 서로 모순되기도 한다.

c. 재산유형

대부분의 법령과 판결들이 부동산과 동산 사이, 그리고 유언이 있는 경우와 없는 경우를 동일하게 다루고 있으나, 많은 법령 및 판결들은 그 적용을 유언검인절차에 회부된 유산 이외의 유언대용수단에까지는 확대하지 않는다. 생명보험이 있는 경우에는 다른 가능성이 있다: 수익자가 피보험자(insured)를 살해한 경우, 보험회사의 지급의무 면제. 이것은 손해보험(casualty insurance, 재해보험)의 영역에서 적용되는 원칙을 생명보험의 영역에 가져온다: 방화범이 그의 건물과 관련하여 화재보험금을 받지 못하는데, 왜 살인자가 그의 희생자에 관련된 생명보험금을 받을 수 있어야 하는가? 그러나 보통은, 보험회사는 수익금(proceeds)을 지급하도록 요구되는데,

이때 관련되는 문제는, 수익자가 그 수익을 취득하도록 허용되어야 하는가 그렇지 않다면, 누가 대체취득자인가 하는 점이다.

살인자에게 신탁과 관련된 모든 권리를 박탈하는 내용의 형평법상의 원칙을 적용하는 것은 쉬우나, 일반적으로 신탁에 있어서의 분배[13]에 관한 유형적으로 복잡한 계획에 따라 누가 대체취득자인가를 결정하는 것은 더 어려운 일이다. 신탁계약서(trust instrument)[14]가 평생연금수급자가 사망한 경우, "그 사망시 생존중이던(living at the time of the death)" 사람들 사이에서의 배분에 관하여 규정을 둔 경우, 누가 취득하여야 하는가? 마찬가지로, 살인자가 지명권의 실행에 관한 원칙적인 내용에서 취득자 중 한 사람이었다면, 그리고 그 권한을 가진 자를 그 살인자가 살해하였기 때문에 그 살인자의 권리가 박탈된 경우, 누가 그의 몫을 취득하게 되는가?

유언대용방법 중 가장 어려운 것 그리고 실무상 가장 흔히 발생하는 경우는, 한 합유자[15]가 다른 합유자를 살해한 때의 부동산합유자 상황이다. 살인자가 그의 몫을 확장하는 것을 허락받지 못한다 하더라도, 그 살인 때문에 살인자가 그 "스스로의(own)" 재산(변호사보수를 제외한다)을 박탈당하지는 않는다는 문제에 봉착하게 된다. 각 합유자가 다른 합유자의 생존자에의 권리귀속권(the right of survivorship)에 따르면서 전체 재산을 소유한다는 커먼로{상식

---

13 원문은 'distribution of a trust'이다. 즉, '신탁재산의 분배'가 아니라 '신탁에 있어서의 분배'이다.

14 본문에서는 '신탁계약서'라고 번역하였으나, 경우에 따라 '신탁증서'일 수도 있고 그 법률적 성격이 계약서는 아닌 신탁관련문서일 수도 있다.

15 'joint tenancy'를 '합유'로, 아래에서 보는 'tenancy in common'을 '공유'로 번역하기로 함. 田中英夫編集代表, 英米法辞典, 東京大学出版部(1991), 478면, 843면에 의함. 이것이 우리나라의 합유 및 공유개념과 일치하는지 의문이 없지 않으나, 아래의 설명에 따르면 유사한 것으로 이해된다.

(common sense)이 아니다상의 개념 때문에, 위 두 원칙은 충돌하게 된다. 만일 합유자가 다른 합유자를 살해하고 살인자가 희생자의 몫을 취득할 수 없다고 결정되는 경우 가능한 법률관계는 다음과 같다.

• 살인자가 합유관계를 종결시킨 것처럼 보고 공유관계를 창설한다.

• 재산에 대한 살인자의 모든 권리를 박탈하고, 그렇게 함으로써 몰수라는 큰 문제를 불러일으킨다.

• 살인자와 희생자의 다른 대체취득자, 예를 들어 희생자의 상속인 사이에서 합유관계를 존속시킨다.

• 생애부동산권(life estate)(또는 그 절반)을 제외한, 살인자의 모든 권리를 박탈하고 나서, 의제적으로 부활시키는 것(having constructive resurrection).

• 의제적 부활에 의제적 매매를 추가하고, 금전으로 표시된 생애부동산권의 가치를 제외한 살인자의 모든 권리를 박탈하는 것.

• 살인자가 원래 그 형성에 기여하지 않았던 합유에 관한 모든 권리를 박탈하는 것. 상속세분야로부터 도입된 이 접근방법은 보통 희생자가 절반 이상을 기여하였을 경우 적용된다.

합유자 살해와 관련된 까다로운 문제들을 해결하기 위해 적용될 수 있는 여러 다른 의제들(fictions)이 있다. 이러한 의제 중 많은 것들은 의제신탁이라는 의제를 사용하는 것과 관계된다.

통일유언법 § 2-803조는, 이해관계에 있어 앞선 자, 피보험자, 합유자 등을 "중범죄에 해당되는 방식으로 그리고 고의로" 살해한 자의 상속에 관한 권리에 대해 포괄적인 접근방법을 시도하지만, 1974년 연방 피고용인퇴직수입보장법(the federal Employee Retirement Income Security Act of 1974, ERISA)에 의한 선매권(preemption) 때문에, [자격 있는 피고용인 계획(qualified employee plans[16])]은 주법에 따르지 않는다는 점을 인정한다.

C. 유언자의 행위: 유언을 하겠다는 계약

유언을 하겠다는 계약은 한 당사자가 다른 당사자에게 재산을 유증하겠다는 약속이며, 그러한 약속은 수익자로 의도된 자에 의한 약속과 행위를 약인(cosideraiton)으로 하여 이루어진다. 유언을 하겠다는 계약은 적당한 사건에서 형평법원에 의하여 실현된다. 보통은, 이러한 실행은 의제신탁이라는 수단을 통해 이루어진다. 유언을 하겠다는 계약이 존재하는 두 가지 유형의 상황은 다음과 같다:

예 #1: T가 F를 T의 집으로 들어와 살게 하면서, 집과 T의 유산 중 잔여분의 절반을 F에게 유증하겠다는 T의 약속과 교환으로 T의 남은 생애 동안 T를 돌보게 하였다.

예 #2: H와 W는 이제는 이미 끝난 이전 결혼으로 둘 다 각각 자녀가 있는 상황에서 결혼하였다. 그들은 약속하기를, 어느 일방이 죽으면 다른 한쪽이 그 일생 동안 재산의 전부를 갖되, 그들 중 더 오래 산 사람이 죽은 뒤 남은 것은 각각의 자녀에게 1/2씩 나누어지도록 합의하였다.

이 계약이 양 당사자에 의해 완전히 이행된다면, 남은 어려운

---

16 'http://en.Wikipedia.org/wiki/Succession_planning'을 참고하면, 'Family Business Succession Planning' 부분에, 'Succession planning accelerates the transition of qualified employees from individual contributors to managers and leaders'이라는 설명이 나온다. 상속이 이루어질 때, 피고용인 중 특정 대상에 관한 고용계약의 이전에 관한 사항으로 이해된다.

점은 예 #1에서 받게 되는 것에 관한 세금처리의 문제와 유산에 대한 채권자에 반대되는, 수익자의 상대적 우선권이다. 보통은, 채권자들은 무상으로 이득을 얻는 유언수익자보다 우선하여 충족을 받게 되지만, 예 #1에서는 F는 채권자이기도 하다. F가 계약을 실행할 수 없는 경우에도, F는 소멸시효기간 내에 이루어진 F의 서비스 가치 상당금액만큼을 여전히 주장할 수 있다.

사기방지법(the Statute of Fraud)의 특별조항이 부동산(또는 부동산과 동산 모두) 유증계약에 대해 적용될 수 있다. 종종 계약의 다른 당사자에 의한 완전한 이행과 같은 예외가 있을 수 있다. 이에 더하여, (형식요건을 결여하였거나 철회 등을 원인으로 하여) 유언으로서 효력이 없는 문서는, 계약이나 그 조항에 대한 서증으로 유효할 수 있다. 통일유언법 § 2-514조를 보라.

유언을 한 당사자에 의한 이행은 불완전하다. 만일 예 #1에서 T가 약속상대방인 F를 위한 조항을 둔 유언장을 작성하였으나, T가 그 유언장을 철회하였다면, 형평법원은, T의 상속인에 대한 의제신탁에 의하여 계약을 실행시키도록, "선의와 공정한 거래에 대한 묵시적 합의(implied covenant of good faith[17] and fair dealing)"를 적용하도록 요청받을 수 있다. 상속인들은 그들의 잘못으로 인하여 제재되는 것이 아님에 유의하라; 법원은 부당이득을 허용하지 않는다. 마찬가지로, 예 #2에서, H가 그의 모든 재산을 W에게 남기고 사망하였다면, 법원은 W가 그 재산을 그녀의 필요한 생활비 조달을 위하여 사용할 권한이 있음에도 불구하고, 그 재산을 처분

---

17 이 번역서에서는 'good faith'를 '선의', 'bad faith'를 '악의'로 번역하나, 이는 선악(善惡)의 문제가 아니라 단순히 지실(知悉)하였음을 의미하는 우리나라 법에서의 '선의' 및 '악의'와는 다른 의미이다. 이하에서는 이들을 각 '선의', '악의'로 번역하되 각 원문의 단어를 표시하여 두었다.

하는 것을 금할 것이다. 그리하여 W는 (원본사용을 허가받지 못한) 법적인 생애부동산권을 가진 자와 같게 되지만, W는 "재량신탁(discretionary trust)"(이 경우에는 그녀의 남편의 생활을 유지하기 위하여 필요한 범위 내에서 원본을 소비할 수 있다)의 수익권을 갖게 된다.

예 #2에서, 양쪽 당사자가 같은 문서에 서명하는 "합동유언장(Joint Will)"[18] 형식이 사용될 수도 있다. 이러한 형식은, 계약이 의도되었음을 보여준다. 계약이 존재하는 것으로 밝혀지면, 유연성이 사라지는 대신, 처분의 명확성이 확보된다. 계약의 충족을 위하여 사용될 수 있는(또는 계약임을 보여주지 않는) 다른 형식은, 경상(鏡像)[19]조항을 둔 "상호유언장(Reciprocal Wills)"[20]이다. 따라서 예 #2에서, H의 유언은 W의 생애중에는 W가 권리를 갖도록 W에게 주고(아마도 개입이나 지명할 권한도 함께일 것이다), 나머지의 절반을 H의 자손에게, 절반은 W의 자손에게 주는 것을 내용으로 한다. 반대로 W의 유언은 H를 위하여 비슷한 조항과 H와 W의 자손들 사이의 동일한 처분에 관한 조항을 두게된다. 두 건의 상호유언장이 있다고 하여 그 자체로 계약이 존재한 점을 입증하는 것은 아니지만, 계약의 존재와는 부합하는 점이다. 계약은 작성된 유언장과 별개로도 존재할 수 있다. 그래서 H와 W의 유언장은 생존자에게 완

---

18 하나의 문서에 2명이 각각 유언을 하고 연명하여 서명한 것. 일본에서는 무효이나, 미국에서는 유효하며, 철회도 공동으로 하여야 한다. 田中英夫編集代表, 英米法辞典, 東京大学出版部(1991), 479면.

19 경상원칙(鏡像原則, mirror image rule)이란, 계약의 성립을 위해서는 청약에 담긴 조건과 승낙에 담긴 조건이 거울에 비친 상(像)과 같이 완전히 합치되어야 한다는 원칙을 말한다. 田中英夫編集代表, 英米法辞典, 東京大学出版部(1991), 559면.

20 田中英夫編集代表, 英米法辞典, 東京大学出版部(1991), 701면에서는 '호혜적 유언(서){互惠的遺言(書)}'라고 하고 있다. 복수의 자가 각각 앞서 사망한 경우에 상대방에게 이익을 주는 것을 내용으로 하는 유언작성을 서로 한 유언장을 의미한다.

전소유권(fee simple)[21]을 주는데, 이때 수익자가 먼저 사망한 경우에 대비한 잔여권(remainder)에 관한 규정을 둘 수도 있고, 두지 않을 수도 있다. 생존자에게 완전소유권을 부여하고자 하는(또는 계약과 어울리지 않는 처분을 하는) 유언장이 있는 경우, 계약은 제대로 입증되기만 하면, 의제신탁에 의하여 실행된다.

D. 유언자와 수익자의 공동행위

1. 강제적인 불항쟁조항

불항쟁조항{no-contest("in terrorem") clause}[22]은, 유언에 관한 분쟁에 참여하는 유언수익자들로부터 그렇지 않았더라면 그들이 받았을 몫을 박탈함으로써 그들을 제재한다. (효과적인 것이 되기에는 지나치게 간단한) 매우 간단한 불항쟁조항은 다음과 같다: "수익자가 이 유언장에 관해 다투면, 그는 이 유언장에 의해서는 아무것도 받지 못한다."

불항쟁조항은 조건부유증의 한 유형이다. — 수익자가 유언자의 유언에 대한 분쟁을 야기하는 것을 참아야 한다는 — 조건은, 엄격히 해석되더라도 일반적으로 "적법(lawful)"한 것으로 취급된다. 불항쟁조항은 "상속권박탈(disinheritance)"조항과 보통 같이 존재하

---

21 영미법에서의 물권, 소유권개념은 우리의 그것과 정확하게 일치하지 않는 면이 있는데, 그렇다 하더라도 '완전소유권'은 완전한 권리로 우리나라의 소유권과 가장 가까운 개념으로 이해된다.

22 no-contest clause, 유언 중에 기재되는 사항의 하나로서, 그 유언을 다투는 소송을 일으키지 않을 것을 조건으로 특정의 동산 또는 부동산을 유증하는 조항. 田中英夫編集代表, 英米法辞典, 東京大学出版部(1991), 587면. 같은 곳에서는 이를 '항쟁조항'이라고 번역하고 있으나, 이 책에서는 원어의 뜻을 살려 '불항쟁조항'이라고 번역한다.

게 되기는 하지만, 상속권박탈조항("나는 의도적으로 내 상속인들에 대한 조항은 두지 않는다"라고 규정함으로써, 유언누락 및 유언후 배우자 조항을 피하려고 하는 시도)과 구별된다.

불항쟁조항은 보통 많은 이유로 인하여 효력이 없게 된다.

• 많은 재산이 상속절차집행대상재산(probate estate)에서 제외된다. 이 조항은 상속절차집행대상재산에 대한 권리만 박탈할 뿐, 합유나 생명보험 등과 같은 유언대용수단에 대하여는 그러하지 아니하다.

• 유언에 대한 문제제기 모두가 유언장에 대한 분쟁이 되는 것은 아니다. 예를 들어 유언누락과 유언후 배우자라는 주장과 배우자의 유류분은, 그것들이 유언의 효력을 제한한다 하더라도, 유언에 대한 분쟁에 들어가지 않는다. 마찬가지로, 유언해석 또는 이 장에서 설명된 이유에 의하여 수익자의 몫을 박탈해달라는 신청은 유언의 유언으로서의(*as a will*) 효력에 대한 "분쟁(contests)"이 아니다. 유언에 대한 분쟁은 도구로서의 유언, 즉 유언의 외부적 유효성에 대해 문제를 제기하는 공식적인 절차이다. 그렇지 않으면 유효하였을 유언장의 조항이 특정 이유 때문에 무효가 되는, 내부적인 유효성의 문제도 있다. 유언장 및 그 유효성에 대한 특별한 문제제기는 금지되어야(proscribed) 한다.

• 불항쟁조항은, 그것이 몰수의 성질을 갖고 있으므로 엄격히 해석되는 경향이 있다. 수익자의 특정 행위는 유언자가 사용한 용어의 범위 내에 포함되어야 한다. 이러한 엄격해석의 경향은 불항쟁조항을 더 길고 더 복잡하게 만들었다.

• 불항쟁조항은, 항쟁하지 않았더라면 수익자가 받았을 유산의 일부를 박탈하는 효과만 있다. 따라서 상속권을 박탈당한 자녀가

항쟁하지 않을 경우 그에게 이익이 되는 실체적인 조항을 유언에 두지 않는 한, 불항쟁조항만으로 그 자녀가 항쟁하지 않도록 막을 수는 없을 것이다.

- 특히 상속인의 상속권을 박탈하려는 시도가 있는 경우, 유증을 딴 데로 돌리기(divert) 위해서는 보통 대체적 취득자에 대한 효력 있는 유증이 필요하다. '나는 나의 상속인들에게 아무것도 주지 않습니다'라는 규정을 제외하고는 재산을 처분하는 규정을 두지 않은 유언장은 모든 재산을 상속인에게 준다. 통일유언법 § 2-101조 (b)항은 소극적 유언(negative will)을 허용하는 점에서 특별하다.
- 유언에 대한 성공적인 문제제기는 유언과 그 속에 포함된 불항쟁조항을 무효화시킨다. 따라서 유언에 대한 분쟁 중 성공하지 못한 경우에만 제재를 당하게 된다.
- 명확한 불항쟁조항에 명백히 해당되는 성공하지 못한 유언에 대한 분쟁은, 그 분쟁이 선의에 의하여 이루어진 것이라면, 몇몇 지역에서는 불항쟁조항이 강제되지 못한다. 법원이 법률적 문제제기에 쉽게 문을 닫지 못하는 것과 몰수를 꺼려하는 점이 결합되어, 유언의 유효성에 의문을 제기하는 선의를 정당화시킨다.

2. 조건부유증, 형평법상의 의무와 선택권

a. 조건부유증

유언 전체 또는 유언 내의 특정 유증에 관해 합법적인 조건이 부과될 수 있다. 많은 경우, 조건부유증은 바람직하다; 다른 경우, 과거의 사자(死者)의 손이 부적절하게 영향력을 행사한다(obscene gesture).

예 #1: T의 유언장이 다음과 같이 규정하였다: "만일 나의 친구 X가 나보다 더 오래 생존한다면, 나는 그에게 1,000달러를 준다." 유효하며 통상적인 경우이다.

예 #2: T의 유언장이 다음과 같이 규정하였다: "만일 나의 친구 X가 내 아내를 살해하면, 나는 그에게 1,000달러를 준다." 무효.

예 #3: T의 유언장이 다음과 같이 규정하였다: "나의 큰 아들이 그의 자동차를 작은 아들에게 준다면, 나는 내 자동차를 큰 아들에게 준다." 유효하며 합리적이다. 유언자는 이 경우 선택권을 부여하였고, 그가 소유하고 있지 않은 재산의 처분을 시도한 점에 유의하라. 선택이 유언자가 처분할 권한이 있는 것, 예를 들어 합유재산과 같은 것으로 믿은 재산과 관련이 되는 경우는 더욱 어려워진다.

예 #4: T의 유언장이 다음과 같이 규정하였다: "내 아들이 결혼하지 않으면, 나는 그에게 1,000달러를 준다." 전통적으로 장래 행위에 대한 이러한 유형의 제한("내 사망시점에서 그가 미혼상태라면"이라는 경우와 대조해보라)은, 그 아들이 사제(priest)일지라도, 무효한 것으로 선언되어 왔다.

예 #5: T의 유언장이 다음과 같이 규정하였다: "내 딸이 이혼하거나 미망인이 되면, 나는 내 딸에게 매년 연금으로 12만 달러를 준다." 이러한 유증의 유효성은 동기에 따라 결정된다. 이는 이혼이나 살인을 유인하는 (무효인) 노력이었는가, 아니면 수입이 있는 남편이 없게 되는 경우 딸을 위한 조치를 해두려는 (유효한) 희망이었는가?

많은 조건부유증은, 예를 들어 동물에 대한 유증, 기념건조물에 관련된 것 또는 돈이나 집을 태우기 위한 경우 등에 수익자가 있는가가 문제되는 상황과 비슷하다. 동일한 잠재적인 유증을 조건부유증으로 표현하는 것도 가능하다: "만일 X가 … 하면, 나는 X에게 준다"가 동물을 위한 것일 수도 있고, 기념건조물을 만드는 것이거나 다른 돈이나 건물을 태우는 것일 수 있다. 법원은, 각 형식에 따라 이러한 유증을 받아들임에 있어 서로 다른 태도를 보여주지만, 대부분의 경우에 조건부 형식이 더 낫다.

b. 형평법상 의무

위 예 #3과 같은 유증들은 유언자가 소유하고 있지 아니한 재산을 처분하려고 시도하거나, 특별한 성질을 가진 이익을 만들어내려고 시도하는 것이다.

> 예 #6: T는, "그의 아들이 그의 딸에게 평생 동안 매월 500달러를 지급하는 경우," 그의 농장인 블랙에이커를 그의 아들에게 주기로 하였다. T가 창설하려고 시도하는 연금은 신탁이 아니다. 형평법원은 농장에 "형평법상 의무"를 부과함으로써 그 연금을 실행한다. 형평법상 의무는 그 아들이 농장을 팔거나 농징을 이용하여 금~~융융통~~을 하지 못하게 함으로써 농장에 대한 권리를 약화시킨다.

형평법상 의무는, 형평법원이 유언자의 계획을 실행되도록 하는 것이 옳다고 결정한 경우에 발생한다. 그러한 의무를 부과할 것인가에 대한 분석은 그 의무의 내용과 존속기간, 그에 대한 이유들과 대체물 및 그것이 야기시키는 다른 난점들(대상물에 대한 권리를 약화시키는 것)을 포함하여 매우 많은 요소들을 고려하여야 한다.

c. 선 택 권

수익자에게 주어지며, 형평법에 의한 원칙보다는 법에 의한(legal[23]) 원칙에 의하여 강제되는 좀 더 공식적인 제도(formal choi-

23 여기서의 'legal'은 커먼로의 법리나 제정법 등 형평법리를 제외한 다른 모

ce)가 선택권(election)이다. 배우자의 유류분(forced share of a spouse)은 법에 의하여 설정된 선택권이다. 선택권은, 합유자가 아닌 다른 사람에게 합유에 의하여 보유하고 있는 재산을 처분하려는 시도를 포함하여, 위 예 #3에서와 같이, 유언자가 아닌 다른 사람의 재산을 처분하려고 시도하는 조건부유증과도 관련된다. 합유자가 유언에 의한 유증을 취득하기 위해서는, 유언에 따라 합유에 의하여 보유한 재산을 주어야 하는가? 선택권이 있는 상황에서는, 수익자가 거부할 수 있는 제안이 있는 것이지만, 그 제안의 거부는 대부분의 경우 유언에 따른 다른 모든 권리의 상실을 의미하기도 한다. 개인적인 대표자로 일할 수 있는 "권리" 또한 상실하는가 및 그 효력이 없는 유증에 관해 누가 대체적 취득자가 되는가 하는 중요하지 않은 문제도 있다.

3. 재산화해계약

통일유언법 § 2-804조와 몇몇 주에서는, 이혼을 하면 법의 정함에 따라 유언이 철회되게 된다고 규정하고 있다. 이 원칙은 일반적인 것은 아니다. 다른 지역에서는 재산화해계약(property settlement agreement)은 책임면제재산(exempt property)이나 가족생활비에 대한 권리와 개인적 대표자로 일할 수 있는 권리를 포함하여, 유언에 따라(또는 유언에 반하여) 또는 비유언상속에 의하여 취득할 권리를 포기하도록 한다. 이것은 포기원칙(disclaimer doctrine)에서 파생된 것에 지나지 않으나, 계약의 요소를 갖고 있기도 하다.

일반적으로, 재산화해계약은 엄격하게 해석되며, 그리하여 각

든 법령이나 법리를 의미하는 것으로 이해된다.

개인의 권리의 포기(waiver)가 포함되어야 한다. 재산화해계약[24]은 사망 이전에 이혼이 확정되지 않은 경우, 효력이 없게 된다. 만일 그것이 최종적인 것이고 효력이 있게 되면, 그 계약조항은 포기와 같이 집행가능한 것이 된다.

4. 생전증여와 이행에 의한 철회

만일 유언을 남기지 않은 피상속인이 상속인이 받을 몫을 그 피상속인의 생존중에 추정직접상속인(heir-apparent)에게 줌으로써 그 상속인의 몫을 "생전증여한(advances)" 경우, "생전증여(advancement)" 원칙은 상속인이 받는 부분에 관련된 조정을 필요하게 만든다(이 원칙은 상속인이 한 명인 경우에 적용되지 않음은 당연하다; 이 원칙은 공동상속인 사이에서 몫을 공평하게 하려는 원칙이다). 이러한 조정을 위해, 피상속인의 생존중에 이루어진 증여액을 비유언상속에 따른 상속재산에 합산함으로써, 분배되어야 할 유산을 계산하고, 나아가 생전증여를 받은 상속인에게, 그가 비유언상속에 의하여 받아야 할 총 금액에 달할 때까지의 증여가액만큼을 반환하도록 한다. 상속인이 그 초과액까지 반환하도록 요구되는 것은 아닌데, 왜냐하면 그렇게 하면 생존중에 증여를 한 유언자의 의도를 무효로 만들게 되기 때문이다.

생전증여(그리고 이행에 의한 철회) 개념은, 상속인이나 유언수익자의 궁극적인 몫과는 다르게 생전증여를 하고자 하는 유언자의 의도를 실행시키고자 하는 것이다. 많은 지역에서는 그 의도를 입증하기 위한 증거로 문서와 같은 더 많은 양의 증거를 요구하는데,

---

24 이 부분 원문은 'property settlement'인데 'property settlement agreement'와 동일한 의미로 이해된다.

왜냐하면 잘못 이해될 가능성이 있기 때문이다. 통일유언법 § 2-109와 § 2-609조를 보라.

몇몇 지역에서는 극단적으로 반대 입장을 취하면서, 아동에 대해 큰 재산을 증여하는 것은 생전증여라고 본다. 두 입장의 중간에는, 자손에 대해 큰 재산을 증여하였다 하여 이를 생전증여로 보는 추정도 하지 않고, 생전증여와 관련하여 유언자의 의도를 입증하기 위하여 서면을 요구하지도 않는 지역이 있다.

'소멸에 의한 철회(ademption by extiction)'와의 혼동을 피하기 위하여 때때로 간략히 "이행(satisfaction)"이라고 불리우는 '이행에 의한 철회(ademption by satisfaction)'는 생전증여와 비슷한 개념이다. 이는 유언과 관련된 유추이다: 유언장을 작성하고 나서 유언자가 동일한 재산(또는 동일한 금액의 금원)을 생전에 증여한 경우이다. 법원은 이행에 의한 철회와 관련된 구분을 하는 많은 판시를 내려왔으며, 이 원칙이 부동산·잔여재산 증여 또는 일응의 액에 대한 이행(pro tanto[25] satisfactions)에 적용되는가, 나아가 유언자의 직계비속에게 그 금액이 지급된 시기에 대한 추정이 가능한가 등의 쟁점에 대해 다양한 결론을 내려왔다. 일반적으로 대부분의 법원은, 이 원칙을 잔여재산취득자에게 적용했다; 만일 생존중의 증여가 유일한 잔여재산취득자에게 주어졌다면, 이 원칙은 큰 의미가 없게 된다. 유증의 일부에 관해서도 이행에 의한 철회가 가능하지만, 일응의 액에 대한 이행과 같지 않은 종류의 이행의 경우에는, 그것이 이행으로 의도된 것인가 하는 의문이 제기된다.

---

25 사전적인 의미는 '그 한도의', '그 정도까지' 임. 일부 지급, 특히 공용수용의 경우, 보상액에 관한 분쟁이 있을 때, 정부가 일단 일부 금액을 지급하고, 나중에 정당한 액이 결정되면 그 차액을 지급하겠다고 하는 경우 사용되는 용어이다. 田中英夫編集代表, 英米法辞典, 東京大学出版部(1991), 677면.

예: T의 유효한 유언장은, 현재 10만 달러의 가치가 있는 블랙에이커를 그의 아들인 S에게 유증하였고, 나머지를 친구인 F에게 유증하였다. 그리고 나서 T는 S에게 현금 5만 달러를 주었다. 이 경우 이행에 의한 철회가 있었는가?

의도에 대한 추가의 입증이 없는 경우, 다른 액수와 다른 유형의 재산은 생전증여를 의도한 것이 아님을 의미하게 된다. 대부분의 법원은 이행에 의한 철회 법리는 부동산에 대해서는 적용되지 않는다고 판시한다. 물론, 정확히 해당 재산이 수익자에게 주어진다면, 소멸에 의한 철회가 이루어진 것이 되고, 해당 유증(bequest)은 무효가 된다. 반면, 몇몇 법원은 부모가 자식에게 중요한 증여를 한 경우 생전증여 또는 이행에 의한 철회가 있었다고 추정한다.

시점(時點, timing)과 관련된 두 가지 문제가 생전증여와 관련된다: 통상 증여는 {추급(tracing)을 피하기 위하여 편의상} 그 증여가 이루어진 때를 기준으로 하여 가치가 평가되고, 유산은 피상속인 사망시를 기준으로 하여 평가된다. 생전증여(또는 잔존재산)의 가치는 증가할 수도 감소할 수도 있다. 그리하여 위 예에서, 블랙에이커의 가치가 5만 달러로 줄어들 수도 있고, 아들에게 준 현금 5만 달러도 늘 수도 있고 줄어들 수도 있다.[26] 다른 시점 문제는, 이행에 의한 철회라는 문제가 일어나려면, 유언이 증여보다 앞서야 한다는 점이다. 그래서 위 예에서, 만일 T가, S에 대한 증여후에 그의 유언장에 관한 유언보충서를 작성하였다면, 그 유언보충서는 유언장을 "재구성"하게 되어 소멸에 의한 철회의 원칙이 적용될 수 없

---

26 이미 지급된 현금의 명목가치가 늘거나 줄 수는 없는 것이므로, 이미 교부된 현금의 다른 재산에 대한 상대적인 비율이 달라지는 것(다른 재산 자체나 그 가치가 증감될 수 있다)과 같은 현상을 지칭하는 것으로 이해된다.

게 만든다.

추정적인(putative) 생전증여나 이행에 의한 철회가 되는 이행을 받은 사람이 증여자보다 이전에 사망한 상황에서는 추정직접상속인이 그 지위를 취득하지 못하였으므로, 상속인에 대한 "생전증여"가 있을 수 없음은 명백하다. 상속인과 추정직접상속인이 매우 밀접한 관련이 있는 경우라도, 추정직접상속인인 다른 사람에 대한 생전증여와 관련하여 상속인에게 반환의무를 부과하는 것은 극히 드물다. 생전증여를 받은 상속인이 유증을 포기하거나 이해관계의 순서에 있어 그보다 앞선 사람(predecessor in interest)을 살해한 경우 등이 관련된 어려운 문제에 속한다.

가족들 사이에서는 때때로, 증여자가 일반적인 증여를 의도하였는지 아니면 생전증여나 대여를 의도하였는지 확정하기 어렵다. 이를 먼저 확정하여야만 어떤 원칙이 적용될 것인지를 예측할 수 있다.

5. 상계(보류권)

유언수익자가 유언자에게 채무가 있는 경우, 대부분의 지역은 개인적인 유언자의 개인적인 대표자(personal representative[27])가 유증액에 관하여 그 채무액을 "상계(set-off)"하도록 허용한다. 채무액이 확정되어 있고(liquidated) 유증내용이 대체될 수 있는 것일 경우, 이 원칙이 더 잘 적용될 수 있다. 신체적인 상해로 인한 청구권과 지적재산권 로열티와 블랙에이커의 유증 사이의 상계는, 최소한 법원이 각 가치액을 결정할 때까지는 허용되지 않을 것이다.

---

27 이를 '인격대표자'라고 표현할 수도 있을 것이다.

이 원칙의 적용이 어려운 영역은, 유언수익자가 (사망, 포기 또는 살인 등으로 인하여) 유증을 받지 못하게 된 경우, 채무변제가 (소멸시효나 수익자의 파산 등으로 인하여) 저지되는 경우이다. 이 두 가지 쟁점에 대한 처리는 지역에 따라 다르다.

• 수익자의 파산이나 소멸시효로 인하여 유언수익자에게 법적으로 구속력이 있는 채무가 없는 경우에는, 몇몇 법원은 채무액만큼 유증액을 낮춘다. 이러한 조처는 종종 "공정(fairness)"이라는 일반원칙에 의하여 방어된다.

• 원래의 수익자에 갈음하여 소멸중단조항에 의하여 대체취득자가 있는 경우, 원래의 수익자의 채무와 유증 사이의 상계가 되어야 하는가? 이론적으로는, 대체취득자는 원래의 수익자가 "받았을(would have taken)" 몫을 받는다. 이 접근방법의 문제는 한 사람(원래의 수익자)의 채무를 다른 사람(대체취득자)에게 청구한다는 점이다.

CHAPTER 6

Wills and Trusts

유증목적물의 변경

A. 물적 재산에 대한 유증과 인적 재산에 대한 유증의 유형(TYPES OF BEQUESTS AND DEVISES)[1]

이 장의 모든 문제는 취득자가 여럿 있는 경우, 그들 사이에서의 유언자 재산분배를 다룬다. 기본적인 원칙은, 유언자의 의도가 가장 중요하다는 점이다. 이 접근방법에 의할 경우, 먼저 유언자의 특별한 의도를 찾게 된다; 그리고 그 의도를 알 수 없는 경

---

1 원래 'devise'는 물적 재산(real property)에 대한 유증, 'bequest'는 인적 재산(personal property, 동산에 무체재산권을 합한 개념인데, 통상은 동산으로 번역해도 무리가 없음)에 대한 유증을 의미하는데, 미국에서도 이제는 위 두 단어를 구분하지 않고 쓰기도 하고, 유언장에 bequest라고 써야 할 곳에 devise라고 써도 효력에 상관이 없는 것으로 보고 있다고 한다. 이 책에서도 이 부분 이전에는 이를 구분하지 않고 사용하여 왔다. 즉, 이 부분 이전에도 위 두 단어가 많이 사용되었으나, 둘 중 하나를 예로 든 것이지, 이를 구분하여 엄밀히 사용한 것이 아니었다. 이러한 점은 이 부분 이후에도 마찬가지이다. 따라서 위 두 단어는 이 부분과 같이 구분하여야 할 경우에만 구분하고, 그 외에는 번역으로는 구분하지 않고 '유증'이라고만 한다.

우 반대의도가 없는 경우, 어떤 원칙을 적용하여야 하는가를 정하는 것이다.

일반적인 접근방법은 각 물적 재산유증 및 인적 재산유증의 특성을 파악하여 여러 범주 중 하나로 구분하는 것이다 — 그 범주란, 특정, 지시적, 일반, 연금 그리고 잔여(specific, demonstrative, general, annuity and residual)이다. 이러한 접근방법의 기술(技術)은 유증[2]을 그 표현(wording)대로 분류하고, 그 분류에 따라 다양한 원칙의 결과가 자연스럽게 적용되게(inexorably flow) 하는 것이다. 일반적으로 이 접근방법이 취해지고 있거나 최소한 말로는 대부분 이 접근방법을 따른다. 대체적인 접근방법은 관련된 기능(실효, 부합 등)에 초점을 맞추고, 그 기능의 목적에 따라 유증이 특정의 것인가 일반적인 것인가를 결정하는 것이다. 때때로, 법원이 이러한 특성 접근방법이나 기능접근방법을 이용할 것인지를 말하기는 어렵다.

인적 재산유증과 물적 재산유증의 다양한 범주에 대한 수용할 만한 정의는 다음과 같다:

1. 특정 인적 재산유증 또는 물적 재산유증

특별하며 특정이 되는 대상물에 관한 인적 재산유증 또는 물적 재산유증은 "특정(specific)" 유증이다. 특정을 가장 엄격하게 해석하면, (대체가능성에 반대되는) 고유성(uniqueness)이라는 성질도 강조된다. 부동산은, 각 부분이 고유의 것이라는 개념 및 유언은 사후에 취득한 부동산에 대해서는 적용되지 않는다(not pass)는, 지금

---

2 여기의 원문은 'bequest'인데, 이 표현이 'devise'를 배제한 것으로 보이지는 않으므로, 이를 '인적 재산유증'으로 번역하기보다는 그냥 '유증'이라고 번역한다.

은 폐기된 조항의 영향으로, "특정"의 것으로 간주되는 전통이 있다. "나의 사망시 내가 갖는 모든 부동산"에 대한 물적 재산유증은, 유언자가 내내 1개 부동산만을 소유하고 있었다 하더라도, 아마도 특정적인 것이라기보다는 일반적 또는 잔여에 대한 것으로 분류될 것이다.

특정유형의 인적 재산유증과 다른 유형의 그것을 구분하는 기준은, 법원이 그러한 분류로부터 나오는 특정 원칙을 적용하거나 적용을 배제하고자 함에 따라 많은 경우 애매해졌다. 예를 들어 특정 인적 재산유증은 실효(abatement)와 책임면제(exoneration)와 관련되어서는 유리하게 해석되나(favored), 유증철회(ademption)와 관련하여서는 불이익을 입게 되며, 부합(accretion)원칙과 관련하여서는 그 유증의 크기가 늘 수(또는 줄어들 수) 있다.

또한 "특정"이라는 단어의 사용과 관련하여서는 혼동(confusion)과 불완전함(sloppiness)이 있다. 예를 들어 어떤 사람이 금액을 5,000달러로 특정할 수 있으나, 비록 "특정되었다" 하더라도, 자금(funds)이란 대체가능한 것이기 때문에, 그 금액은 기술적으로는 "특정"된 것이 아니다. 반면, 호치키스 할아버지의 유화나 블랙에이커에 대한 인적 재산유증 또는 물적 재산유증은 특정적인 것이다. 재산의 고유성은, 만일 유언자의 사망시 그의 재산 내에 그것이 존재하지 않는다면(또는 다른 방식으로 표현한다면, 법은 유언자가 특정물건을 주기를 원했지 단순히 그 물건의 가치를 주고자 했던 것은 아니라고 추론한다), 그 (환산)가치가 그에 대한 충분한 대체물이 될 수 없음을 의미한다.

2. 지시적 인적 재산유증

지시적 인적 재산유증(demonstrative bequest, 지시적 물적 재산유증은 매우 드물다)은 두 부분의 유증으로 특징지어진다: 유언자가 일정 금원을 유증하였으나, 아울러 그 돈의 출처도 밝혔다. 만일 그 출처가 존재하고 충분하다면 문제는 없다. 그러나 만일 그 출처가 존재하지 않거나 충분하지 않다면, 그 인적 재산유증은 특정 인적 재산유증과 구분될 수 있는가 하는 의문이 제기된다.

존재하지 않는 대상물에 대한 특정 인적 재산유증은 유증철회를 유발하지만, 보통 지시적 인적 재산유증은 그것이 지급되어야 하는 돈이나 재산에서 그것을 지급하지 못하게 되었다고 하여 무효가 되지는 않는다. 그리하여, "퍼스트내셔널은행의 내 계좌에서 1만 달러"라고 하는 인적 재산유증은, 유언자의 사망시 그 계좌가 존재하지 않는다 하더라도, 보통은 지급가능한 유산(solvent estate)에서 1만 달러를 받게 한다: 반면, "퍼스트내셔널은행의 내 계좌"라고 하는 인적 재산유증은, 그러한 계좌가 존재하지 않는 경우 무효가 된다.

세 번째 가능성은, 인적 재산유증이 해석을 요하는 경우이다: 즉, 유언자가 예금증(certificate of deposit)은 갖고 있으나, 계좌(savings account)는 갖고 있지 않은 경우와 같은 경우이다. 유언자가 "계좌"라고 말함으로써, "잔고증명서"를 의미하였다고 할 수 있는가?

3. 일반 인적 재산유증과 물적 재산유증

일반 인적 재산유증과 물적 재산유증은 유증에 관한 분류 중 가장 포괄적인 유형이다.[3] 유증이 특정, 지시적 또는 잔여에 대한 것이 아니면, "일반"이다. 몇몇 지역에서는 연금과 같은 다른 유형의 인적 재산유증과 물적 재산유증 유형으로 분리하기도 하지만, 기능상의 차이는 없다.

일반유증("모든 다른 유형의 유증")과 잔여유증("모든 다른 재산")에 관하여 발생할 수 있는 혼동을 피하려면, 야구에서 투수와 공 사이의 관계를 생각해보라. 유증은 투수이므로, 일반유증은 다른 유형의 유증에 맞지 않는 유형에 대한 분류이다. 유산에 속하는 재산은 공이며, 행위의 대상이다. 그러므로, 다른 유증(특정, 지시적 또는 일반)행위의 대상이 되지 못하는 대상물은 잔여재산처분조항(residuary clause)에 의하여 규율된다.

때때로, 일반유증과 잔여유증의 구분은 중요하지 않다; 즉, "내 전재산"을 유증하면 일반유증이지만, 잔여유증("내 유산 중 남은 것")과 동일한 효과가 있다.

일반 인적 재산유증 또는 물적 재산유증은 (특정에 반대되는) 일반재산에서 비롯되며, 인적유증이나 물적유증이 되는 특정재산의 존재에 의존하지 않는다.

예: 유언자가 유언장에 의해 "ATT사의 주식 100주"를 A에게 인적 재산유증을 하고, "미네소타 워싱턴카운티의 농장 160에이커"를 B에게 물적 재산유증을 하였다. 유언자의 상속재산에 의해 이를 지불할 능력이 있더라도 상속재산에 위 주식 및 부동산이 포함되어 있는 것은 아니다.

---

3 원문은, 'General bequests and devises is the catch-all classification of bequests'이다. 이 문장의 마지막 단어 'beqeusts'가 원래의 beqeust와 devise를 포괄하는 의미로 쓰여졌음을 알 수 있다.

위 예에서의 인적 재산유증과 물적 재산유증이 "특정"의 것으로 해석된다면(interpreted), 유증철회(the doctrine of ademption)의 원칙이 적용된다. 그러나, 인적 재산유증이 "일반"유증으로 해석된다면(construed[4]), 그러한 유증에 의하여, 유언집행자(executor)로 하여금 유산을 이용하여 그 재산을 구입하도록 지시하는 것으로 해석된다. 금전유증의 대부분은, 만일 그것들이 지시적인 것이 아니라면 "일반금전유증(general pecuniary legacies)"으로 분류됨이 옳다. 일정 주식의 인적 재산유증은 특정이라기보다는 일반유증으로 취급되는 것이 일반적이다; 이는 유증철회와 같은 다른 기능의 효과를 피하고자 하는 희망의 결과로 보인다.

4. 잔여 인적 재산유증과 물적 재산유증

잔여 인적 재산유증 또는 물적 재산유증(residual bequest or devise)은 모든 채무, 관리비용, 조세와 다른 유증을 변제하고 나서 유산에 남은 모든 재산을 준다. 비록 최후의 것이기는 하지만, 유산의 중요한 부분인 경우가 많다.

잔여재산취득자는 회사의 보통주의 주주와 같다: 유산(또는 회사)의 크기와 순가치가 증가함에 따라, 잔여재산취득자(또는 보통주의 주주)에게 이익이 주어진다; 역으로, 유산(또는 회사)의 크기와 순가치가 줄어들면, 잔여재산취득자(또는 보통주의 주주)의 몫은 줄어든다.

어떤 이유(소멸, 포기 등)로든 무효가 되는 유증은 유언자가 지

4 바로 앞의 'interpret' 및 여기서의 'construe' 둘 다 '해석'으로 번역하였으나, 어감상 'interpret'은 원래의 뜻대로 해석한다는 의미가 더 강하고, 'construe'는 원래의 의미에 추가 또는 부가적인 해석을 덧붙여 그 의미를 확정한다는 의미가 있는 것으로 이해된다. 그러나 여타의 문헌들을 보면 위 두 단어가 반드시 그와 같은 차이를 두고 사용된다고 하기는 어려울 듯하다.

시한 대로 처리된다. 그러한 조항이 없는 경우, 법령, 즉 소멸중단조항에 의하여 규정된 바에 따른다. 법령 또는 유언조항이 달리 요구하지 않는 경우, 무효가 된 유증(대상재산)은 잔여유산에 포함된다.

무효가 된 증여가 잔여 인적 재산유증의 일부인 경우, 대다수의 주(州)에서는 유언자가 유언에서 달리 정하지 않은 한, 잔여재산 중 무효가 된 부분은(다른 잔여재산취득자에게 주는 것이 아니라) 비유언상속에 의하여 처리하도록 하고 있다. 남은 주들 중 더 많은 주에서는, 판결이나 통일유언법 § 2-604조와 비슷한 법규정에 의하여, "잔여의 잔여(residue of a residue)"를 허용하는데, 그리하여 남은 잔여재산취득자가 (소멸중단 상황을 제외하고) 잔여유증재산을 나누어 갖는다. [유증의 성질 및 기능분석표]에서 보듯이, 기능을 구별하는 기준은 일반적으로 "특정"과 특정이 아닌 것 또는 "잔여" 및 잔여가 아닌 것의 사이에 있다.

[유증의 성질 및 기능분석표(CHARACTERIZAITON AND FUNCTIONAL ANALYSIS OF BEQUESTS)]

기능/유증	특 정	일반, 연금 및 지시적	잔 여
실효, 지급:			
— 채무, 관리비용	최 종	잔여재산 이용	최 초
— 다른 유증:	면 제	다른 유증을 위해서는 사용되지 아니함	사 용
(연방상속세는 때때로 법규정에 의하여 검인된다)			
부 합	취 득	불취득	취 득
유증철회	적 용	부적용	
책임면제	적 용	책임이 면제되지 않으나, 면제되도록 적용될 수는 있다.	

B. 실 효

유산이 유언자의 처분계획에 맞출 만큼 충분하지 않은 경우 그리고 배우자, 유언에서 누락된 자손, 과세관청 또는 채권자가 유언수익자보다 우선하여 변제를 받기 때문에, 실효(abatement)가 문제된다. 이 장에 관련되는 모든 경우에, 유산은 관리비용, 조세 및 채무의 지급후에도 변제가능(solvent)하여야 한다.

유산이 지급불능상태(insolvent)라면, 수익자들이 다툼을 벌일 대상이 없는 것이 된다. 수익자가 1인인 경우, 수익자가 다른 수익자와 싸울 일은 없고, 배우자, 유언에서 누락된 자손, 과세관청 또는 채권자와 다투게 된다.

유언자 또는 법령에 의하여 달리 규정되어 있지 않는 한, 유산의 잔여(또는 비유언상속의 대상이 되는 부분) 부분은 유산에 대한 다양한 채권을 변제하는 데 제일 먼저 사용하게 되며, 그에 따라 다른 유증들은 그 액수에 비례하여 감소하게 되는데, 그 내용을 감축시키면 그 본질적인 내용이 파괴되는 몇몇(반드시 전부는 아니고) 특정유증에 대한 의무는 면제되게 된다.[5]

예: T는 유언에 의하여 1,000달러의 가치가 있는 예로우(Yarrow) 할아버지의 유화를 A에게, 4,000달러 현금을 B에게 그리고 나머지를 C에게 유증하였다. 그림을 포함하여 유산의 총 가치는 1만 달러이다; 그리고 6,000달러 상당의 비용, 세금 및 채무가 있다. 누가 얼마만큼을 받게 되는가?

---

5 이 부분 원문은 'except that some (but not necessary all) specific bequests may be spared the imposition of the burden if to do so would destroy their values'이다.

위 예에서, C에 대한 잔여유증된 부분은, 먼저 관리비용 및 채무를 변제하기 위해 사용된다. 연방상속세가 있는 경우, 법령은 각 유증액에 따라 "공평하게 할당될 것(equitably prorated)"을 요구한다. 그러한 할당이 없다고 가정한다면, 남은 비용 및 채무 1,000달러는 A와 B 사이에 어떻게 부담하여야 하는가?

다른 한편, 많은 법원은 불가분성(indivisibility)을 이유로 하여 특정유증을 면제시킨다. 1,000달러의 동일한 가치를 갖는다는 것은 우연한 사정이다(coincidental)[6]; 유언자가 넘겨주고자 했던 것은 당해 물건 그 자체이며, 관리비용 및 채무의 일부를 부담시키는 것은 유언자가 이전해주고자 하였던 바로 그 물건을 매도하도록 강제할 수도 있다. 위 예에서 B는 3,000달러를 받고, C는 아무것도 받지 못하며, A는 그림을 받게 되어 가치에 감소됨이 없다.

또 다른 한편, 몇몇 법원은 비례적으로 실효시킨다는 원칙을 적용한다(또는 만일 A가 현금유증, 즉 2,000달러의 수익자이기도 하다면, 그러한 비례에 따른 조치는 적절할 것이다). 그리하여 실효에 있어서는 특정유증이 가장 유리하게 되고, 잔여유증이 가장 불리하다. 실효의 주된 원리는 특정 대상물의 파괴를 피하고, 잔여재산을 사용하며(즉, 유언검인절차의 대상이 되는 상속재산 부분은 유언에 의해 처분되

---

6 T의 재산은 총 1만 달러이므로, 유화 1,000달러, 현금 4,000달러 외에도 5,000달러의 재산이 더 있는 것이 된다. 그런데 그중 6,000달러는 채무변제나 세금납부 용도로 사용되어야 하므로, 이들을 제외하고 남은 재산은 4,000달러인데, T가 A와 B에게 유증한 것의 총 가치는 5,000달러이므로, 남은 재산을 초과하는 1,000달러는 누군가 어떤 형식으로든 부담하여야 한다. 이 1,000달러와 유화의 가치 1,000달러가 일치하는 것은 우연한 사정이라는 의미로 이해된다.

한편, 윗부분에서 'C에 대한 잔여유증된 부분은, 먼저 관리비용 및 채무를 변제하기 위해 사용된다'라고 표현되고 있기는 하나, 이는 관리비용과 채무 및 잔여재산유증의 관계를 설명하는 것일 뿐, 일반적인 유증이 피상속인에 일반채권 또는 조세채권에 우선한다는 의미로 이해되지는 않는다.

는 것이 아니다), 추가적인 실효가 필요한 경우에는 나머지 유증 간에 가액에 비례하여 감축하는 것이다.

C. 부 합

부합(accretion)이란, 유언장 작성시와 유언자 사망시 사이에 유증된 대상물이 증가하는 것을 말한다. 이 용어는 여기서는 증가뿐 아니라 축소의 가능성도 포함하는 의미로 사용된다. 사망일과 유산이 분배되는 일자 사이에도 증가가 있을 수 있다. 이러한 후자의 경우, 그러한 변화내용은 특정유증의 증가(또는 축소)에 반영되며, 유언자나 법령이 달리 규정하고 있지 않는 한, 잔여유증도 그 추가된 만큼 증가되게 된다.

증가는 다양한 형태로 이루어질 수 있다. 인플레이션 때문에 통상 예금액은 축소되지 않는다. 그래서 2008년에 사망한 피상속인이 1980년에 10만 달러를 유증하였다면, 1980년 당시의 구매력 기준이 아니라, 2008년(또는 분배가 언제 이루어지든 그때) 구매력을 기준으로 하여 10만 달러를 받게 된다. 마찬가지로, 별도의 수입에 의한 증가 역시 고려되지 않는다.

예: T는 1989년 유언장에 의해 A, B 및 C 각 회사의 주식 100주를 수익자에게 유증하였다. 유언장 작성일과 T의 사망일 사이에 각 회사는 동일한 수입을 올렸으나, 서로 다르게 처리하였다. A회사는 1,000달러를 배당하였다; B회사는 1994년에 주식으로 10%를 배당하였고, C회사는 (배당을 하지 않고) 가치증가만 있었다.

특정유증은 그 증가를 그대로 갖고 가는 것이어서, 10%의 주식배당은 B주식에 관한 특정유증에 보태진다. 유언자가 소유하고 있던 주식수와 유증된 숫자가 일치되더라도, 그 유증이 특정한 것으로 취급될 것인지는 명확하지 않다. 그러나 여기서 우리는 유증(cf. 유증철회)을 파괴하기보다는 그 유증에 유리한 내용의 원칙을 적용하게 되며, 유증을 "특정"의 것으로 해석할 가능성이 더 높다.

일반유증이 보통은, B회사의 경우와 같이 별개이며 다시 투자되는 수입에는 미치지 않는다 하더라도, C회사 주식의 유증은 가치증가를 흡수한다. 가치의 증가나 감소는 무시되는 경향이 있다. 2 : 1 주식분할이 있게 되면, 일반유증보다는 특정유증에서 200주를 유증하는 것으로 되기가 더 쉽다; 그러한 경우에는 유증이 "특정"의 것으로 해석되기 더 쉽다. 배당금 중 "자본이득에 의한 부분(capital gains portion)"을 재투자하는 옵션을 갖는 뮤츄얼펀드는 이러한 점들과 관련하여 특별한 문제를 발생시킨다.

유언자가 자본이득분을 재투자하도록 선택함으로써 그의 유언계획을 다양화할 수 있는가(그리고 새로운 수익을 처분할 또 다른 자격을 얻을 수 있는가)? 일반적으로는, 그렇다. 부합의 법리는, 특정유증에게(또는 특정유증으로부터) 주어지지 아니한 부분을 잔여재산에(또는 잔여재산으로부터) 포함되게 함으로써, 특정유증된 대상물(그러나 반드시 그 가치나 수입 또는 구매력을 말하는 것은 아니다)을 건드리지 않고 그대로 두는 것이다. 증가가 관련되는 한, 특정유증과 잔여유증은 다른 유증의 희생하에 유리하게 된다.

D. 소멸에 의한 유증철회

유증철회(ademption)는 특정유증의 대상이 변경되거나 유언자의 사망시 그의 재산이 아닌 경우에 발생한다. 좀 더 고상하나 덜 이해되는 정의는 다음과 같다: “유언자의 사망시(at his death on account) 유언자의 재산에 인적 재산유증이나 물적 재산유증이 된 물건이 법적으로 또는 물리적으로 존재하지 않는다거나, 유언장 작성 뒤의 처분, 파괴, 상실이나 중요한 변화로 인하여 인적 재산유증 또는 물적 재산유증을 유언자의 유언대로 집행하는 것에 실패하는 것.”

대부분의 주는 아직도, 18세기 후반 영국법원에서 선언된 “규정된 대로(in specie)”라는 유증철회 원칙을 따르고 있는 듯하다: 만일 대상물이 규정된 대로(즉, 특정된 방법대로) 존재하지 않는다면, 유언자의 의도와 상관없이 유증은 무효가 된다. 아마도 더 우수한 견해이며 위와 같은 원칙에 따르지 않는 주 중 많은 주(large minority)가 취하고 있는 입장은, 유언자의 의도에 따른다는 것이다. 이러한 견해에 따를 경우, 언제 유언철회가 일어나게 되는가에 대해 일련의 문제가 생긴다.

• 해당 유증이 특정의 것인가? 해당 유증을 지시적인 것 또는 일반 유형의 것으로 해석하면 유증철회 문제를 피할 수 있게 되지만, 그와 같이 해석된 유증에 대한 실효와 부합과 같은 다른 기능에 대한 효과 때문에, 그 여파가 지나치게 커지게 된다.

• 중요한 변화가 있었는가? 형식과 가치의 면에서의 사소한 변화는 유증철회를 피하기 위하여 중요하지 않은 것으로 취급된다.

• 해당 대상물의 변화에도 불구하고 추급가능하고(traceable) 동일성이 인정되는 상태로(identifiable) 유증되었는가? 추급은 신탁재산[7]에 대한 추급과 유사하기는 하지만 이와 달리 형평법적 특성(flavor)을 갖지는 않는다.

• 유언자의 의도가 지배하는가? 여기서 위에서 언급된 원칙의 분할(split)이 검토되어야 한다. 만일 유언자의 의도가 지배한다면, 다음과 같은 쟁점이 문제된다:

• 이 특별한 유언자의 의도는 무엇이었는가?

• 어느 시기의 의사가 의미를 갖는가? 때때로 최소한 두 시점 — 유언장 작성시와 변화가 일어난 때 — 이 있고, 유언보충서 작성시 추가의 변경이 있었던 때 또는 사망시와 같은 다른 가능한 시점이 있다. 오로지 유언장으로부터만 위 의도를 판별해내야 하는가 아니면 주변 사정들로부터 판별할 수도 있는가? 이러한 문제는 어떠한 증거가 인정되거나 인정되어야만 하는가 하는 문제로 연결된다.

유증철회의 문제를 검토함에 있어, 유증된 재산의 유형(동산, 약속어음, 담보, 자동차 등)과 관련된 변화의 유형을 고려하는 것이

---

7 원문은 'trust res'이다. 그 외에도 영미의 신탁문헌 및 이 책에서 신탁재산을 의미하는 용어로 'trust property', 'trust asset' 그리고 'trust corpus'라는 단어도 많이 쓰인다. 어떤 신탁문헌에서는 'trust res'라는 단어는 사용하지 않고, 뒤의 것 두 개만 사용하기도 한다(번역자가 보기에는 'trust res'나 'trust corpus'를 쓰는 문헌이 더 적은 듯하다). 'trust property'와 'trust asset'의 의미상의 차이는 없는 듯하나, 보통 법률적으로 명확한 의미를 갖고 설명을 할 때는 'trust property'를 많이 사용하고, 그 외에 일반적으로 '재산'이라는 의미를 가질 때는 'trust asset'가 많이 사용되는 듯하나, 엄밀히 구분되어 사용된다고 하기는 어렵다. 위와 같은 점 때문에 특히 'trust asset'은 '신탁재산'보다는 '신탁자산'이라고 번역하는 것이 더 자연스러운 경우도 있으나, 이하 위 세 용어 모두를 번역상으로는 구분하지 않고, '신탁재산'이라고만 한다.

때때로 유익하다. 예를 들어 부동산의 수용은 수증 목적물에 대한 변화가 전혀 자발적인 것이 아니었음을 보여준다. 채권, 저당권 그리고 다른 담보들의 전환이나 청산은 유언자가 깊숙이 개입하지 않아도 일어날 수 있다. 부동산은, 그 부동산상의 담보를 발행자가 채무불이행상태에 빠진 약속어음을 위한 담보로 별도로 놓아둔 상태에서 매각될 수 있다. 강제경매(foreclosure)와 관련하여, 매수인 또는 매도인의 유증에 대한 영향은 어떤 것인가?

회사주식에 대한 가능한 많은 변화는 부합과 관련하여 언급된 쟁점들 외에 또 다른 쟁점들을 문제되게 한다: 주식의 상환(Stock redemptions), 옵션과 권리들(현금의 추가가 요구된다), 분할과 주식 및 현금배당 등 모든 것이 다루어져야 한다.

예: T의 유효한 유언장은 다음과 같은 인적 재산유증을 규정하였으며, 유언장이 작성된 뒤 설명된 변화가 일어났다.

A. "A에게, 나의 핑크색 스포드 도자기, 34점"(30점만 발견되었다; 다른 도자기에 대한 정보는 없다).

B. "B에게, '솔리튜드'라는 이름이 붙은 유화"(T는 2년 전에 그 그림을 B에게 주었다).

C. "C에게, 나의 존 핸콕사 생명보험증서"(보험회사는 보험증서에서 지명된 수익자 K에게 보험금을 지급하였다).

D. "D에게, 나의 머큐리 스테이션 웨건 자동차"(유언장이 작성되기 2년전, T는 머큐리에 추가하여 14,000달러를 주고 닷지 세단 승용차와 교환하였다).

E. "E에게, 나의 콜벳 스포츠카"(T는 교통사고에서 사망하였고, 그 사고에서 콜벳이 파괴되었다; 자동차보험회사는 총 손해에 관해 T의 유언집행자에게 27,000달러를 지급하였다).

F. "F에게, 나의 AT&T주식"(유언장이 작성될 때는 100주를 소유하고

있었는데, 2 : 1로 분할되었고, T가 500달러를 지급하여 추가로 10주를 취득할 수 있는 "워런트"를 갖게 되었다. T는 AT&T주식 210주를 가진 상태에서 사망하였다).

G. "G에게, IBM주식 100주"(T는 유언장이 작성될 때 100주를 소유하고 있었으나, 2년전 그것들을 팔고, 제록스사의 주식 200주를 매입하였다).

H. "H에게, 스미스 10만 달러짜리 약속어음"(저당권 담보가 있는 그 어음은, 유언장이 작성될 당시 95,000달러가 미지급된 상태였다. 매월 2,000달러씩 지급되어 원금 2만 달러가 줄었고, 이자 3만 달러가 지급되었으며, 사망시 미지급금액은 7만 5천 달러이다).

I. "I에게, 블랙에이커"{유언장이 작성될 당시, 블랙에이커는 담보 등이 없는 상태로 깨끗하게(free and clear) 소유되고 있었다. T는 그 재산에 저당권을 설정하였으며 그로 인하여 조달된 재원에 75만 달러를 추가하여 블랙에이커에 작은 아파트를 지었다}.

J. "J에게, 내 유산 중 남은 것"(J는 남은 것을 얻는다).

각 수익자는 무엇을 받게 되는가?

한 문제가 동일한 쟁점의 둘 또는 그 이상의 변형된 문제와 관련되는 것도 드물지 않다. 가장 효율적인 접근방법은 유사한 측면들을 통합하고, 이를 유사하지 않은 것들과 구분하는 것이다.

유증철회는 각 유증에서 쟁점이 되는가? 아마도 IBM주식 100주(G)는 일반유증에 해당되는데, 이는 유언집행자에게, 그렇지 않았더라면 잔여재산으로 남았을 재산에 의해 IBM주 100주를 매입하라는 지시를 하는 것으로 취급될 것이다.

T의 생존중에 수익자에게 주어진 유화의 경우(B)는 소멸보다는 이행에 의한 유증철회가 된다. 유언에 의한 유증은, 그림의 가치를 이미 그 그림을 소유하고 있는 사람에게 이전시키는 데에 비효율적

인 것이 될 것이고 또한 비효율적일 수밖에 없다.

생명보험증서는 상속절차집행대상재산(probate estate)의 일부가 아니다; 유언은 아마도 (보험)수익자를 변경하는 효과를 갖지 못할 것이며, 추급될 만한 수익도 없다. 그래서 모든 지역에서 C의 유증은 철회되는 것으로 처리된다.

잔여유증을 제외한 모든 유증에서 변화가 있었고, 그래서 유산의 구성물은 유언장이 작성될 당시 T가 소유하고 있던 구성물과 동일한 것이 아니다. "규정된 대로(in specie)" 법리를 가장 엄격하게 적용하면, 모든 유증이 철회되는 것이 되고 말 것이며, AT&T주식(F)과 블랙에이커(J)와 같이 가치가 증가한 경우에조차도 그러할 것인데, 왜냐하면 그것들은 처분되었거나, 파괴되었거나, 상실되었거나, 중대하게 변화되었기 때문이다.

도자기(A), AT&T주식(F), 약속어음(H)과 같이 변화가 작은 경우, 유증철회의 법리가 적용될 가능성은 더 적다. 맨 나중의 것의 경우, 변화는 해당 재산에서는 늘 있는 것이다. 콜벳(E) 형태의 변화와 관련하여서는 애매한 점이 있다. 만일 파손 이전에 사망이 있었다면, 유증철회는 문제되지 않는다. 오히려 유언집행자가 자격을 갖춘 때부터 보험을 들어야(insure) 하는 유언집행자의 의무와 그 의무의 소급적용이 문제이다. 사망전에 파손이 일어나는 것이 보통일 것이다. 동시사망과 유증된 대상물의 파괴에 대해서는 논의된 것이 별로 없다.

도자기(A)의 경우, (발견되지 않은) 4점에 관해서는 유증이 철회되지만, 그 남은 도자기셋트가 유언장에서 설명된 것과 딱 맞지 않는다고 하여 나머지 30점에 관하여 유증이 철회되지는 않을 것이다. 4점에 대한 변화는 중대한 것이지만, 나머지 30점에 대해서는 그렇지 않다.

IBM주식(G)이 특정유증으로 해석된다면, 제록스주식으로의 전환은 단순한 "형태의 변화(change in form)"에 지나지 않는 것으로 취급될 수 있는가? 머큐리 웨건(D)과 블랙에이커(I)의 경우, 추가로 재원이 투자되었는지에 관한 사실관계가 명백하지 않다. 재원과 관련하여 다른 재산에 대해 추급될 수 있고, 혼합되지 않은 경우(undiluted), 유증철회를 인정하지 않는 것이 더 쉽다. 재원의 혼합(commingling of funds)은 추급을 불가능하게 하는 경향이 있다. 콜벳(E)의 비자발적 전환은 유증된 대상물에 대한 유증철회를 불러일으키지 않는 중대한 변화에 관한 가장 중요한 예이다.

특히 저당권에 관하여 "권원이전설(title theory)"[8]을 취하고 있는 주에서, 블랙에이커(I)에 대한 더 공식적인 접근방법은 특별히 물적 재산유증이 된 부동산에 관련한 저당권이 설정되면 유증철회가 된 것으로 간주하는 것이다. 이러한 구성은, 특히 수익이 그 재산에 재투자되는 경우, 비합리적으로 보인다.

약속어음(H)은 많은 유증철회 문제를 유형화한다: 어음 그 자체는 구매력과 미지급 잔고의 면에서 감소되지만, 이러한 변화는 중요한 것이 아니다. 월별 지급액은 설령 추급될 수 있다 하더라도 유증철회된 것으로 처리될 것이며, 적어도 원본액에 비례해서라도 그렇게 될 것이다.[9] 사망전에 지급된 이자는, 연체된 미지급 이자

8 양도저당의 설정에 의하여 양도저당권자가 저당물에 대한 legal title을 취득하는 것으로 하는 법률구성. 田中英夫編集代表, 英米法辞典, 東京大学出版部(1991), 854면 참고. 여기서의 legal title은 커먼로상의 권원을 의미하는 것으로, 커먼로상의 권리자와 형평법상의 권리자가 분리되는 경우임을 시사하는 내용이다.

9 원문은, 'The monthly payments, even if traced, are probably adeemed, even as to the principal portion'인데, 유언자가 어음에 관해 유증을 하고

전체가 그 어음과 담보권과 함께 움직이게 되더라도(pass with), 유언수익자에게는 거의 주어지지 않는다. 추가금액이 미리 지급되고, 새 부채나 오래된 부채에 관하여 새로운 어음이 교부되었다면, 스테이션 웨건(D), AT&T주식(F) 그리고 블랙에이커(I)의 상황에서 발견되는 부합문제도 관련되게 된다.

AT&T주식(F)에 대한 유증에 의해, 사망시 소유하고 있던 210주가 유증된다. 유증에 관해, "나의 AT&T주식 100주"라고 표현되어 있다면, 더 어려운 문제가 발생한다. 그 경우, 추급법리의 적용은 유언장의 표현들이 새로운 의미를 갖게 한다: G 사안에서 "IBM 주식 100주"가 "제록스주식 200주"가 되고, D에서 "머큐리 스테이션 웨건"이 "닷지 세단"이 되는 것처럼, "100"은 "210"이 된다. T가 스테이션 웨건(D) 사안에서 사용된 문언과는 다른 것을 의도하였는지 여부를 결정함에 있어 가장 어려운 케이스에서는 그가 추가적으로 자본을 투하하여 자발적으로 이를 변경시켰다.

당신이 해답에 만족하고 위에서 설명된 유증을 구별할 수 있을 때까지, 위 문제들을 검토할 것을 제안한다. 위 예에서 대상물 I(item I)를 검토하고, 특정 물적 재산유증이 된 부동산에 유언자가 사후에 저당권을 설정하였기 때문에 두 가지 다른 유언철회 문제가 발생함에 유의하라: 먼저, 저당권 때문에 유증된(devised) 재산에 대한 순가치만큼 유증이 철회되는가? 둘째, 채무의 액(value)은 부

나서, 그 어음에 관한 월별 변제액을 그 또는 수증자 아닌 다른 사람이 수령해온 경우, 수증자가 어음소지자의 자격에서 그 변제액에 대해 추급할 수 있다 하더라도, 유언법리상 해당 부분에 대해 유언철회가 이루어진 것으로 보게 될 것이며, 가령 변제액 전액에 관해 유언철회가 된 것으로 되지는 않더라도 원금액수에 대한 일정 비례액만큼에 대해서라도 철회된 것이 될 것이라는 의미로 이해된다. 다만 '원금액수에 대한 일정 비례액'이 무엇을 의미하는지 의문의 여지없이 명확하지는 않다.

분적 유증철회가 되는가, 즉 수증자는 해당 재산에 관하여 채무에 대한 책임면제(exonerated)를 부여받게 되는가?

E. 책임면제

동산이나 부동산에 의하여 담보된 채무는 상속재산 일반(general assets of the estate)에서 변제되어야 한다는 유언자의 명확한 지시는, 충분한 재산이 있는 한 준수되어야 한다. 유언자의도와 관련된 명확한 지시가 없는 경우 어떤 조항이 적용되어야 하는가? 커먼로에서는 부동산의 상속인이나 수증자는 그 토지에 관해 책임을 면제받게 되는데, 즉 그 자들에게 해당 부동산이 채무가 없는 상태로 깨끗하게 양도된다. 이 법리는 인적 재산(personality, 동산)에 대해서는 통일적으로 적용되지는 않았다. 아직 적용되는 경우, 이 법리는 일반적으로 커먼로에서 부동산에 대한 모든 유증은 원래 특정유증으로 간주됨에도 불구하고 부동산에 대한 특정 물적 재산유증에 한정되어 적용된다.

책임면제(exoneration) 법리는 그것이 적용될 경우(to commend it)가 별로 많지 않다. 이 법리는 유언계획을 왜곡시키며, 채권취득에 덜 의존적(이며 그것에 유리한)인 경제적인 면에 기초하며, 유동성의 부족, 유리한 이율의 상실 또는 청산배상금 등과 같은 문제를 추가로 일으킨다. 몇몇 지역에서는 판결에 의하여 이 법리를 폐기하였거나 제한하였다. 이 법리는 유언자가 저당권에 의하여 담보된 채무에 개인적으로 책임이 없는 경우에는 적용되지 않는다고 한다.

통일유언법 § 2-607조는, "특정 물적 재산유증은 사망일에 존재하는 저당이자의 적용을 받고, 책임면제됨이 없이, 유언장에 기재된 채무변제에 관한 일반적인 지시와 상관없이 이루어진다"라고 규정한다.

유언자의 대표자는 유증된 재산에 의하여 담보된 채무의 일부 또는 전부를 청산하는 편이 유산에 더 유리하다고 판단할 수 있다; 즉, 물적 유증 또는 인적 유증이 된 재산에 의하여 담보된 약속어음에 대해 매월 지급을 계속하는 것이 현명할 수도 있다. 책임면제가 이루어지지 않는 경우, 수익자는 다른 수익자에게 상환함에 필요한 재원에 기여하여야 할 위치에 서게 된다. 책임면제가 이루어지면, 유산 내에서의 재원은 유언장에 의하여 처분되지 아니한 재산이 있는 경우에는 그 재산, 만일 그러한 재산이 존재하지 않는 경우이며 잔여유산이 있는 경우에는 그 잔여유산이다.

잔여유산이 없다면 일반유증이 책임면제를 위하여 이용될 수 있는가에 대해 의견이 엇갈린다. 특정 인적 재산유증과 물적 재산유증은 그 자체로서 책임이 면제되고, 다른 특정 인적 재산유증이나 물적 재산유증의 책임면제를 위하여 실효되지는 않는다.

해 석

유언조항의 해석은 손쉽게 설명할 수 있는 절차가 아니다. 각 경향 또는 기술과 관련하여, 반대되는 경향과 기술도 있는 듯하다. 어떤 경우에는, 장래권(future interests)의 엄격한 규정이 유언자가 특정 표현에 의하여 무엇을 의도하였는가를 결정한다. 다른 경우에는, 유형적으로 "애매함(ambiguity)"이 있는 경우, 표현이 완전히 새로운 의미를 갖는다.

유언에 관한 원칙의 적용이 표현에 대해 예측하지 못했던 의미를 부여할 수 있음을 상기하라: 소멸중단과 유증철회 원칙은, "나의 IBM주식 100주를 나의 형제에게 준다"는 유증이, "제록스주식 200주를 나의 조카딸에게 준다"라고 해석되게 한다.

해석과정의 성배(聖杯, Holy Grail)는 "유언자의 의도"이다. 그 의도를 밝혀내기 위해 다양한 기술이 사용되어 왔다. 대부분의 표현은 그 명확성의 정도가 다양하다. 몇몇 표현, 특히 "상속인(heir)"과 같은 "기술적인" 표현은, 유언자가 그것을 의도하지 아니하였다는 것이 명백하지 않는 한, 유언자가 의도한 것으로 생각되는 명확한 의미를 갖는다. (예를 들어 "내가 유언을 남기지 않고 사망한 경우 … 이 문서는 나의 유언장이 된다"로 시작하는 유언장) 문언에 대한 더 일반적인 법적 접근방법은 빈번하게 인용되는 홈즈 대법관의 다음과 같은 주장과 같다. "표현은 수정(crystal)이 아니며, 투명하지도 않고 불변의 것도 아니다. 그것은 살아있는 사고의 표피이며, 그것이 사용된 상황과 시대에 따라 색깔과 내용이 크게 달라질 수 있다." 이러한 접근방법 이외에는, 표현이 사용자가 의도하는 것이 무엇이든 그것을 의도한 것이라는, 순환론적이며 덜 도움이 되는 의미론적 접근방법이 있다.

해석원칙에 대한 예는 다음과 같다:

• 모든 유언문서는 가능하다면 모순되지 않게 해석되어야 한다. 그것들이 서로 부합되지 않는 경우, 나중의 것을 취한다.

• 유언장은, 부분적으로 또는 전부가 비유언상속 상태가 되는 것을 피하도록 해석되어야 하지만, 법원이 유언자를 위해 유언장을 작성하지는 않는다.

• 유언자에 의한 반대되는 의도가 나타나고 그것에 효력이 부여되는 경우를 제외하고, 표현은 일반적인 의미에 따라 해석되어야 하고, 기술적인 표현은 그에 따른 기술적인 의미가 부여되어야 한다.

이 분야에서의 검사기술로서, 인용부호의 존재 또는 직접 인용의 표시들이 어떤 해석이 추구될 수 있는가에 대한 자료를 제공한다. 해석에 관한 세 유형은 다음과 같다.

1. "소유물(belongings)," "채권(bonds)," "사업(business)," "현금(cash)," "내용(contents)," "주거(dwelling)," "기금(funds, 재원),"

"주택(household)," "돈(money)," "인적(personal)" 재산, 유산, 동산 또는 물건(effects or things), "소유(possessions)," 또는 "담보(securities)"의 유증(bequest)에 의해 어떤 것이 넘어가게 되는가?

2. "자녀(child)," "사촌(first cousin)," "수증자(devisee)," "가족(family)," "배우자(spouse)," "자손(off-springs)" 또는 "친족관계(relations)"와 같은 표현에 의해 누가 (권리를) 취득하게 되는가?

3. 특정조항의 효과는 무엇인가? 예를 들어 유언장의 다른 조항에서 특별히 배제된 사람을 포함한 특정 집단(class)에 대한 증여, 합하여 100이 되지 않는 백분율, 완전소유권(fee simple) 또는 생애권(life estate)이 수익자에게 주어지는지 여부, 묵시적 유증, 지급불능상태에서의 증여(gift over in default), "대학교육" 또는 "생활비"를 위한 유증 및 업무를 보지 않는 유언집행자에 대한 유증.

CHAPTER 8

Wills and Trusts

유언검인절차 관리

유언과 신탁에 대한 주제는 둘 다 두 부분으로 나눌 수 있다: 설정과 관리(creation and administration)가 그것이다. 그러나 주별(州別) 절차가 서로 너무 다른 탓에, 상세한 유언검인절차관리에 대해서는 실제 노력이 거의 기울여지지 않았다. 일관성이 있는 부분만에 관해서는, [*The Uniform Probate Code in a Nutshell*(넛셸 시리즈, 통일유언법 편)]을 참고하라.

피상속인의 유산에 대한 관리는, 몇몇 중요 단계(landmarks)를 통과하는 절차와 관련된다. 이 절차는, 법원에 대한 신청, 이해관계인들에 대한 통지와 청문절차(a hearing)에서 결과한 법원심리절차의 "공식적인(formal)" 이용이거나 또는 누군가 반대할 때까지의 "일반적인(common)"(비공식적인) 형식의 절차이다.

절차의 흐름이 통과하게 되는 중요 단계는 다음과 같은데, 각 단계는 통상 문서에 의하여 진행된다.

1. **증명서**(Letters). 유언자의 대표자 "증명서"는, 피상속인의 이

름이 유언자의 대표자와 연결되게 하는 증명서이다. 긴급상황 또는 "일방적으로(ex parte)" 취득될 수 있는 증명서(이해관계인을 위한 청문절차의 통지 없이 이루어지는 것)에 의한 절차가 없는 경우, 증명서 신청은 보통 개방된 절차(opening round)이다. 유언장에 대해 문제를 제기하고자 하는 사람들은 보통 짧은 기간 내에 행동을 취하여야 한다. 유언자의 대표자의 보증(bond, 보증금 또는 보증서)이 요구되는 경우, 그 보증을 제출하는 첫 번째 경우는, "자격부여(qualification)"와 유언에 관한 증명서 또는 관리증명서의 발부에 관한 경우이다.

2. **재산(파악) 및 평가**(Inventory and Appraisal). 피상속인의 재산은 유산에 대한 대표자 또는 조세결정절차와 관련된 공무원의 평가와 연결된다.

3. **채권자에 의한 청구**(Claims by Creditors). 피상속인의 사망에 의하여 적용이 시작될 수 있거나 실제로 시작되는 이례적으로 짧은 소멸시효규정은 각 채권자(담보부 채권자 등 다양한 예외가 있다)가, 공식 인쇄, 제출 또는 통지를 위한 특정 기간 내에 청구금액에 관한 공식적인 신고서를 제출하도록 요구한다. 때때로, 채권자는 절차를 준수하는 데 실패하였다는 이유로 채권의 행사가 금지될 수 있다.

4. **상속세**(Death Tax). 2007년 또는 2008년에 사망한 사람의 유산은 기본유산 200만 달러에 관한 세금이 면제된다. 2009년에는, 면제범위가 350만 달러로 늘어났다. 이러한 제한과 함께, 2005. 6. 22. 월스트리트저널지는 브루킹스 어번 연구소 조세정책센터(Brookings-Urban Institute Tax Policy Center)가 오직 4,500건의 상속에서만 상속세를 납부할 것으로 평가하고 있다고 보도하였다. 2010년에

대해서는, 의회는 상속세를 폐지하였고, 아무리 크더라도[1] 어떠한 유산도 이 세금을 낼 필요가 없게 되었다. 의회가 위 폐지를 영구화하는 추가적인 법률을 통과시키지 않으면, 2011년에는 처음 100만 달러(최초에는 675,000달러 그리고 몇몇 주에는 여전히 675,000달러)에 대해서는 상속세를 부과하지 않는 2000년에 설정된 과거의 제한수준으로 돌아간다. 예를 들어 2003년에는, 오직 20,600건의 상속세 보고서가 100만 달러를 초과하는 유산이라는 이유로 국세청(IRS)에 제출되었다.

연방상속세가 가장 큰 유산들에 대해서만 적용되는 코끼리함정[2]이라면, 주상속세는 문어와 같은 것이다 — 크고 작은 먹이에 관심을 갖고, 활발하게 피상속인의 재산에 손을 뻗어 달라붙는 것이다. 예를 들어 주상속세 절차는 안전금고(safe deposit box)에 대한 검사를 요구하고, 은행예금계좌와 담보의 양도를 요구하며, 부동산에 대한 지방상속세압류담보권(a local death tax lien)을 갖는데, 이러한 것들은 특정 재산이 양도되기 전에 이행되어야 한다.

5. **회계**(Accounting). 최초에 받은 유증대상물과 재산 및 그에 대한 평가결과를 보고한 유언자의 대표자는, 유산에 대한 관리기간 동안의 수령, 지급, 매매와 다른 변화(가치에 대한 변화를 제외한다)를 보고하고, 분배를 위하여 현재의 재산상태(balance on hand)를 보여준다.

6. **영수증 및 면제**(Receipts and Discharge). 수익자에 대하여 허용된 유산분배와 관련하여, 각 분배의 영수증이 징구되고 법원에

---

1 원문에는 'now matter how large'라고 되어 있으나, 여기서 'now'는 'no'의 오기인 것으로 이해된다.

2 'elephant trap'. 체스에서 사용되는 함정의 하나. 그러나 본문에서는 큰 것만 걸리는 함정이라는 의미로 쓰인 듯함.

제출되어야 한다. 유언자의 대표자는 전통적으로 그의 임무종료 및 추가의 책임으로부터 스스로가 면제되기를 추구한다.

CHAPTER 9

Wills and Trusts

신탁의 설정: 개설

A. 신탁과 유언의 비교

유언과 달리 신탁이라는 주제는 설정과 관리라는 비중이 동일한 주제로 나뉜다. 신탁의 설정 부분은 정의(定義)라는 관점에서 요약될 수 있다; 즉, 신탁의 요소(신탁재산, 수탁자, 위탁자, 수익자 및 신탁의사[1])가 주제가 된다. 계약의 요소인 청약, 승낙 및 약인(約因)과 마찬가지로, 신탁의 요소도 설정 부분의 개요 구실을 한다.

반면, 신탁의 관리 부분은, 불법행위에서의 과실에 관한 논의에서 사용된 것과 같은 기술에 의해 각각 접근할 수 있는 일련의 의무로 구성된다: 의무, 파기, 인과관계, 손해 및 항변과 같은 것이 바로 그것들이다.

---

1 '신탁의사'는 원문의 'trust intent'를 번역한 것이다. 이 책의 앞부분(유언 부분)에서는 'intent'와 'intention' 모두를 '(유언자의) 의도'로 번역해왔으나, 'trust intent'를 '신탁의도'로 번역하는 것은 어색하므로, '신탁의사'로 번역한다.

신탁의 많은 부분은 의도적으로 모호하다; 법원은 해당 주제가 계속 발전할 수 있도록 여지를 남겨두었다. 신탁법을 법제화하고 명확하게 하기 위한 노력의 결과가 리스테이트먼트(제3차 리스테이트먼트, 신탁)와 통일신탁법(Uniform Trust Code)이다. 유언이 주로 법령에 기초하여 규율됨에 반하여, 신탁은 판례법에 더 의존한다. 신탁은 형평법원의 아들이며, 그 흔적들을 보여주고 있다: 세부적인 원칙보다는 넓은 원칙이 더 강조되는 점, 경계선상에 있는 문제에 대해 넓은 범위의 불명확성이 있는 점, 그리고 모든 문제를 해결하기 위한 명확한 기준을 설정하기보다는 사안별로 판단하는 것들이 바로 그러한 점들이다. 몇몇 주에서 채택된 통일신탁법[2]은 신탁에 관련된 원칙에 대해 더 명확성을 부여하려고 시도한다.

유언이 유산 중 어느 부분이 누구에게 분배될 것인가에 초점을 맞추는 데에 반하여, 신탁은 분배를 하는 사람의 의무와 분배가 어

2 주지하다시피 미국은 연방국가로서 우리에 비해 법제가 매우 복잡하다. 게다가 신탁법은 주법(州法)으로 되어 있어 더욱 그러하다. 따라서 모든 주의 법을 검토하기는 어렵다. 신탁에 관해서는 통일적인 법률제정을 위한 노력으로 이루어진 제2차 신탁법 리스테이트먼트가 있고, 2000년에 성립한 통일신탁법(Uniform Trust Code, UTC)이 있다. UTC는 2008년 3월 현재 미국의 20개 주가 채택하였고, 3개 주가 입법에 반영하였다. 이와 같이 UTC 자체는 법이 아니고, 미국의 모든 주가 채택하고 있는 것은 아니지만, 현 단계에서는 미국의 현행 신탁법이라고 할 만하다. UTC에 대한 일문(日文) 해설서로, 大塚正民, 樋口範雄編著, 現代アメリカ信託法, 有信堂(2002) 참고. 이 일본문헌의 한역본으로, 大塚正民/樋口範雄 편저, 명순구/오영걸 역, 현대미국신탁법{세창출판사(2005)}이 있다.
'Restatement'에 대한 적절한 번역용어를 찾기 어려워, '리스테이트먼트'라고 한다. 즉, 'Restatement of the Law Second, Trusts'를 '제2차 리스테이트먼트, 신탁' 또는 '제2차 신탁법 리스테에트먼트'라고 번역하기로 한다. 제1차 신탁법 리스테이트먼트는 1935년에 성립되었는데, 1959년에 하바드대 교수인 Austin W. Scott가 보고자로서 작성한 제2차 신탁법 리스테이먼트가 성립되어 미국신탁법에 많은 영향을 주었다. 한편 제3차 신탁법 리스테이트먼트가 1990년에 성립되었으나, 수탁자의 의무에 관한 내용만 담고 있다. 제2차 리스테이트먼트는 성립된 후 이미 상당한 시간이 경과하였으나, 미국신탁법에 관한 한 아직도 중요한 논의대상이다.

떻게 되는가에 초점을 맞춘다.

B. "신탁"의 정의

신탁이란, 수탁자가 커먼로상의 권원(legal title)[3]을 부여받는 특정 재산에 관하여 의도적으로 설정된 신인관계(fiduciary relationship)인데, 소유로 인한 수익은 다른 사람, 즉 수익자가 받는다. 신탁관계는, 수익자의 수익을 위하여 수탁자에게 "신인적(信認的, fiduciary)" 의무를 부여한다. 이러한 신인적 의무는 관계의 근원(life-blood)이다.

신탁 개념의 핵심은 정의하고 인식하기 쉽다; 그 경계선은 매우 모호하다. 문제되는 영역은 다음과 같은 것들이 있다.

• 한 가지 또는 그 이상의 점에서 신탁과 유사한 다른 관계들이 있다 — 대리(agencies), 임치(bailments), 파트너십(partnerships),[4] 인격대표자(personal representative) 지위(유언집행자, 관리인, 후견인, 재산관리인, 위원회[5]), 제 3 자 수익자 계약(third-party beneficiary contracts), 양도(assignment), 저당(mortgages), 형평법상 담보(equitable charge)와 리언(lien). 이러한 관계와 신탁을 구별하는 것은 신탁의 일반적인 내용을 살펴보는 데 도움이 되지만, 신탁이 무엇인지 명확하게 정의하는 것은 아니다.

---

3 우리 법상 신탁재산의 소유권은 수탁자가 갖지만, 영미에서는 커먼로상의 권원은 수탁자가, 형평법상의 권원은 수익자가 갖는다. 따라서 'legal title'을 단순히 '소유권'이라고 번역하기 어려운 면이 있다. 이 점 때문에 단어 그대로 '커먼로상의 권원'이라 번역한다.

4 영미법의 'partnership'은 우리나라의 조합이나 합명회사 등을 포괄하는 개념이므로, 원어대로 '파트너십'으로 번역하였다.

5 이 부분 원문은, 'executor, administrator, guardian, conservator, committee'이다.

- 신탁 외에도 다른 신인적 관계가 있다. 대리(변호사 및 고객을 포함한다), 파트너십, 관리직(directorship), 인격대표자 지위와 파산관재인도 신인적 관계이다. 각 관계에 있어, 다양한 의무가 일방으로부터 다른 일방에게 부과된다. 의무의 원천은 종종 신탁법의 그것과 동일하다. 신탁 개념 중 많은 것들은 이러한 관계와 원래의 신탁 사이에서 경계선을 넘나든다.

- 용어가 통일적으로 합의되어 있지 아니하다. 이 책에서는 "신탁"은 좁은 의미로 사용되고, "신인적"이라는 용어가 신탁과 다른 신인관계(대리, 파트너십 등)를 포괄하는 더 넓고 총칭하는 용어이다. 많은 경우, "신탁"과 "신인관계"는, 좀 더 세부적이거나 좀 더 총괄적인 상황에서 상호 호환적으로 사용된다.

- 용어에 대한 합의가 이루어져 있는 경우에도, 종종 과도한 경우가 있다. 예를 들어 신탁이라는 용어는 의제신탁(constructive trust)이라는 용어에서도 사용되는데, 의제신탁은 자발적인 협약(agreement)이 아니다. 의제신탁은 신탁이라는 용어와 그 편리한 이론만을 사용하는 형평법상의 구제방법이다. 의제신탁은 이 책의 범위를 벗어난다.

- 신탁은, 입을 것(clothing)이라는 용어와 같이 넓은 범주를 포함한다. 어떤 신탁은 특별한 목적을 위하여 설계되나, 마치 신발이 발을 보호하기는 하지만, 적절하게 신발을 신어야 한다는 목적을 충족시키지는 못하는 것처럼, 그리고 상하일체의 작업복(coveralls)이 부적당한 노출로 인한 체포로부터 보호해주지만 손과 발을 따뜻하게 해주지는 않는 것처럼, 다른 용도로 사용하기에는 부적당하다. 상하일체의 작업복과 신발은 "입을 것(clothing)"이다. 마찬가지로, "공익신탁(charitable trust)"과 "사적(즉, 공익이 아닌) 신탁(private(i.e., not charitable) trust}”은, 서로 반대되는 것이지만, 둘 다 신탁이다. “신탁(trust)”이라는 단어는, 많은 차원(dimensions, 내용)을 나타내는 단어들에 의해 수정될 수 있다; 즉, “낭비자(spendthrift)” 신탁은 수익권의 양도성을 제한하는 특정규정을 둔다; 또한 신탁은, “생전(living)” 또는 “유언(testamentary)” 신탁일 수 있다. 신탁은 “철회가능(revocable)” 또는 “철회불가능(irrevocable)” 신탁일 수 있다.

신탁은 재산의 소유자가 다른 사람에게 소유자로서의 부담을 넘김으로써 그 부담에서 발생하는 수익을 분리할 때 발생한다. 보통은 수익과 소유권자로서의 부담은 같은 사람에게 귀속된다; 예를 들어 아파트의 소유자는 임료(수익)를 받을 권리가 있고, 대신 수리를 하고 세금을 납부(부담)할 것이 요구된다.

소유자는 그리하여 순수익(또는 순손실)을 얻는다. 소유자가 수익과 부담을 분리하기를 원한다면, 소유자는 커먼로상의 권원을 한 사람(수탁자)에게 양도하고, 형평법상(또는 수익의) 권원을 다른 사람(수익자)에게 양도함으로써 신탁을 설정할 수 있다. 수탁자는 신탁계약(trust instrument)의 조건과 일반적인 신탁법에 의하여 그에게 부과된 의무를 진다. 수익자는 수익만을 얻는다(아마도 수탁자보수에 의하여 약간 줄어들 것이다). 수탁자는 아파트를 팔아 그 수익을 수익자의 이익을 위하여 재투자할, 권한(신탁계약에 의하여 금지되어 있지 않는 한)과 의무(신탁계약에 의해 금지되어 있다 하더라도)를 갖는다.

그 사이에서 “신인의무,” 즉 신탁관계의 전기가 흐르는 양극(兩極, poles)을 제공하는 것은, 커먼로상 권원과 형평법상의 권원{즉, 일반법원과 형평법원에 의하여 각각 보호되는 “소유권(ownership)”}의 분리이다. 신탁은 신탁재산, 즉 “res”의 존재를 필요로 하는 관계이다.

신탁의 요소는 전기플러그와 같이 시각화할 수 있다. 플러그 끝의 두 가닥(prong)은 수탁자가 인수하는 소유권의 부정적인 면(부담)과 수익자가 받는 긍정적인 면(소유권의 수익)이다. 관계(relationship)[6]는 신탁재산에 따르며, 위탁자, 즉 신탁설정자에 의하여 설정된다. 이러한 요소들이 주어지면, 형평법원은 전류 또는 신탁의 생명인 의무를 부여함으로써 그것들을 의미 있게(significant) 만든다. 그러한 의무에 대해서는 이 책의 마지막 부분에서 다룬다.

6 상술한 대로 영미법에서는 '관계'에 의한 권리의무관계의 창설을 우리나라 법체계에 비하여 훨씬 더 인정하는 경향이 엿보인다. 이 책의 저자는 이 책을 영미법과 대륙법의 비교 관점에서 집필한 것이 아니므로 이러한 점이 이 책 내용상 두드러지지는 않으나, 대륙법계 법률가들이 영미의 관계문헌을 읽을 때 항상 염두에 두어야 하는 점이다. 신탁의 본질에 관해 여러 견해의 대립이 있는데, 신탁관계도 채권채무관계의 일종으로 보는 것이 다수의 견해이지만(우리나라에서도 신탁의 본질에 관해 견해를 피력하는 학자들이 있기는 하지만, 아직 활발하게 논의되었다고 보기는 어렵다. 따라서 이러한 학설의 사정과 위 견해가 다수의 견해라고 하는 것은 아직은 일본의 논의를 기준으로 하는 것이라고 보는 것이 솔직한 설명일 것이다), 단순한 채권채무관계가 아니라고 보면서 고유의 특성을 강조하는 견해들이 있고, 물권적인 관계라거나 그에 유사한 관계로 파악하는 견해들이 있다. 아울러 영미에서는 신탁법률관계를 물권법에 의한 관계로 보고 있다고 생각하는 견해도 있으나, 번역자의 견해로는, 영미의 논의를 대륙법계 차원의 의미에서의 채권적 관계인가 물권적 관계인가에 대한 논의로 파악하는 것 자체가 무리가 있고, 따라서 대륙법계 법률가의 눈에는 영미법리가 신탁에 관해 일부 물권적 관계와 유사한 효과를 인정한다고 하여 곧바로 영미에서는 신탁을 물권관계로 파악하고 있다고 설명하는 것에도 무리가 있다. 번역자의 현단계에서의 소견으로는, 영미의 위와 같은 경향은, 원칙적으로 계약(당사자의 합의가 필요하다)에 의하여 신탁이 설정되는 것으로 보는 대륙법계와 달리, 당사자들 사이에 합의가 없더라도 일정한 관계에 의하여 신탁법률관계를 인정할 수 있다고 보는 점과 관련이 있는 것으로 이해하고 있다.

[신탁관계의 당사자]

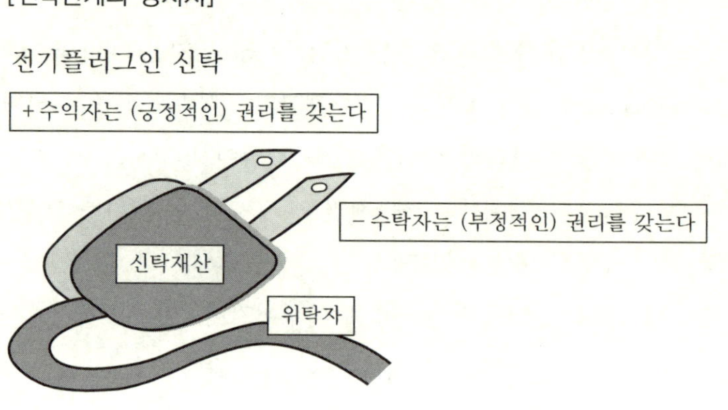

C. 신탁과 다른 관계의 비교

신탁 정의의 경계선은, 신탁을 다른 관계와 비교하고 대조함으로써 검토될 수 있다. 이러한 경계영역에서는, 때때로 중요한 사실은 밝혀져 있지 않다. 그리하여, 변호사는 불완전하고 모순되어 보이는 지시사항을 이용하여 옳은 방향으로 나아가야 한다.

1. 대리와 신탁

신탁과 대리는, 한 사람이 다른 사람을 위해서 행위하는 신인관계이다. 신탁은 항상 재산과 직접 관여하여야(concern) 하고, 대리는 그럴 필요가 없기는 하지만, 두 관계 모두 재산과 관련된다(involve). 둘 사이의 실질적인 차이는 사망의 효과, 동의 그리고 다른 사람에 대한 책임의 확장 등에서 나타난다. 대리는 항상 교감하는 관계이기 때문에, 대리인 또는 본인의 사망이나 능력상실에 의하여 종료된다(많은 주의 법률에 의하여 허용되는 변호사의 "지속하는

(durable)" 권한은 본인의 능력상실에 대한 예외이다}.

신탁은, 일단 설정되면, 신탁계약{및 영구금지원칙(the Rule against Perpetuities)}이 허용하는 한 존재한다. 본인은 고용의 범위 내에서 이루어진 대리인의 행위에 대해 책임이 있으나, 위탁자나 수익자는 수탁자의 행위에 대해 책임을 지지 않는다(비록 그 행위가 신탁재산의 감소를 초래하더라도).

신탁과 대리는 여러 형식으로 이루어지며, 이 두 가지를 구분하는 가장 간략한 기준을 제시하면 다음과 같다:

대리는, 꼭두각시(대리인)의 행위를 지배하고 그의 재량을 제한하는 조종자(본인)와 더 비슷하다. 본인은 대리인의 행위를 더 광범위하게 지배하고, 그리하여 대리인의 행위에 대하여 책임을 진다. 반면, 신탁을 종료하거나 철회하거나 또는 수탁자를 교체할 권한을 창설하고 유보함으로써 어느 정도의 지배권을 유보할 수 있기는 하지만, 보통 수탁자는 위탁자와 수익자의 지배를 받지 않는다. 수익자는 수탁자의 행위에 동의할 필요가 없고, 매일매일의 일상에 대한 지배권을 갖고 있지 않다.

수탁자는 권원을 갖지만, 대리인은 갖지 않는다. 대리인에게 허용된 행위의 범위는 수탁자에게 허용된 행위의 범위보다 적다. 대리인이나 수탁자가 가져야 할 지배권의 정도에 대해 당사자들이 얼마나 이해하고 있었는가를 조사하는 것이, 아마도 두 관계를 구별하는 가장 좋은 수단일 것이다. 고용인-피고용인 관계, 위임(power of attorney), 에스크로 및 대부분의 후견협약 등이 대리의 예이다.[7]

---

7 '에스크로'란, 물건의 매매, 임대, 담보설정 등을 함에 있어서, 일정한 조건이 성취되었을 때에 교부할 것을 지시하면서 제 3 자(에스크로 사업자)에게

2. 후견인과 신탁

대리와 신탁의 경계선은 아마도, '미성년자에 대한 양도(또는 증여)에 관한 통일법{the Uniform Transfers(or Gifts) to Minor Act}'에 의하여 창설된 "후견인(custodian)"이라는 제도에서 잘 나타난다(runs right). 문제되는 점 대부분은 법에 의하여 결정되나, 이 개념은 신탁과 대리 둘 다의 요소를 갖고 있다. 위 제도는 한 사람으로부터 다른 사람에게 재산이 주어지기는 하되, 그 재산을 또 다른 사람을 위한 신인원칙에 의해 보유하고 관리하여야 한다는 점에서 쉽게 가늠하기 어려운 성질을 갖는다.

수탁자와 마찬가지로, 후견인은 관련된 재산을 매각하는 결정을 포함한 광범위한 결정을 내릴 수 있으며, 그와 같은 법률관계를 설정한 양도인의 지배로부터 자유롭다. 후견인에 대한 양도는 재산과 조세와 관련하여 철회불가능한 증여가 되는 데에 충분한 양도가 되는 데 반하여, 대리인에게는 완전한 양도를 할 수 없다(왜냐하면, 대리인은 본인이 지시하면 받은 것을 반환하여야 할 의무가 있기 때문이다). 대부분의 문제가 되는 차이는 법규정에 의하여 제거되었으므

위탁한 증서, 권원의 증명 혹은 가치 있는 물건 등을 의미하거나, 당사자 쌍방에 대하여 중립적인 제3자가 양도인으로부터는 증서 또는 물건을 인도받아 양수인에게 다시 인도하고, 양수인으로부터는 대금을 지급받아 양도인에게 이전해주는 제도를 말하기도 한다. 柳炳宅, "전자상거래 에스크로(Escrow) 서비스의 法律關係에 관한 硏究," 서울大學校 大學院 法學碩士學位論文(2007. 8.), 6면.

그런데 이러한 '에스크로'가 우리 개념으로 '대리'에 해당되는지 의문이 없지 않다. 이 부분을 우리 식으로 이해한다면, '에스크로'가 우리 개념의 '대리'에 해당된다기보다는, 이 책에서 설명하는 '신탁'에 해당되지 않는 예 중 하나로 열거되어 있는 것으로 봄이 옳을 것이다.

한편, 일본에는 '에스크로'의 법적 성격을 신탁으로 파악하는 견해도 있다. 이를 소개한 국내문헌으로, 柳炳宅의 위 문헌, 39면 이하 참고.

로, 후견인의 경우 그러한 차이는 덜 중요하다.

보거트(Bogert)의 [*Trusts & Trustees*, 제 2 판] § 15는, 후견인은 (수탁자라기보다는) 법에 의하여 정해진 의무를 갖는 대리인이라고 설명한다. 통일법에 의하여 커먼로상 권원은 미성년자에게 있으나, 후견인은 관리, 매각 및 재투자에 대한 완전한 권한을 갖는다.

3. 인격대표자와 신탁

스스로를 위하여 행위를 할 수 없는 자는 그 자신이나 재산을 돌보도록 지명된 "대표자(representative)"를 둘 수 있다. 인격대표자는, 유언집행자, 관리인, 후견인, 재산관리인, 위원회, 보좌인(curator), 또는 다른 적절한 개인이다. 재산에 대한 인격대표자(보호되는 사람이 사망하였건 하지 않았건 간에)는 다른 사람의 재산을 신인적으로 다루지만, 위와 같은 관계 어느 것도 "신탁"에 대한 전통적인 정의개념 내에 포함되지 않는다.

일반적으로 인격대표관계는 법에 의하여 창설된다. 사망한 사람은 유언집행자(피상속인의 유언장에 의해 선택된 경우)나 관리인(위와 같이 선택되지 않은 경우) 또는 통일유언법에서 사용되는, 원래 표현 그대로(generic) "인격대표자" 지위에 있는 자에 의하여 대표된다. 살아있는 사람도, 영구적인 또는 미성년과 같은 일시적인 법정장애 때문에 그의 재산을 관리하지 못할 수도 있다. 각 주는 그러한 미성년자나 행위무능력자 또는 피보호자(conservatee)의 재산을 관리할 한 사람 또는 그 이상의 인격대표자를 지명하는 것에 관한 규정을 두고 있다.

보통, 인격대표자는 법원에 의하여 지명된다(때때로 유언장 또는 관련자에 의한 지명이 허용되기는 하지만); 대표자에 대한 관리는, 제한된 재량을 갖고 법원이 행한다; 권원은 보통 대표자가 아니라 수익자에 주어진다; 이 관계의 역사적 기원은 형평법원이 아니라, 일반법원(the court of law)이다.

4. 임치와 신탁

임치(bailment)는 소유자에 의한 특정 행위(발송, 보관, 청산, 수리)[8]의 실행으로 다른 사람에게 양도되었다가 소유자에게 반환되는 것이며, 해당 서비스를 위한 합리적인 담보를 위하여 유치권(possessory lien)이 설정된다. 신탁과 마찬가지로, 임치는 재산과 관련된다. 신탁과 달리, 임치는 부동산에는 불가능하며, 범위의 면에서 매우 제한되고, 수치인(bailee)에 의한 (권원이 아니라) 점유와 관련되며, 신인관계가 아니고, 그리고 형평법보다는 커먼로(law)[9]에 기원을 두고 있다. 신탁은 임치에 비해 오래 지속되고 더 형식적인 경향이 있다.

임치는 독립된 당사자 간의 협상이 허용되는 계약이다; 신인관계는 선의(good faith)와 충실의무(loyalty)를 요구한다; 그리하여, 신탁에서였다면 의무위반이 될 만한 거래도 임치에서는 가능하다. 마찬가지로, 수치인은 그의 행위에 대해서만 책임을 진다; 임치의 대상물이 수치인의 잘못 없이 분실되거나 파괴되거나 가치가 감소하면, 임치인(bailor)이 감수하여야 한다. 반면, 수탁자는 신탁재산을 보존하여야 할 더 높은 의무를 지며, 그의 잘못 없이 발생한 손실에 대하여 책임을 지게 될 수도 있다.

---

8 이 부분 원문은 'shipment, storage, cleaning, repair'.

9 이 부분 원문은 'law'인데, 'law'라고 하면 제정법이라는 의미일 수도 있으나, 여기서는 형평법에 대비되는 개념으로 사용되었으므로 커먼로로 번역하였다.

5. 지명권과 신탁

지명권(power of appointment)이란, 재산의 소유자 또는 수령인이 될 자를 지명할 수 있는 권한이다. 재산을 처분할(give way) 수 있는 권한은, 이해관계의 묶음에서 분리하여 다른 사람에게 수여할 수 있는 소유권적 성질(attribute of ownership) 중 하나이다. 한 사람이 다른 사람에게 재산을 받고 그 재산의 수익을 누릴 수 있는 사람을 지명할 수 있게 하는 경우, 그 선택된 사람은 지명권의 수증자라고 한다{이러한 개념을, 한 사람이 대리의 형식으로 다른 사람을 위해서 행위할 수 있는 "위임(power of attorney)"과 혼동하여서는 아니 된다}.

이 권한은 소유권에 따른 권리이다; 이는 신인적 의무에 복종하지 않는다{그 권한이 제한될 수 있고, 제한을 없애려는 노력은 "기망적인 것(in fraud)"이 되더라도 그러하다}. 신탁과 같이 지명권은 재산과 관련된다. 신탁과는 달리 특정 재산에 관해 한 번만 행사될 수 있다.

지명권은 재산의 소유권적 성질과 관련된다; 이 권한의 수증자는 한 사람 또는 그 이상의 가능한 피지명자를 지명함으로써 이 권한을 실행한다. 일반적으로, 지명권과 관련하여 관리권은 부여되지 않는다. 이 권한은 지명하여야 할 의무가 아니다. 따라서 반드시 실행되어야 하는 것은 아니다. 만일 이 권한이 행사되지 않으면, 이 권한에 복종하는 재산은, "지명권이 행사되지 않을 경우의 취득자(takers in default of appointment)"에 부여(또는 유보)된다.

지명권은 소유권자를 변경할 수 있는 사람에게 속하는 권리이므로, 이 권한이 행사되거나 폐기될 때까지 다른 사람이 권원을 가질 필요는 없다. 때때로 이 권한의 임시 보유자는 수탁자이다. 그리하여, 반드시 그렇게 되어야 할 필요는 없으나, 종종 신탁에 포함되어 발견된다.

이 권한은, 그 권한자가 스스로를 지명하는 것도 허용한다는 점에서 "일반적(general)"인 것일 수도 있고, 어떤 범위에 속하는 사람들(보통은 이 권한의 수증자를 포함하지 않는다)에 대해서 또는 그들 중에서만 지명하도록 허용된다는 점에서 "특별(special)"한 것일 수도 있다.

예 #1: T의 유언장은, "나의 전재산을 나의 아들 죤에게, 나의 딸 앤을 위해 사용되도록" 유증하였다. 이것은 다른 사람을 위한 관리(management)인 것처럼 들리고, 아마도 신탁일 것이다.

예 #2: T의 유언장은, "나의 가구는 나의 자녀들에게 주되, 나의 아들 죤이 누가 어떤 것을 가져갈 것인지 결정하도록" 유증하였다. 죤은 지명권을 갖고, 스스로를 지명할 수도 있으나, 그가 모든 가구를 가질 수도 있는가 아니면 그가 몫을 평등하게 나누어야 한다는 제약이 따르는 것인가 하는 의문이 있다.

예 #3: T의 유언장은, "나의 전재산은 나의 자녀들에게 평등하게 나누되, 나의 아들 죤이 그것을 관리하도록" 유증하였다. 죤은 수탁자이지만, 또한 수익자로서 평등한 몫을 받을 권리가 있다.

6. 담보계약과 신탁

저당권, 질권(pledge), 리언(lien) 및 형평법상 담보(equitable charge)와 같은 담보계약(security arrangement)은 대여자에게 보호를 부여하기 위하여 설계된다. 담보를 구성하는 재산에 관한 권원은 명백히 또는 실제로, 차용자의 상환을 조건으로, 차용자에 의하여 대여자에게 양도된다. 신탁형식은, 차용자가 재산에 관한 권원을 채무담보조로 제 3 자에게 양도하게 되는 "신탁계약(trust deed)"에 의해 담보계약으로 이용된다.

때때로, 금전과 재산에 관한 권원의 교환이 불분명한 표현과 이미 존재하는 관계에 의하여 흔들리게 되어(obscured) 매매가 담보계약과 구분되지 않게 되기도 한다.

예 #1: 블랙에이커의 완전소유권자인 A는 재정적으로 궁핍하게 되었으나, 블랙에이커의 소유권을 유지하기를 희망한다. 친구인 B가, A가 B에게 블랙에이커를 양도하면, 그에 교환하여 A에게 블랙에이커의 가치와 일치하는 돈을 주겠다고 제안한다. B는 A에게 말한다: "걱정하지마. 너는 내게 상환할 수 있을 것이고, 블랙에이커를 되찾을 수 있어." 아마도 A는 B에게 "차임(rent)"을 지급함으로써 블랙에이커의 점유를 계속할 수도 있을 것이다. 이러한 거래는 매매일 수도 있고, 담보계약일 수도 있다. 이것은 B에 의한 사기일 수 있는데, 그 경우 그 결과로서 의제신탁관계가 형성될 수도 있다. 정확한 표현을 사용한다면, 이것이 매매, 담보계약 또는 사기 중 어느 것에 해당되는가를 결정함에 있어 가격의 합리성과 점유 및 차임은 각각 유의미하다. B가 A에게 환매(채무의 청산)할 기회를 주지 않고는 재산을 양도하지 않을 것이라는 A의 믿음은, 원하는 재산을 취득하면서도 친구를 돕는다는 B의 희망과 일치하지 않을 수도 있다.

저당권에 관한 법은 "권원이전설(title theory)"(대여자가 재산에 관한 권원을 취득한다)과 더 지배적인 "담보설(lien theory)"{대여자의 이익은, "단순히(merely)" 담보(lien), 즉 차용자가 재산에 대한 권한을 그대로 유지한 상태에서 갖는 담보이익(security interest)에 불과하다} 둘 다를 포함한다. 형평법은 저당법과 상호작용하여, 저당권계약의 명백한 조항에 따라 채무불이행상태가 된 저당권설정자가 그 채무불이행 상태를 해소하면 권원을 갖는 "저당물 환수에 관한 형평법적 법리(equity of redemption)"를 만들어냈다. 이것은 실제에 있어서는, 형평법리에 의하여 차용자의 계약위반을 중대한 지위에서 중대하지 않은 지위로 격을 낮추는 것(equitable demotion)이 된다.

몇몇 담보계약은 형평법에 근원을 두고 있고, 그래서 신탁과 유사하다. 형평법적 리언(equitable lien)(법적 형식을 갖추지 못했더라도 형평법에 의하여 인정되는 담보)과 형평법상 담보(equitable charge)(형평법원에 의하여 부과되는, 재산에 대한 담보) 둘 다는 재산과 관련된 권리를 부여하나, 재산 그 자체를 수여하지는 않는다.

예 #2: T는 사망하였고, 그의 두 자녀는 살아있다. T의 유언장은 다음과 같이 규정하였다: "만일 나의 아들 S가 그의 누이 D가 살아있는 동안 그녀에게 매년 5,000달러씩을 준다면, 나는 S에게 블랙에이커를 준다." 블랙에이커에 대한 커먼로상 권원 및 형평법상의 권원은 S에게 유증되었으나, D는 5,000달러 연금을 지급받기 위하여 블랙에이커에 대한 형평법상 담보인 담보권을 갖는다.

담보권과 신탁의 차이는 회사와 관련한 채권자와 주주 사이의 차이와 유사하다. 채권자는 보통은 변제에 관한 우선권을 갖는 정액의 채권을 갖는다. 주주는 "주주의 권리(equity interest)"를 가지며, 그 가치의 증감에 관하여 이득을 얻을 수도 있고, 부담을 질 수도 있다. 채무가 변제되면, 담보보유자(securtiy holder)는 재산에 대해 더 이상 가치를 갖지 아니하며, 주주는 완전한 소유권을 갖는다.

신탁과 채무(또는 계약이나 다른 관계)를 구별하는 열쇠는 위탁자에 의하여 밝혀진 의사이다. 그것은 당사자들이 말한 것과 행동한 바에 의하여 객관적으로 결정된다.

7. 계약과 신탁

전통적인 형식의 신탁과 계약은, 형평법원 및 일반법원(courts of equity and law)에서의, 집행과 원칙 사이의 전통적인 차이를 보여준다. 형평법에서는 선의(good faith)가 요구된다; 반면, 일반법원은 단순히 약속의 명백한 내용에 따를 것만을 요구한다. 계약법의 발달결과는 대량으로 형평법에 유입되었다 — 제 3 자 수익자 계약, 계약에 의한 채권(chose in action)의 제 3 자에 대한 (일부 또는 전부) 양도, 묵시적 계약(implied covenants) 및 토지를 양도하는 계약의 현실적 이행강제(specific enforcement).

신탁과 다양한 유형의 계약의 차이는, 절차상의 이유로(특정 일반법원, 특히 간이법원과 조정을 담당하는 법원은 신탁에 대한 형평법상 관할권을 갖지 않는다), 소멸시효규정과 관련하여, 수탁자가 되기로 약속한 자(promisor-trustee)가 채무불이행에 빠졌을 때 수익의 추급을 위하여, 그리고 수탁자에게 더 높은 신인기준을 부여하기 위하여 중요하다.

8. 불완전증여(IMPERFECT GIFT)와 신탁

증여란, 한 사람이 다른 사람에게 재산권을 자발적이며 무상으로 넘기는 것이다. 유효한 증여가 되려면, 증여자는 그 이전이 증여가 될 것을 의도하여야 하고, 증여물이 인도되어야(deliver) 하며, 증여가 수증자에 의하여 수령되어야 한다. 인도는 실제로(목적물의 직접 양도); 상징적으로(토지에 대해서는 양도증서), 또는 의제적으로

(자동차에 대하여 열쇠) 이루어져야 한다. 증여자가 증여를 하려고 할 때, 수증자가 이미 인적 재산을 점유하고 있다면(수탁자와 같이) 추가의 인도는 불필요하다. 한 번 수령되면 보통 증여는 철회불가능하지만, 사인증여(the gift *causa mortis*)와 같은 종류의 증여는 철회가능하다.

사인증여는 사망을 예견하고 이루어진 것이다. 이러한 증여가 유효하려면, 증여자는 사망을 임박하게 하는 질환에 걸렸어야 한다; 질병의 결과로 사망이 발생하여야 한다; 증여는 이 질병에 의한 사망을 조건으로 하여야 한다; 그리고 증여자는 실제로 그 증여물을 인도하여야 한다. 증여자가 사망하지 않으면 그 증여는 철회된다.

신탁과 증여는 신탁이 전통적으로 증여에 의하여 설정되었다는 점에서 상호관련이 있다. 신탁을 담보거래나 신탁양도증서(trust deed)와 같은 약인에 의하여 설정하는 것도 가능하다. 신탁은 철회될 수 있다. 증여는 한 시점의 거래이지만, 신탁은 계속되는 관계를 설정한다. 그래서 증여는 많은 경우 시간을 통하여 신탁의 터널로 향하는 문이다. 각각은 다른 한쪽 편 없이 존재할 수 있으나, 그것들은 종종 겹친다.

사망할 때까지 재산을 보유하고자 하면서도 사망시 누가 재산을 갖게 될지를 정해두고자 하는 사람의 희망은 '머리가 두 개 달린 경구(two-headed aphorism)'가 적용된 상황들을 초래한다. 그 경구(警句)는, "형평법은 [보통은 인도의 실패 때문에] 불완전한 증여를 신탁으로 변환시키지 않지만, 만일 증여가 기술적인 면 [즉, 인도]의 이유로 불완전한 것이고 신탁의 필수요소가 갖추어져 있다면, 증여자의 명백한 의사는 신탁을 통해 유지될 수 있다"라는 것이다. 이 경구의 앞 부분은 인도에 관한 법적 요건을 강조한다; 뒷

부분은 증여자(보통은 분쟁이 해결되어야 할 무렵에는 사망해있다)의 의사가 "명백한(clear)" 경우에 탈출구를 허용한다.

D.[10] 신탁과 다른 관계에 대한 문제(QUIZ)

[문 제]

1. A는 그의 자동차를 B에게 인도하였고, B에게 1개월 동안 그 자동차를 보관하다가 C에게 인도할 것을 지시하였다. 이것은 어떤 계약인가? 왜? 어떤 사실이 당신의 결론을 바꾸었는가?

2. A는 서명된 양도증서와 등록증명서에 의하여, 3대의 자동차와 함께 차고와 부지를 B에게 양도하면서, B에게 차고, 부지 및 자동차를 매각하여 그 수익을 재투자하여 그 수입을 C의 일생동안 C에게 지급하고, C가 사망한 경우 원본을 D에게 양도할 것을 지시하였다. 이것을 어떤 계약으로 규정하는 것이 가장 옳겠는가?

3. A는 "B가 C에게 1,000달러를 지급하는 것을 조건으로" B에게 블랙에이커를 유증하였다. B가 C에게 지급함이 없이 D에게 양도하면, B가 신탁계약을 어긴 것인가?

4. A는 B를 가정부로 고용하였다. B는, B를 위하여 "돈을 보관하고" 6%의 이자를 지급하겠다는 약속을 받고, 예금 1,000달러를 A에게 교부하였다. A는 B를 위한 수탁자인가? 어떻게 하여 당신은 당사자들의 의사가 무엇이었는지 결정하였는가?

---

10 원문에는 'C'로 되어 있으나 'D'의 오기인 것으로 생각된다.

[정 답]

1. 위 관계는 신탁보다는 임치에 해당될 것이다. 그 내용은 보관 및 인도되어야 할 동산(personal property)의 인도이다. B는 자동차를 사용할 재량을 갖거나 개량할(make productive) 의무를 가진 것으로 보이지 않는다. 대상물이 택시이고, 모든 관련당사자가 택시운전사인 상황과 비교해보라. A가 B에게 권원문서와 매각권한을 주고 재산을 유지하고 그 수익을 C에게 교부하도록 지시하였다면, 신탁이 설정되었다고 할 수 있다.

2. 여기서 권원의 이전, 협상권한, 관계의 장기지속 및 B의 넓은 권한 등은 B가 수탁자임을 보여준다. 이에 더하여, 부동산에 대한 형평법상의 권리(equitable estate)를 C에 대한 생애권(life estate)과 D에 대한 잔여권(remainder)으로 나누는 것은 전형적인 신탁관련 처분이다. 이 경우는 위 문제1의 경우와 대비되어, 어떤 법적 행위(arrangement)를 하였는가를 결정함에 있어 부가적인 세부사항의 효과를 보여준다.

3. (물건의 소유권과 달리) C에게 지급되어야 하는 정액은 채무인 것처럼 들리고, 법률관계(유언)를 형성하는 수단은 신탁이라기보다는 형평법상의 담보가 창설되었음을 보여준다. 형평법상의 담보가 따르는 부동산도 이전될 수 있다; 사전에 통지받지 못한 선의매수인이 있게 되면 그의 권리취득으로 형평법상의 담보는 더 이상 유지되지 못한다[11]; 만일 양도가 그러한 매수인에게 이루어진 것이 아니라면, (형평법상의) 담보는 재산상에 그대로 유지된다. 신탁(또는 다른 신인관계)이 없었다면 신탁계약의 위반도 인정될 수 없다.

11 이 부분 원문은, '… cuts off outstanding equities'이다.

형평법상의 담보가 형평법에 의하여 실행된다 하더라도 동 담보에 의해 형평법상 의무가 부과될 수는 없다.

4. 돈이 필요한 사람이 돈이 필요하지 않은 사람으로부터 차용하면 그것은 채무처럼 들린다. 경계선상에 있는 이 사안은 신탁보다는 채무인 듯하다. 신탁법 제3차 리스테이트먼트(2003) §5조(k)항은, 신탁과 채무관계에 대해 규율하면서, 담보된 경우와 되지 않은 경우 모두를 포함한다. 동 법안은, 거래의 모든 조건과 상황에 비추어 당사자들의 언급과 행동을 고려하여 당사자들의 의사를 규명하여야 한다고 규정한다. 아래와 같은 요소들이 당사자들의 의사가 무엇이었는지 결정하기 위해 고려될 수 있다: "(1) 관계되는 금액과 당사자들의 상대적인 재정상황; (2) 금원에 대한 이자를 지급하는 내용의 합의의 존재여부; (3) 금원수취인이 합의를 하기 전에 경과한 시간 및 그것과 관련된 다양한 요소; (4) 당사자들 사이의 관계, 그들 사이의 이전 거래의 성격과 처리내용 및 그들의 각 영업의 역할 및 활동범위; 그리고 (5) 그와 같은 거래 또는 유사한 거래에서의 상관습과 관용용어."

CHAPTER 10

Wills and Trusts

신탁의 구성요소

신탁의 구성요소는 재산의 이전, 신탁재산, 위탁자, 수탁자 및 수익자이다. "핵심문장(key sentence)" 접근방법이 가능하다: "위탁자가 수익자의 이익을 위해 재산을 수탁자에게 이전하면 신탁이 설정된다(The transfer of the res by the settlor to the trustee for the beneficiary's benefit creates a trust)."

A. 재산의 이전

신탁법 리스테이트먼트와 통일신탁법은 신탁설정방법을 규정하고 있다. 신탁법 제3차 리스테이트먼트 § 10조는 신탁은 아래와 같은 방법에 의하여 설정된다고 규정하고 있다:

(a) 재산소유자의 유언에 의하여, 한 사람 또는 그 이상의 사람을 위하여, 수탁자인 다른 사람에게 재산을 이전하는 것; 또는

(b) 재산소유자가 한 사람 또는 그 이상의 사람을 위하여 수탁

자인 다른 사람에게 하는 생전처분으로서의 재산이전(a transfer inter vivos); 또는

(c) 재산소유자의, 한 사람 또는 그 이상의 사람을 위하여 스스로가 수탁자로서 재산을 보유한다는 선언; 또는

(d) 지명권의 목적이 되는 한 사람 또는 그 이상의 사람을 위하여 수탁자인 사람에게 재산을 지명하여 귀속시키는 것에 의한 지명권의 행사; 또는

(e) 한 사람 또는 그 이상의 사람을 위해, 즉시 또는 나중에 수탁자로서 집행가능한 권리를 갖는 사람 또는 집행가능한 권리에 따라 나중에 수탁자로서 재산을 받는 사람에게 그러한 집행가능한 권리를 창설하여 주는 약속 또는 수익자 지정.

통일유언법 § 401조(2000년에 성립되고 2005년에 수정된 것)에 의하면, 신탁은 다음과 같은 방법에 의하여 설정된다:

(1) 위탁자의 생존중이나 유언장 또는 그 밖의 사인처분에 의하여 수탁자인 다른 사람에게 하는 재산의 이전;

(2) 소유자가 수탁자가 되어 동일한 재산을 보유한다는 취지의 재산소유자의 선언; 또는

(3) 수탁자를 위한 지명권의 행사.

요약하면, 신탁은 재산의 소유자 또는 재산에 대한 지명권 보유자 생존중 또는 그 사망시에 무상으로 또는 계약에 의하여 설정될 수 있다.

신탁설정의 각 방법은 형식적 요건을 갖추어야 한다: 증여에 의한 생전이전(lifetime transfer)은 의사와 인도라는 요건을 갖추어야 한다; (생전 또는 사망시) 지명권의 행사는 설정요건과 지명권을 규율하는 법령을 준수하여야 한다; 유언에 의한 설정은 적용되는

유언법의 요건에 따라야 하고, 유언의 의사를 갖추어 행해져야 한다; 계약에 의한 설정은 청약, 승낙 및 약인(約因)이라는 요소를 갖추어야 한다. 종종 신탁은 그 설정방법에 따라 분류되며, "유언(신탁)"(유언과 사망으로 인한 효과발생으로 설정되는 경우) 또는 생전신탁{inter vivos(living)}이라 불리어진다.

신탁은 서면(writing)에 의하여 설정되어야 하는가? 부동산에 대한 신탁의 경우 그러한데, 특정 지역에서는 사기방지법(the statute of frauds)이 부동산에 대한 신탁선언(형평법적 권원만 수익자에게 이전되고, 신탁선언을 한 위탁자가 수탁자가 된다)에 대해서는 적용되지 않는다. 동산에 대한 신탁에 서면이 요구되는 일은 거의 없다. 통일신탁법 § 407조는 구두에 의한 신탁(oral trusts)도 허용한다. 이 규정은, 통일유언법 이외의 법령에 의해 요구되지 않는 한, "신탁은 신탁설정문서에 의하여 증명될 필요는 없으나, 구두에 의한 신탁설정과 그 조건은 명확하고 확실한(clear and convincing) 증거에 의해서만 입증될 수 있다"라고 규정하고 있다.

고객들을 위해 신탁을 준비하는 법률가들은 일반적으로 공식 신탁설정계약서와 부동산양도증서, 인적 재산(personality) 이전계약서를 준비한다. 수탁자는 공식적으로 신탁을 수락하며, 수익자는 신탁의 존재에 관해 통지받고 신탁계약서의 복사본을 받는다. 이것이 신탁을 설정하는 공식적인 절차이다; 이것이 요구되는 전부이다.

통일신탁법 § 402조는 신탁설정을 위한 5가지 요건을 제시한다. 동 조는 신탁은 다음과 같은 경우에만 설정된다고 규정한다:

(1) 위탁자는 신탁을 설정할 능력이 있어야 한다;

(2) 위탁자는 신탁을 설정할 의사를 보여야 한다;

(3) 신탁은 특정수익자가 있거나 다음과 같은 경우이어야 한다:

(A) 공익신탁;

(B) § 408조에서 규정된 동물보호를 위한 신탁; 또는

(C) § 409조에서 규정된 비공익목적 신탁;

(4) 수탁자는 수탁자로서의 임무를 수행할 의무를 진다; 그리고

(5) 동일한 사람이 유일한 수탁자이며 동시에 유일한 수익자일 수 없다.

생전 또는 유언에 의한 재산이전을 하려면, 위탁자는 이전 형식에 따라 요구되는 능력이 있어야 한다. 그래서 법적 무능력상태인 미성년자, 무능력자 등의 사람은 생전에 증여를 하는 의사를 형성할 수 없다. 나아가 그들은 사망시 재산을 이전하는 내용의 유언장을 작성할 능력에 관련한 좀 더 느슨한 규정도 충족시킬 수 없다.

위탁자는 객관적으로 확정될 수 있는 방법으로 신탁설정의사를 명백히 밝혀야 한다; 외부로 표현되지 않은 내심의 의사만으로는 충분하지 못하다.

어떤 것이 이루어지기를 바라는 표시를 하는 것과 같은 희망적 표현(precatory language)을 하는 것은, 신탁설정의사를 무효로 만들 수 있다. 예를 들어 팜이 알프레드가 베티를 돌볼 것을 희망하면서 알프레드에게 10만 달러를 남긴 경우, 또는 팜이 "데이비드가 그가 살아있는 동안에 그녀의 농장에서 살 것을 바라면서" 찰리에게 그녀의 농장을 남긴 경우 등이 그러하다. 일반적으로 두 경우 모두 신탁을 설정하지 못하며, 법에 따라 강제집행을 하지 못하는 도의적 의무에 지나지 않는다. 위탁자가 희망을 표시하더라도 그것이 도의적 의무에 지나지 않는다면, 알프레드가 베티를 돌보아야 한다는 것과 같은 특정 결과를 법적으로 요구하지는 못한다; 그래서, 알프레드는 10만 달러를 그가 원하는 대로 쓸 수 있다. 그것이 법

적 의무라면, 알프레드는 10만 달러를 마사를 위한 신탁으로 보유하는 것이기 때문에, 마사의 이익을 위하여 10만 달러를 사용하도록 요구된다.[1] 신탁을 설정함에 있어 유언자는 수탁자에게 법적 구속력이 있는 의무를 부여할 수 있다. 통일유언법 § 404조에 따르면, 신탁은 "어떤 것이든, 공서양속(public policy)에 반하지 않고 실행가능한 적법한 목적"을 위해 설정된다.

아래와 같은 상황에서, 유언자 (T)는 다음과 같은 표현을 추가하여 그의 유산 중 잔여분을 수익자[2] (B)에게 유증하였다. 신탁이 설정되는가?

예 #1: " … 그녀가 블랙에이커를 가족 내에서 보존할 것을 희망하면서 … " 보통 이러한 표현은 신탁설정의사를 나타내지 않는 것으로 본다; 아마도, (B 이외의) 수익자가 누구인지 명확하지 않다는 점이 핵심적인 요소가 될 것이다.

예 #2: " … 그녀가 사망할 때 내 아들에게 넘길 것을 희망하면서 … " 오래된 사건에서는, 이러한 표현에 의해 생애권은 B에게, 형평법적 잔여권(remainder)은 아들에게 있는 내용의 신탁이 설정되는 것으로 보았고, 그리하여 B는 그녀의 유언장에서 재산을 달리 처분할 수 없었다. 근대에 들어서서는, 이러한 표현은 아마도 신탁을 설정하지 않을 것이나 각 사건별로 그 사정에 맞추어 결정될 것이다.

예 #3: " … 만일 그녀의 사망시 그녀의 전재산(all of her estate)을 나의 아들에게 준다면 … " 여기서 그 표현은 더 강력해졌으므로, 만일 T에게 신탁을 설정할 권한이 있다면, 신탁이 설정된다. 그러나, T가 처분

---

1 이 문장에서의 '마사(Martha)'는 '베티(Betty)'의 오기인 것으로 이해된다.

2 여기서의 수익자는 원문의 'beneficiary'를 번역한 것으로, T의 유언에 관한 수익자이다. 만일 관련하여 신탁이 설정된다면, B는 신탁관계에서는 수익자가 아닌 수탁자가 될 자이다. 한편, 아래의 내용상 B는 여성이다.

하려고 시도하는 재산{여기서는 "그녀의 재산(her estate)"}에는 T가 직접 신탁을 설정할 권한이 없는 재산도 포함한다. 이러한 것은, B가 T의 재산으로부터 이익을 얻을 것을 희망하는 경우, B에게 요구되는 대로 그녀의 재산을 유증하여야 할 (커먼로상의 의무는 아니고) 형평법상의 의무를 부과하는, 조건부유증이나 유언장을 만드는 계약 종류로 취급될 것이다.

예 #4: " … 그가 대학에 갈 수 있도록 … " 또는 " … 그가 새 집을 살 것을 희망하면서 … " 또는: " … 그가 인류를 위해 헌신할 것을 제안하면서 … " 또는: " … 그가 신사답게 처신할 것을 권하면서 … " 이러한 유증들 모두는 아마도 명백한 유증으로 취급될 것이며, 각 추가되는 표현에는 아무런 효력도 부여되지 않을 것이다. 표현이 매우 명백하지 않으면, 그 내용이 자기계발을 권하는 성격을 갖는 경우, 조건으로 해석되는 것들은 무시된다. 예를 들자면 다음과 같은 것이다. "그러나 그가 2년간 술을 마시지 않는다면 … 만일 그가 자제하지 못하는 경우, 이 유증은 무효가 되고, 대신 … 에게 간다."

예 #5: T는 B를 수익자로 지정하고 T를 피보험자로 하여 생명보험에 가입하였다. T는 생명보험증권에 관해 B에게 이야기하고, 그 돈을 특정 방법으로 사용할 것을 "제안(suggests)"하였다. 각 개별 사건의 사실들이 한쪽으로 또는 다른 쪽으로 사건의 결과에 영향을 미치며(tip the scale), 동일한 사실로 보이는 경우에 대해 법원마다 다른 결론을 내리기도 한다.

예 #6: 유언장 제 1 조에서 T는 조건이나 신탁에 대해 언급함이 없이 그의 재산을 곧바로 B에게 주었다. 제 2 조에서, T는 "B 사망후에(after B dies)" 동일한 재산의 처분을 의도하였다. B를 위해 생애권만 창설된 것인지, 완전소유권이 주어진 것인지에 관해 부합하지 않는 의사가 표시되어 있다. 유언자의 의사가 가장 중요하나, 명백한 의사가 두 개가 있으면 어느 쪽으로의 결론도 가능해진다. 당사자들의 관계와 어떻게 세금을 내게 될 것인가 하는 사실들에 의해 결론지어질 것(The scale may be tipped)이지만, 당사자들에게 구속력 있는 의무를 부여하고자 하는 유언자의 의사가 중대한 요소이다.

B. 신탁재산

신탁법 제3차 리스테이트먼트(2003) §40조는, 불법이거나 공서양속에 반하지만 않으면 수탁자가 어떤 유형의 재산에 대한 어떤 권리라도 신탁재산으로 취득할 수 있도록 하고 있다. 대리나 변호사와 고객 간의 관계와 같은 다른 "신뢰관계(confidential relationships)"와 달리, 신탁은 특정되고 양도가능한 물건에 대한 관계에서만 존재할 수 있다.

대상물이 독립된 상태(권리가 분리불가능한 것이어도 신탁재산이 될 수 있다)이고 양도가능한 상태로 존재하기만 하면, 부동산 또는 동산, 유형 또는 무형 등 어떠한 유형의 재산이라도 신탁재산이 될 수 있다.

아래와 같은 문제(quiz)는, 아직 재산이 아닌 대상물,[3] 양도가 가능하지 않은 것과 신탁재산이 되기 위해 요구되는 특정성을 결여한 것을 구분함(sort out)에 도움이 될 것이다.

신탁재산에 대한 문제

[문 제]

1. S는, 주식시장에서의 거래에서 장래 얻을 모든 이익에 관해 신탁의 유효성이라는 점을 제외하고는 다른 면에서는 그 유효성이

3 'not yet property'. 신탁설정 당시 아직 위탁자의 재산이 되지 못한 것이라는 의미로 이해된다.

문제되지 않는 문서에 의해[4] 신탁을 선언하였다. 유효한 신탁이 존재하는가?

2. S가 주식시장에서의 거래를 위해 사용될 10만 달러에 관해 스스로를 수탁자로 선언한 점과 그해 말에 10만 달러 원본이 S에게 반환되어야 한다는 점을 제외하고는, 위 문제1과 사실관계가 동일하다. 위 거래에 의해 만일 이익이 있다면, S의 자녀를 위한 신탁에 의해 보유되어야 한다. 유효한 신탁인가?

3. 아직 만들어지지 않은 영화 "마이페어레이디"에 대한 공연 및 영화화 권리(the stage and movie rights)를 소유한 영화프로듀서가, 유일한 신탁재산인 공연 및 영화화 권리로부터 나오는 이익 중 5%를 이전할 것을 의도하였다. 유효한 신탁이 존재하는가?

4. T는 신탁계약서를 작성하였으나, 신탁재산을 수령(collect)할 수탁자에 대한 "권한부여증서(Authorization)"에 서명한 것 말고는 신탁재산과 관련하여 아무 조치도 취하지 아니하였다. T는 위 권한이 행사되기 전에 사망하였다. 유효한 신탁인가?

5. T는 문제4에서 언급된 신탁계약서를 작성하였으나, 다음과 같은 조항을 "권한부여증서"에 추가하였다. "나는 여기서 이 신탁에, 내 아버지의 유산에 대한 나의 모든 권리, 권원 및 이익을 이전한다." 그 아버지는 아직 생존해있으나 배우자는 없으며 다른 자녀도 없고 유언장도 없다.

6. 아버지가 지난 주에 유언을 남기지 않고 사망한 점을 제외하고는 문제5와 사실관계가 동일하다.

7. 신탁을 의도하고 이전된 유일한 재산이 생명보험증서(즉, 생

4 이 부분 원문은 'in an otherwise effective instrument'인데, 구체적으로 어떤 경우를 말하는지 원문만으로는 짐작하기 어렵다.

명보험증서 자체는 이전되지 아니하였으나, 수탁자가 그 생명보험계약에서 "수익자"로 지명되었다)의 수익을 받을 권리라면, 유효한 신탁이 존재하는가?

8. 신탁이 의도되었으나 그 유일한 재산이 임차권(leasehold interest)과 존속기간이 제한되는 무형의 재산인 특허권 또는 저작권이라면, 유효한 신탁이 존재하는가?

9. 위 문제8에서, 임대차계약에 임차인이 그의 권리를 양도하거나 전대하는 것을 금하는 조항이 있다면, 임차인은 임차권만으로 유효한 신탁을 설정할 수 있는가? 소유주는 그렇게 할 수 있는가?

10. D는 C에게 빚이 있다. D는 C의 자녀를 위한 신탁설정에 의한 갱신(novation)을 제안한다. 유효한 신탁이 존재하는가?

11. D는 C에게 빚이 있다. C는 D에 대한 채권으로 신탁을 설정하려고 한다. 유효한 신탁인가?

12. S는 특정 부동산과 동산의 1/2 지분을 갖는 공유자(X가 나머지 1/2 지분권자)인데, 그의 1/2 지분으로 신탁을 설정한다면, 유효한 신탁이 되는가?

13. 500마리 소를 소유한 S는 그중 50마리로 신탁을 설정하려고 하는데, 그 소들이 나머지 450마리와 분리되거나 구별될 수 있도록 표시되거나 다른 방법으로 분류되지 않았다면 유효한 신탁이 되는가?

14. 현금 5,000달러의 소유자인 S가 1,000달러로 신탁을 설정하려고 하나, 1,000달러를 특정하여 분리하지 않았다면 유효한 신탁인가?

15. S는 1,000달러짜리 수표를 발행함으로써 신탁을 설정하려고 한다; 만일 신탁이 성립한다면 신탁이 성립하는 것은 언제인가?

S가 그 수표가 "지급되기(cashed)" 전에 사망하였다면, 신탁이 존재할 수 있는가?

16. 소유재산액이 얼마인지 모르는 S는 그의 재산 중 5%로 신탁을 설정하려고 한다. 유효한 신탁인가? 그 시도가 그가 사망해야 효력이 발생하는 유언에 의하였고, 유언장 작성시에는 장래의 것인 수입도 포함되었다면 어떠한가? 유효한 신탁인가? 유효하다면 언제부터 유효한가? 그 신탁재산에는 "장래(future)" 수입도 포함되는가?

[정 답]

1. *Brainard v. Commissioner*(1937) 사건 판결은, 아직 존재하지 않은 재산은 신탁의 목적이 될 수 없다는 이유로 신탁이 존재하지 않는다고 판시하였다.

2. 내년도의 사과 수확분은 신탁재산이 될 재산권이 되기에는 충분하지 않으나, 과수원은 1년간이라도 가능하다. 그래서 유효한 신탁이 존재한다.

3. 유사한 사례인 *Speelman v. Pascal*(1961) 사건에서, 장래의 이익 양도와 같은 것은 충분한 신탁재산이 된다고 하였다. 이 사건의 사안에서 약인이 되는 문서에 의하여 인도가 이루어졌다. 적절한 약인에 의하여 뒷받침된다면, 형평법은 사안이 적절하기만 하면 장래권리의 양도를 허용한다; 그러나 장래재산의 무상양도는, 그것이 현실화되고(became property interest) 위탁자가 원래의 양도를 재확인한 뒤에만 유효하게 된다. 신탁법 제3차 리스테이트먼트(2003) §41조는, "장래의 재산 또는 아직 존재하지 않는 권리, 소멸한 권리를 받을 것이라는 기대나 희망은 신탁재산이 될 수 없다"라고 규정하고 있다.

4. 재산이 수탁자에게 이전될 때까지는 유효한 신탁이 존재하지 않는다. *Farmers' Loan & Trust Co. v. Winthrop*(1924) 사건에서, 신탁재산을 수령할 권한을 수탁자에게 부여하는 것에 의해, 위탁자가 사망하면 종료되는 대리(agency)관계가 형성된다고 판시되었다.

5. 문서가 이전을 유효하게 하는 데 충분한 형식을 갖추었더라도 아직 유효한 신탁이 되었다고 할 수는 없다. "누구도 생존자의 상속인이 될 수는 없기" 때문에, 이전될 재산권(property interest)이 없다. 유증(bequest or devise)에 대한 기대는 신탁재산이 되기에 충분한 재산이 아니다(문제3에서의 계약에 의한 양도와 대조하라).

6. 부동산 또는 재산 전체에 대한 권원이 인격대표자(여기서는 관리인)에게 귀속되게 하는 지역에서조차, 그리고 관리인이 아직 지명되지 아니하였더라도, 유효한 신탁이 설정된다. 상속인의 권리는 이미 부여되었고(now vested), 신탁재산이 될 수 있다.

7. 생명보험증서에 관한 계약에 따른 제3자 수익자로 수탁자를 지정하는 것은 신탁재산이 되기에 충분한 재산이 될 수 있지만, 이 쟁점은 많은 주(州)에서, 유일한 신탁 기본 재산(sole trust corpus)인 보험증서(또는 여기서와 마찬가지로 단순한 수익자로의 지정)의 소유를 부가조건(incidents)으로 하는 "기본 재원이 없는 생명보험신탁(unfunded life insurance trust)"[5]을 명백히 허용하는 법령에 의하여 해결된다. 이것은, 생명보험이 피보험자의 생존중에 상속이

---

5 "생명보험신탁(Life insurance trust)"에는, 하나 또는 그 이상의 보험계약과 수입을 창출하는 재산이 있는 "기본 재원이 있는 생명보험신탁(funded insurance trust)"과 하나 또는 그 이상의 보험계약이 있고, 양도인(grantor)이 매년 하는 증여를 재원을 삼는 "기본 재원이 없는 생명보험신탁(unfunded insurance)"이 있다.

이루어지는 것과 비슷하기 때문에, 법령이 없는 경우와 극단적으로 비슷하다.

8. 신탁재산의 수명이 단기인 경우에도 유효한 신탁이 설정될 수 있다. 이러한 소모성 재산은 그 금전수입이 완전히 수입이 되는 것이 아니라 원본과 수입의 합이라는 점 때문에 수탁자와 관련하여 문제를 만들어낸다. 현금수입부분은 소멸되는 재산의 대체분이 된다.

9. 양도될 수 없는 재산은 신탁재산이 될 수 없다. 임차인지위의 양도금지는 아마도 신탁발생을 저지할 것이다. 반면, 임대인은 임대차에 제공된 기본재산 또는 임차권의 제약하에서 임대인이 갖는 권리를 신탁재산으로 하여 신탁을 설정할 수 있다. 후자의 경우, 신탁재산은 소모성재산일 것이다; 법원이 임차인에 의한 양도의 제한을 상호 간의 제한으로 인정할 것인지는 의문이다. 만일 임차인이 임대인으로부터 양도에 관한 승인을 받았다면, 그러한 승인(또는 금반언의 원칙이 적용되게 하는 행위와 같이 승인이 불필요한 행위)에 의해 신탁이 설정된다. 임차권에 백지금지조항(blanket prohibition) 대신 추가로 돈을 지급하도록 되어 있었다면, 그러한 임차권은 유효한 신탁재산이 될 수 있을 것이다. 그러한 금전지급은 양도인의 책임이 되어야 할 것이나, 수탁자는 그 임차권의 유지를 위해 금액을 지급하여야 할 의무가 수반된 임차권을 취득할 수도 있다.

10. 위탁자가 진 채무로 신탁을 설정할 수 없기 때문에, 신탁이 설정되지 못한다. 채무는 의무이지 재산이 아니다. 채무(액)는 분리되지 않으며, D의 재산 내에서 특정되지도 않는다. *Molera v. Cooper*(1916) 사건을 참고하라.

11. 반면, 채무가 문제되는 상황에서, 채권자는 신탁재산이 될

수 있는 재산을 갖고 있는 것이 된다. 이것이 D에 대한 채권(chose in action)이다.

12. 특정재산 중 어느 부분에 신탁재산이 되는가 말할 수 없을지라도, 특정 부분에 대한 분리되지 않은(undivided) 권리에 대해 유효한 신탁이 설정될 수 있다. 신탁과 관련하여 분리되지 않은 권리의 존재문제에 대한 논쟁은 거의 없다; 만일 수탁자가 해당 재산의 다른 부분의 소유자라면 이해충돌이 있을 수 있다. 마찬가지로 회사의 분리된 지분은 그것이 비록 전체 소유권을 나타내는 것은 아니더라도 신탁재산이 될 수 있다.

13. 그러나, "500마리 중 나눌 수 없는 1/10"이라고 하는 대신, "500마리 중 50마리로 신탁을 설정하려는 시도는 신탁재산의 특정성 결여로 신탁이 무효가 될 수 있다. 소 한 마리가 죽었다면 그 소는 신탁의 일부인가 아닌가? 500마리 내에서 5마리의 소가 탄생하였다면, 신탁재산에 속하는 소는 몇 마리인가? 만일 신탁을 인정하고자 한다면(거의 불가능하다), 수탁자는 즉시 신탁재산에 속하는 소를 분리하여 구분표시를 하거나 다른 방법으로 특정할 의무를 진다.

14. 고전적인 신탁이론은, 신탁재산에 속하는 부분을 특정하여 분리하지 못하면, 신탁재산의 한계가 지나치게 불분명하다고 보았다. 그래서, "5,000달러 중 1,000달러"라는 신탁은 효력이 없다. "5,000달러의 1/5"이라는 신탁은 아마도 유효할 것이라는 점을 참고하라. 신탁의 존재 여부가 어떻게 표현되는가에 의존하여야 하는가?

15. 위탁자의 개인수표는 그저 은행에 그 금액을 지급하라는 명령에 지나지 않는다; 이것은 위 문제4에서와 같은 권한부여에 해당된다. 수표가 지급되면 그 돈은 분리되고, 신탁은 재산을 갖게

된다. 발행인 사망후에도 은행이 수표금을 지급하는 것을 허용하는 법령들은 은행의 보호를 위해 제정된 것이고, 신탁설정을 위해 사망후 지급을 허용하는 데 충분하지 못할 것이다.

16. 어떤 사람의 재산 5%(각 재산의 5% 또는 5%의 가치)라고 하면, 만일 생존중이라면 특정성의 결여로 인하여 그 신탁은 무효가 될 것이다. 문제3에서의 어떤 계약에 의한 권리의 5%와 비교하고, 나아가 같은 접근방법에도 불구하고 더 받아들이기 쉬운, "분리되지 않은 1/20" 양도와도 비교하라. 사망에 의하여 효력을 갖게 되는 신탁이 "유언(testamentary)"신탁이며, 이 신탁은 유언법에 따라야 한다; 만일 유언법의 요건을 갖추었다면 유효한 유언이 되고, 재산의 가치 5%는 특정될 수 있으며 실제로 특정된다. 장래에 발생할 신탁을 설정하려는 시도는 현재의 이전이 없기 때문에 유효하지 않다.

위에서 본 문제 중, 문제1부터 문제7까지는 장래의 재산과 관련된다; 문제8은 소모성 재산을 다룬다; 문제4, 5 및 9는 양도문제에 초점을 맞추고 있다. 문제10, 11 및 15는 채무에 의한 신탁을 다루는 반면에, 문제11부터 문제16까지는 신탁재산이 되기 위해 요구되는 특정성과 신탁재산으로서의 특정 물건의 분리되지 않는 지분의 수용가능성(acceptability)을 다룬다.

C. 위탁자

신탁의 위탁자는, 그가 수익자의 이익을 위해 수탁자에게 신탁재산에 관한 신인의무를 부여함으로써 신탁을 설정하는 의사로 신탁재산을 이전할 때까지만 중요하다. 의사표시(manifestation)를 하고 재산을 이전한 뒤에는, 위탁자는 연혁적 권리(historical interest)만을 갖는 전(前)소유자와 비슷하게 된다. 이러한 면에서 위탁자는 회사의 설립자와 유사하다. 회사가 설립되면, 설립자는 그 뒤로는 아무런 역할도 맡지 않는다. 동일한 사람이 위탁자이면서도 수익자 또는 수탁자가 될 수 있는 것과 마찬가지로, 동일한 사람이 설립자이면서 동시에 이사나 주주가 될 수 있음은 당연하다. 그래서 위탁자의 역할과 관련된 관심분야는, 위탁자가 재산을 이전할 능력이 있는가와 신탁설정의사를 형성할 수 있는가에 초점이 맞춰진다. 그러므로 다음과 같은 요건이 갖추어져야 한다.

첫째, 위탁자는 재산의 소유자이거나 그것을 이전할 법적 자격을 갖추어야 한다. 지명권의 수증자는 지명권을 이전할 수 있는 법적 자격이 있으나, 재산의 "소유자(owner)"는 아니다. 다른 사람의 재산을 신탁재산에 편입하려는 시도는 일반적으로 부부 사이 또는 다른 가까운 가족 사이에서 일어난다. 유언과 조건부 기증에 관한 계약개념의 배후에 있는 원칙은, 계약을 체결하는 방법으로 다른 사람의 재산을 신탁재산으로 편입할 수 있도록 해준다.

둘째, 위탁자는 재산이전을 하고, 신탁을 설정할 의사를 형성함에 필요한 능력을 갖추어야 한다. 통일유언법 § 402조는, 다음과 같은 경우에 신탁이 설정된다고 규정한다: "(1) 위탁자가 신탁을 설정할 능력을 갖추었을 것; [그리고] (2) 위탁자가 신탁을 설정할 의사를 표시하였을 것." 나아가 § 601조는, "설정하고, 수정하고, 철회하거나 철회가능신탁에 재산을 추가하거나, 철회가능신탁의 수탁자가 하여야 할 행위를 지시함에 있어 필요한 능력은, 유언을 하기 위해 필요한 것과 동일하다"라고 규정한다.

셋째, 위탁자가 신탁설정의 의사를 표시하여야 한다. 수익자 및 수탁자에 대한 위탁자의 의사에 대해 알리지 아니하고도 신탁이 설정될 수 있으나, 서면으로서 또는 제3자를 통해 그의 의사를 외부에 표현할 것이 요구된다. 신탁을 형성할 드러나지 않은 내심의 의사로는 불충분하다.

넷째, 위탁자는 커먼로상의 권원(legal title)이나 수익권의 전부 또는 일부를 보유할 수 있으나, 둘 다를 모두 보유할 수는 없는데, 왜냐하면 신탁이란 수익권에서 커먼로상의 권원을 분리함으로써 설정되는 것이기 때문이다. 신탁선언(self-declaration of trust)의 경우에는 위탁자가 커먼로상의 권원을 보유한다; 이 경우, 수익권 또는 그 일부는 다른 사람에게 주어져야 한다. 수익권의 보유는 명시적으로도 묵시적으로도 이루어질 수 있다. 명시적으로 처분되지 아니한 부분을 보유하는 형태도 가능하다. 묵시적 보유는, "복귀신탁(Resulting Trusts)" 개념에 반영되어 있다.

다섯째, 위탁자는 커먼로상의 증여에서는 허용되지 않는 권한을 신탁에 관해서는 보유할 수 있는데, 엄밀히 말하자면 그러한 권한을 보유하였다고 하여 위탁자를 신탁에 있어서의 수익자로 만들지는 않는다. 철회권은 이러한 권한 중 가장 명백한 경우이다.

커먼로에서는, 철회불가능함이 증여의 필수적 요소로 되어 있고, 그리하여 철회가능한 증여를 하려는 시도는 성공적이지 못하다. 반면, 형평법에서의 신탁(equitable trust)은 부분적으로 또는 전부를 철회할 수 있다(또는 위탁자 아닌 자에 의하여 종료될 수 있다). 그리하여 지배력을 유지하기를 희망하는 증여자는 신탁을 이용하여야 한다. 관련된 권한은, 신탁을 변경하거나, 투자나 수입과 원본을 배당하는 시간과 그 배당액과 같은 점들에 관해 수탁자를 통제할 권한을 포함한다.

일반적으로, 신탁은 철회가능한 것으로 명백히 선언되어 있지 아니하는 한, 철회불가능한 것으로 추정된다. 그러나 통일신탁법 § 602조 (a)항은 다음과 같은 추정을 규정하고 있다; 신탁은 달리 설정되지 않는 한, 철회가능하다. 이 조항은, "신탁조항이 그 신탁이 철회불가능한 것으로 명백히 규정하지 않는 한, 위탁자는 신탁을 철회하거나 변경할 수 있다"라고 규정하고 있다.

D. 수탁자

신탁계약에서 최초의 또는 승계 수탁자의 지명은 위탁자에 의하여 이루어진다. 위탁자가 수탁자로서의 임무를 수행할 수 있고 그렇게 할 의사가 있는 최초의 또는 승계 수탁자를 지정하지 않았다면, 그 신탁에 대한 관할권이 있는 법원이 지명한다.

개인, 회사 및 정부기관을 포함하여, 커먼로상의 권원을 취득하고 이전할 수 있는 개인 또는 법인이면 수탁자가 될 수 있다. 공제조합(lodges)이나 친목회 등과 같은 법인격 없는 단체는 일반적으로 권원을 취득하고 양도할 능력이 없다; 그래서 그들은 수탁자가 될 수 없다.

신탁은 설정당시 수탁자를 지명함이 없이도 설정될 수 있다. 위탁자가 수익자에게 형평법상 권원을 이전하면, 위탁자는 신탁설정의사를 표시한 것이 된다. 위탁자는 다른 사람에게 커먼로상의 권원을 양도하지 못하였기 때문에 커먼로상의 권원을 보유한다; 위탁자가 사망하면, 커먼로상의 권원은 위탁자의 상속인이나 유언수익자에게 귀속되지만, 형평법상의 권원은 신탁수익자에게 남는다.

형평법에 따르면, 위탁자가 특정인이 수탁자가 되지 않으면 신탁이 존재할 수 없다는 의사를 표시한 매우 드문 경우를 제외하고는, 수탁자가 없다고 하여 무효가 되지 않는다. 그러한 수탁자 지정은 드물다. 통일유언법 §204조는, 신탁에 수탁자가 없는 경우, 수탁자지정에 관한 재판절차의 관할(venue)은, (a) 수익자가 거주하는 주의 카운티; (b) 신탁재산이 존재하는 카운티; 또는 (c) 피상속인의 유산이 존재하거나 신탁이 유언에 의하여 설정되는 경우 관리가 이루어지는 카운티 중 하나에 속한다고 규정한다.

위탁자가, 신탁의 설정을 위해 수탁자에게 알리는 것은 필요하지 않으나, 수탁자에게 알리지 않으면 위탁자가 신탁설정의사를 최종적으로 확정하지 않았다는 점을 보여주는 것이 될 수 있다.

수탁자는 최초의 지명을 수락하거나 거부할 수 있다. 통일신탁법 §701조 (a)항은 수탁자로 지정된 자가 수탁자 지위를 수락한 것으로 보는 조건을 설정하였다. 위 자는, "신탁조항에 설정된 수락방법을 충분한 방법으로 따름으로써" 수탁자 지위를 수락할 수 있다; 또는 "신탁재산의 수령, 수탁자로서의 권한 행사나 의무 이행, 또는 수탁자 지위의 수락을 달리 표현하는 방법"에 의해서도 그러하다.

수탁자가 수탁자로서의 행위에 대해 책임을 지려면 수락이 필요하나, 수락은 종종 신탁설정시기와 관련된다. 보통은 수탁자 지위의 수락 또는 포기는 철회할 수 없다. 수락은 명시적으로 이루어질 수도 있고, 신탁설정에의 관여, 신탁의 존재를 알고 난 뒤에 수락을 거부하지 않은 경우 또는 신탁관계의 존재에 부합하는 방법으로 신탁재산을 다룬 것 등과 같은 상황에 의하여 묵시적으로 이루어질 수도 있다.

신탁재산에 관한 커먼로상 권원의 이전은 해당 유형의 권리와 그 유형의 신탁에 관해 요구되는 법적 요건에 따라야 한다. 커먼로상의 권원이 수탁자에게 불완전하게 이전되면, 커먼로상의 권원이 위탁자나 그의 상속인 또는 유언수익자에게 남아있게 되나, 형평법상의 권원이 수익자에게 이전되었다면, 신탁 자체의 형성에 지장을 주지는 않는다.

수탁자 지위를 아직 수락하지 아니한 피지명자는 통일유언법 § 701조 (b)항에 따라 수탁자 지위를 거부할 수 있다. 예를 들어 "지명된 사실을 알고 나서 적절한 시간 내에 수탁자 지위를 수락하지 아니한 피지명자는 수탁자 지위를 거부한 것으로 본다."

일단 수탁자 지위를 수락하면, 수탁자는 신탁계약서에 규정되어 있거나 해당 신탁에 대한 권한을 갖는 법원의 허가에 의하지 않으면 사임할 수 없다. 통일유언법 § 705조는, 수탁자가 자격이 있는 수익자 및 공동수탁자에게 최소한 30일의 기간을 두어 통지하거나 법원의 승인을 얻어 사임할 수 있도록 허락하고 있다.

수탁자는 위탁자일 수 있고, 수익자일 수도 있으며, 둘 다를 겸할 수도 있다. 유일한 수탁자가 유일한 수익자가 되는 경우만은 허용되지 않는다. 그러한 경우에는 커먼로상의 권원 및 형평법상의 권원이 통합되기 때문이다. 통일신탁법 § 402조 (a)(5)항은 동일인이 "유일한 수탁자이면서 동시에 유일한 수익자"가 되는 것을 금한다.

신탁에 다른 수탁자(또는 다른 수익자)가 있는 신탁의 설정도 가능하다. 보통 공동수탁자는 신탁 전체에 대해 완전한 책임을 진다. 통일신탁법 § 703조 (a)항은 "만장일치로 결정을 할 수 없는" 공동수탁자들이 "다수결에 의하여 행위할 수 있도록" 허용한다. 나아가 § 703조 (b)항은 만일 공동수탁자 중 공석이 생기면, 나머지 공동수탁자들이 신탁을 위한 행위를 하도록 요구하고 있다. 통일신탁법 § 703조 (c)항에 따라, 공동수탁자가 "부재, 질병, 다른 법령에 따른 자격상실 또는 다른 일시적인 능력상실 때문에 수탁자로서의 기능을 다 할 수 없는" 경우가 아니면, 신탁에 관한 결정에 모든 공동수탁자가 참여하여야 한다. 공동수탁자는 수탁자로서의 기능의 실행을 다른 수탁자에게 위임할 수도 있다. 통일유언법 § 703조 (d)항에 따라, 신탁목적을 달성하기 위해서 또는 신탁재산에 대한 손해를 피하기 위하여, 어떤 수탁자가 부재하는 경우 남은 수탁자 또는 남은 수탁자 중 다수결에 의하여 신탁을 위한 행위를 하는 것이 허용된다.

수탁자는, 통일유언법 § 703조 (e)항에 의하여, 위탁자가 수탁자들이 공동으로 할 것으로 합리적으로 기대한 기능의 실행을 특정의 공동수탁자에게 위임할 수 없다. 통일유언법 § 703조 (g)항에서 달리 규정한 경우를 제외하고, 다른 수탁자의 행위에 관여하지 아니한 수탁자는 그 행위와 관련하여서는 책임이 없다. 통일유언법 § 703조 (g)항은 각 수탁자가 다음 각 사항을 이행함에 있어 합리적인 주의를 기울일 것을 요구한다: (1) 공동수탁자가 신탁계약을 중대하게 위반하는 것을 막을 것; 그리고 (2) 공동수탁자가 신탁계약을 중대하게 위반한 행위와 관련하여 배상하도록 강제할 것. 통일유언법 § 703조 (h)항에 의하여, 수탁자의 과반수의 지시에 따른 행위에 참가하였으나 그 행위시 또는 그 이전에 공동수탁자들에게 그 행위에 동의하지 아니함을 통지한 부동의수탁자는, 그 행위가 신탁계약을 중대하게 위반하는 것이 아닌 한, 그 행위에 관련하여 책임을 지지 않는다.

위탁자가 수탁자임무를 둘 또는 그 이상의 사람에게 나누는 것도 가능한데, 예를 들자면 동일한 신탁 내에서, 수탁자 #1은 아파트를, 수탁자 #2는 농장을 관리하게 하는 것이다. 투자 등의 사무와 관련하여 수탁자의 조언자(advisor)가 되나, 일상적인 신탁관리 사무에는 관여하지 않는 준수탁자(quasi-trustees)를 두는 것도 가능하다. 이러한 조언자들 역시 신인의무를 지는 자(fiduciaries)이며, 제한된 역할만을 하기는 하지만 그래도 수탁자들과 마찬가지의 원칙에 구속된다. 위탁자는 수탁자의 업무를 공동수탁자들 사이에서 나눌 권한이 있으나, 공동수탁자들은 동일한 권한을 갖지 않는다. 수탁자들이 그러한 분할을 하기 위하여 수탁자 권한을 위임하는 것은 적절하지 않다.

공동수탁자들은 합유자로서 커먼로상의 권원을 갖는데, 합유는 명백히 선언되어야 한다는 규정 때문에, 또는 커먼로에 의해 요구되는 4개의 동일성 요건[6]의 결여로 인하여, 공동소유(co-ownership)가 합유(joint tenancy)가 되지 못하는 지역에서도 그러하다. 그리하여 공동수탁자 중 한 사람이 사망하면, 다른 공동수탁자들이 자동적으로 커먼로상의 권원을 승계한다. 수탁자 중 최후의 사람이 사망하면, 커먼로상 권원은 그의 상속인이나 유언수익자에게 승계되지만, 수익할 권리는 그렇지 아니하다. 그래서 수탁자의 생존배우자는 신탁재산에 관한 수증자(또는 법에 의한 그와 동등한 권리)로서의 권리를 갖지 않는다.

수탁자는 권한 있는 모든 수익자들의 동의 또는 자격이 있는

---

6 'joint tenancy'는 '합유재산권' 또는 '합유부동산권'이라 해석할 수 있는데, 'joint tenancy'가 형성되려면, 동일 부동산에 관한 동일한 양도행위(unity of title), 2명 이상의 자가 동일한 때부터(unity of time) 동일한 권리(unity of interest)를 공동소유(unit of possession)한다는 네 가지 동일성 요건(four unities)을 필요로 한다. 田中英夫編集代表, 英米法辞典, 東京大学出版部(1991), 478면.

수익자들 및 모든 공동수탁자에 대한 30일간의 기간을 둔 통지와 함께, 신탁에 대한 관할권을 갖는 법원에 의하여, 신탁계약에서 허용된 바에 따라 사임할 수 있다. 수탁자가 사임할 수 있도록 허용하는 조항을 두는 것이 일반적인 신탁설정실무이다. 수탁자가 법원의 허가를 구하는 경우, 법원은 수탁자가 아니라 수익자의 관점에서 상황을 검토한다. 신탁수익자가 갖는 행위능력(sui juris)의 수준과 수탁자의 사임에 동의하는 정도에 따라 금반언(estoppel) 원칙이 적용될 수 있다; 그러나, 동의할 능력이 없는 자 또는 동의하지 아니한 자들은 수탁자가 행위를 하지 않은 것에 대해(for failure to act) 책임을 물을 수 있다.

수탁자는 신탁계약에 규정된 바에 의해 또는 해당 신탁에 대해 관할권을 갖는 법원에 의해 해임될 수 있다. 신탁계약은 수탁자를 해임할 권한을 위탁자에게 유보시키거나, 제 3 자에게 부여할 수 있다.

통일유언법 § 706조 (a)항은 위탁자, 공동수탁자 또는 수익자는 "법원에 수탁자의 해임을 요구할 수 있고, 법원은 직권으로 수탁자를 해임할 수 있다"라고 규정한다. § 706조 (b)항은 다음과 같은 경우에 법원이 수탁자를 해임할 수 있는 것으로 규정한다: (1) 수탁자가 중대한 신탁계약위반을 저질렀을 때; 또는 (2) 공동수탁자 사이의 협조결여가 신탁관리를 중대하게 해할 때. 나아가 법원은, 신탁을 효과적으로 관리하는 데 수탁자가 부적합하거나 소극적이거나 또는 계속하여 실패하였음을 이유로 하여 수탁자를 해임하는 것이 수익자의 이익을 위해 최선이라고 결정할 수 있다. 마지막으로 법원은, 수탁자를 해임하는 것이 모든 수익자의 이익에 최선이고, 신탁의 중요한 목적에 모순되지 아니하며, 환경의 중대한 변화가 해임을 요구하는 상황에서 적절한 공동수탁자 또는 승계수탁자를 구할 수 있다고 결정을 내릴 수 있다.

해임은 중대한 수단이므로 가볍게 행해지지는 않는다. 수익자에 대한 책임을 발생시키는 것을 포함한 신탁의무위반들이 있다고 하여 그것들이 반드시 수탁자해임을 위한 충분한 사유가 되지는 않는다. 수익자와의 의견불일치 또는 이해충돌도 마찬가지로 해임사유가 되지 않는다. 수탁자가 수익자와 반대되는 이익을 갖는 경우가 있을 수 있고, 반대도 마찬가지이다; 그러나, 그러한 반대되는 이해관계가 신탁설정시 위탁자에게 알려졌다면 해임사유가 되지 못한다. 위탁자가 신탁을 설정하면서 하는 지명은, 당시 존재하는 이해충돌을 받아들이는 것이 된다. 그러나, 신탁이 설정되고 난 뒤에 반대되는 권리를 취득하면, 이해충돌로 인하여 수탁자 해임사유가 될 수 있다.

E. 수익자

제 3 차 신탁법 리스테이트먼트(2003) § 43조에 의하면, "신탁재산으로 의도되는 재산에 대한 커먼로상의 권원을 취득하여 보유할 능력이 있는 자는 누구나 그 재산에 의한 신탁의 수익자가 될 능력이 있다; 보통은 재산에 대한 커먼로상의 권원을 보유할 능력이 없는 사람은 신탁수익자가 될 수 없다." 서로 배타적인 두 가지 유형의 수익자가 있다: 공익 수익자(charitable beneficiary)와 사익 수익자(private beneficiary)가 그것이다. 이러한 두 유형은 다음과 같은 점에서 다르다.

• 확정성(*Ascertainability*) 및 실행가능성(*Enforcement*). 일반적으로 사익신탁의 수익자는 신탁을 실행할 수 있을 만큼 확정되어 있

어야 한다. 통일유언법 § 402조 (b)항은, "만일 영구금지원칙(rule against perpetuities)에 따르면서 현재 또는 장래에 수익자가 확정될 수 있다면," 수익자가 확정되어 있는 것이라고 규정한다. 공익신탁의 수익자는 확정되어 있지 않아도 되는데, 이는 위탁자가 그의 급부(largess)로부터 이익을 얻을 자가 누구인지 모른다는 것을 의미한다. 그러나, 통일유언법 § 409조는 21년 내의 기간 내에서, 확정된 수익자 없는 비공익신탁[7]의 설정을 허용하고 있음에 주의하라. 공익신탁은 법무장관(attorney general)과, 통일신탁법 § 405조 (c)항을 채택한 지역의 경우 그 위탁자에 의하여 실행된다.

• 영구금지원칙(*Rule against Perpetuities*). 위탁자는 영구금지원칙에 위반하지 아니하는 범위에서, 한 공익목적의 완수 이후 다른 공익목적을 위해 사용될 수 있도록 하는 내용으로(to follow another charity){소유자가 트리에이커(Tree-acre)를 자선단체인 베타(Beta)가 빈민들에게 음식을 제공하는 한 베타가 보유하게 하고(leave), 이어 자선단체인 카르타(Carta)에게 가게 하는 경우}, 특정 자선단체(charity)에 잔여권증여(remainder gift)를 할 수 있는데, 이는 두 번째 증여(즉, 자선단체 카르타가 받는 증여)가 현실화되는 데 21년 이상의 시간이 걸리더라도 그러하다. 공익목적을 위한 경우의 이러한 예외(exemption)는 조건(예를 들자면 빈민들에 대한 식품제공 등)을 부여하여 그 조건이 무기한 실행되도록 하는 것도 허용한다. 자선재단에 대한 증여(a gift charity) 이후 개인에게 하는 잔여권증여(소유자가 자선단체 베타가 빈민들에게 음식을 제공하는 한 베타가 트리에이커를 보유하게 하고, 그 이후에는 사촌 조이스에게 가게 하는 경우)는, 조이스가 트리

---

7 원문의 'private trust'를 '사익신탁', 'noncharitable trust'를 '비공익신탁'으로 번역하는데, 이 두 가지의 뜻에는 차이가 없는 것으로 이해된다.

에이커에 대한 권리를 얻기 전의 증여 부분이 무기한이므로, 영구금지원칙을 위반한다. 자선단체에 대한 증여는 영구금지원칙의 목적에 어긋나지 않으며, 신탁원본의 처분 없이 신탁재산으로부터의 수입을 "영원히(forever)" 지급하라는 지시를 하는 내용의 사익신탁을 무효로 한다는 조건하에, 신탁기간에 관한 제한을 받지 않는다.

- 조세특혜(*Tax Advantage*). 공익신탁은 완전면세와 같은 다양한 조세특혜를 받을 수 있다. 사익신탁은 연방, 주 및 지방소득세를 납부하여야 한다.

- 씨프레원칙(*Cy Pres*).[8] 공익신탁은, 신탁의 최초목적이 실행불가능한 것이 된 경우, 신탁의 일반적인 공익목적을 달성하기 위하여 씨프레원칙을 이용할 수 있다.

1. 사익신탁의 수익자

상기한 바대로 수익자는, 신탁이 형성되지 않는 한 가지 경우 외에는, 신탁에 있어서의 다른 역할(위탁자 또는 수탁자)을 겸할 수 있다: 유일한 수탁자는 유일한 수익자가 될 수 없는데, 왜냐하면 이 경우 수탁자–수익자관계에 따른 의무가 존재할 수도 없고, 실행될 수도 없기 때문이다.

사익신탁에 관한 수익자에 대한 통지 및 수익자의 수락은 신탁

---

8 '씨프레원칙' 또는 '근사해석의 원칙'이란, 원래 영국에서 유언해석의 원칙으로서 공익신탁 특히 유언에 의한 공익신탁에서 발달된 제도인데, 일반적인 의미로는, '권리자가 재산의 처분에 대하여 일반적인 의사를 표시하고 동시에 그 의사의 실행방법을 특정한 경우에, 그 방법이 위법 기타의 이유로 실행할 수 없다든가 또는 그것의 실행이 상당하지 않은 때에, 그 사건을 담당한 법원이 일정한 경우에 그 의사를 가능한 한 유언자가 지정한 방법에 근사하고 합리적이며 상당한 방법으로 실행하는 원칙'을 말한다. 高柳賢三, 英米法辭典, 有斐閣(1983), 118면. 崔東軾, 信託法, 法文社(2006), 457면 이하에서 재인용.

설정을 위하여 필요한 것이 아니지만, 수익자가 수익권원을 취득할 수 있고 이미 특정되었거나 앞으로 특정되어야 함은 필수적이다.

a. 능 력

커먼로상 권원을 취득하고 보유할 수 있는 능력(capacity)이 있는 사람은 누구나 신탁의 수익자가 될 수 있다. 미성년자나 무능력자도 신탁에서의 수익권을 가질 수 있다. 때때로 주가 외국인이나 회사에 의한 재산(또는 농장과 같은 특정 유형의 재산)의 소유권의 보유를 제한할 수 있다. 그러한 경우, 신탁에 관한 소유권[9]이 금지되는지 여부에 관한 법령해석이 중요한데, 일반적으로 위와 같은 금지는 그러한 간접적인 소유권(indirect ownership)에도 미친다.[10]

b. 법인격 없는 사단

법인격 없는 사단(unincorporated association)으로 전형적인 것은, 친목단체(fraternal organization), 공제조합(lodges) 또는 공식적으로 법인으로 설립되지 않았거나 전통적인 조직형식 중 하나를 택하여 창설된 "펀드"와 같은 것이다. 법인격 없는 사단은 공식적인 규정이나 부칙 및 상세한 내부규정을 가지는 경우도 있으며, 또한 단순히 볼링리그와 같이 공통된 이해를 갖춘 사람들의 모임일 수도 있다.

법인격 없는 사단은 공식적인 회사와 집단구성원에 대한 증여(class gift) 사이의 애매모호한 경계선상에 위치해있다. 신탁법 제3

9 이 부분 원문은, 'ownership in trust'인데, 문맥상 수익권의 보유를 의미하는 것으로 이해되는데, 즉 그 소유가 금지되는 대상물을 수익권의 보유를 통하여 지배하는 것이 가능한가에 대한 기술로 이해된다.

10 이 부분에서의 '간접적인 소유권'이란 수익권의 보유를 통한 지배를 의미하는 것이다.

차 리스테이트먼트 주석 e는, 법인격 없는 사단은 영구히(during the perpetuities period) 특정신탁의 수익자가 될 능력이 있고, 나중에 그 신탁은 분리되어(severed, 해체되어) 신탁조건에 따라 특정 회원들에게 분배되거나, 위탁자나 그의 이해관계를 상속하는 자들을 위한 복귀신탁으로 보유될 수 있다고 설명한다. 많은 지역에서는, 법인격 없는 사단이 커먼로상의 권원을 취득할 수 없다는 커먼로상의 원칙을 입법을 통해 없앴다.

법인격 없는 사단이 법적 주체(juristic entity)가 될 수 있음을 인정하지 않는 지역이 몇몇 있다; 이러한 지역에서는 법인격 없는 사단은 법적으로는 존재하지 않는다. 그리하여 이러한 지역에서는 수익권은 그 단체의 구성원들에게 속한다. 위탁자가 그 그룹의 구성원들에게 신탁에 의한 증여(gift in trust)를 할 것을 의도한 경우, 그 그룹이 "특정 시점에서 확정된다면(frozen in time)"(즉, 신탁설정 당시 또는 다른 특정시점의 단체구성원) 수익자는 확정될 수 있다.

법인격 없는 사단의 일부는 "집단구성원에 대한 증여"와 겹치게 된다. 양자 모두 특정된 성질에 의하여 확정되는 사람들 그룹을 다루게 된다. 사교클럽(Fraternities)은 (공식적으로 법인화되지 않은 경우) 법인격 없는 사단의 명백한 예임에 반해, 팀의 구성원은 단체(class)와 법인격 없는 사단 사이의 경계선에 있는 것으로 간주될 수 있다.

c. 집단구성원에 대한 증여— 해석(*Construction*)

신탁수익자가, "내 자녀들" 또는 "내 조카들"과 같이 집단으로 지정되는 경우도 매우 흔하다. 집단의 구성원은 특정될 수 있어야 하고, 특정되어야 한다. 집단구성원에 대한 증여가 관련되는 경우에는 언제나, 많은 해석문제와 장래권(future interests)에 관한 특유한 법리문제가 발생한다. 소멸중단조항이 집단구성원에 대한 증여에 적용될 수 있고, 관계되는 사람을 위해 집단구성원에 대한 증여를 줄일 수(save) 있다.

집단구성원은 어느 시점을 기준으로 정해지는가? 집단구성원에 대한 증여는 시간을 통하여 늘여지는 튜브로 볼 수 있다. 그 튜브의 측면은 집단의 일반적인 특성을 표시한다 — "내 자손" 또는 "내 직원들." 그 튜브의 양쪽 끝은 개방적(open)일 수 있다 — 새 구성원이 추가될 수 있고, 옛 구성원이 집단으로부터 탈락될 수 있다. 때때로 그 끝이 자연스럽게 또는 집단구성원에 대한 증여의 조건에 따라 닫힐 수 있다: 그 조건의 예는, '내가 사업을 그만둔 뒤에는 추가의 "직원"은 없다'라고 하는 경우이다.

집단구성원에 대한 증여는, 수익자가 되는 구성원을 특정하기 위하여, 특정시점에 확정되어야 한다. 위탁자의 명백한 표현, 의도의 추론이나 그 결합 등에 의하여 집단은 고정된다.

예를 들어 "지금 생존해있는(now living)" 또는 "당시 생존해있는(then living)"과 같은 용어는 특정 시점에 대한 지칭(reference)일 수 있다. 그러나, 그러한 단어가 사용되더라도 시점이 불명확할 수 있다. 유언장에서의 "지금(Now)"은, 유언장 작성시일 수도 있고 유언자의 사망시일 수도 있다. 여러 생애권 이후의 "당시 생존해있는"이란, 그들 중 "최후의 사람이 사망한 때(the last to die of)"라고 명백히 표현되지 않는 한, 명확하지 않게 된다.

영구금지원칙과 관련된 확정성의 확고한 요구(vesting certainty)에 의해, 집단구성원에 대한 증여의 양쪽 끝은 닫혀져 있어야 한다— 더 추가되는 것은 불가능하며, 집단구성원 누구에 대해서도 그 앞

사정에 관한 조건(condition precedent, 생존과 같은 것)은 존재할 수 없다. {"대습에 의하여(by right of representation)"라는 표현이 특정인의 "자손(issue)"에 대한 증여와 함께 사용되는 경우를 제외하고} 일반적으로, 집단의 구성원은 평등하게 권리를 취득한다.

d. 집단구성원에 대한 증여— 구성원의 특정(*Ascertainability of Members*)

집단구성원에 대한 증여는 수증자를 특정하기 위하여 이름을 적시하기보다는, "내 조카들"과 같은 범위설정을 한다. 특별한 상황{"자손"이라고 하면 입양된 자손이나 서출(庶出) 자손들도 포함하는가? 아주머니의 남편이 "아저씨(uncle)"인가?} 때문에, 또는 사용된 특정 표현{"친구(friend)"} 때문에 애매모호할 수 있다. *Clark v. Campbell*(1926) 사건에서, 유언자의 "친구"를 위한 신탁이, 그 표현이 같은 유언장의 다른 부분에서 지칭된 "친구"에 해당된다고 해석될 수 있었음에도 불구하고, 수익자가 특정되지 않았다는 이유로 무효로 선고되었다. 특정의 다음 단계는 "친척(relatives)"인데, 이 표현은 때때로 상속인들 또는 혈연상 바로 다음 단계의 친족으로 해석되는 표현이지만, 만일 인척까지 고려하면 지나치게 특정이 되지 아니한 것으로 해석될 수도 있다.

e. 집단구성원에 대한 증여— 부분적인 특정(*Partial Ascertainability*)

사익신탁의 수익자는 모두 특정되어야 한다. 특정 집단을 구성하는 모든 사람들이 특정되지 않으면 그 집단에 관한 신탁설정은 무효가 된다. 그러나 그 집단의 구성원에게 재산을 이전하려는 시도는, 수탁자 지명권의 부여 또는 수탁자에 대한 직접적인 증여로서 유효할 수 있다. 그래서 "내 친구 죤 도에게, 내 친구들에게 분배하기 위하여" 하는 유증의 경우, 죤 도가 다른 사람들뿐 아니라 스스로에게도 재산을 분배할 수 있도록 허용하는 취지의 유효한 일반적인 지명권이 창설될 수 있다.

신탁의 수탁자에 대한 구속력 있는 의무가 존재하지 않는다 하더라도, 만일 해당 표현에 의해 일반적인 지명권이 창설되는 것으로 해석되는 경우, 수증자는 그 자신을 포함하여 누구든 지명할 수 있는 권한을 갖는다. 마찬가지로, "필요한 경우 내 친구 죤 도가 내 친척들을 돌볼 수 있도록" 하기 위한 유증은 신탁이라기보다는(그리고 수익자의 불특정으로 인하여 잠재적으로 무효이다), 죤 도에 대한 직접적인 증여와 관련된, 희망을 담은(precatory) 표현으로 해석될 수 있다(그리고 그래서 유효하다).

예: T는 그의 유산 중 잔여분을 "A가 A 자신을 배제하기로[d] 선택한다면[c], 내 친척들을 위한[b] 신탁으로[a]" A에게 유증한다. 인용부호로 된 표현을 제외하거나, "신탁으로(in trust)"라는 부분을 제외하면, 잔여재산에 관한 유증은 A에 대한 직접적인 유증으로 해석될 수 있다. "신탁으로"라는 표현 자체는, 어떤 수익권도 "수탁자(trustee)"에게 이전될 것으로 의도되지 않는다는 점을 나타낸다(그러나 결정적인 것은 아니다). 만일 그것이 신탁이라면, "[b]"에서 나타난 수익자들이 집단을 형성하기에는 지나치게 애매하다; 때때로 "친척들"은 "상속인" 또는 "최근친자(next of kin)"를 의미하는 것으로 해석될 수 있다. 그러나 그러한 용어가 신탁이 되기에 너무 애매하다면, 그러한 용어는 "[c]" 조항과 결부되어, 지명권 창설이 의도된 것을 나타낸다. 그 권한은, "[d]" 표현을 제외하고는 일반적인 것(general)이나, 그러한 표현은 전체 유증에 대한 지명권에 관한 해석을 강화함으로써, 동 권한을 일반적인 것에서 '특별한 것(special)'으로 변화시키는 데 충분한 것이다. 위 규정(the clause as written)에 관한 가장 좋은 해석은, 그것을 A에게는 커먼로상의 권원을 부여하고, 별다른 지명이 없을 경우(in default of appointment) 형평법상의 권원은 유언자의 상속인에게 남기는 것으로 보는, 신탁과 관련한 유효하면서도 특별한 지명권을 설정하는 것으로 보는 것이다.

리스테이트먼트가 규정하는 해당 집단구성원의 특정성은 직접적인 증여인지 지명권인지에 따라 달라진다. 신탁법 제3차 리스테이트먼트 § 45조는 오직 "특정 집단의 구성원만이 신탁 수익자가 될 수 있다"라고 주장한다. 이 원칙에 대한 주석 a는, 사람들의 집단은, "그 구성원이 되는 개인의 신원이 신탁설정시에 특정이 되거나, 영구금지원칙에 위반되지 않는 기간 및 조건하에 특정될 수 있으면, 특정되어 있는 것이다. 그 구성원 수에 증감이 있을 수 있는 집단은, 그것에 변화가 있다는 이유만으로는 특정되지 아니한 것이 되지 않는다"라고 규정한다.

신탁법 제3차 리스테이트먼트 § 46조는, "양수인이 자신의 선택에 따라 불특정 집단의 구성원에게 재산을 분배하도록 지시를 받은 경우, 그 양수인은 자신이 선택한 집단구성원에게 그 재산을 분배할 권한을 갖게 되며, 그것은 의무는 아니다; 양수인이 어느 정도까지 그 권한(개인적인 것으로 추정된다)을 행사하지 않으면, 양수인은 그 뒤로는 법정의 복귀수익자를 위해 그 재산을 보유하는 것으로 본다"라고 규정하고 있다. 이는 양수인이 집단구성원에게 재산을 분배하지 않을 경우, 그 양수인은 복귀수익자를 위해서만 그 재산을 보유하여야 하고, 자신을 위해서는 이를 보유할 수 없음을 의미한다.

2. 우연한 수익자

신탁으로부터 수익을 얻는다고 하여 모두 신탁의 수익자인 것은 아니다. 기준은 경제적 의미의 이익이 아니라, 이익에 관한 위탁자의 의사이다. 그 구별은, 우연한 수익자(incidental beneficiaries)는 때때로 수탁자의 행위나 부작위에 대해 이의를 제기할 적격을 갖지 못하기 때문에, 절차적인 이유에서 중요하다.

예: T는 A의 이익을 위해 신탁을 설정하였고, 수탁자에게 마이크로소프트사의 보통주(common stock)에 투자할 것을 지시하였다. 그 회사는 신탁의 의미에서는 이익이 없고, 신탁재산에 의한 투자와 관련된 명백한 조항을 포함한 규정의 집행을 강제하기 위한 재판을 청구할 적격을 갖지 않는다.

우연한 수익자에 관한 다른 예로는 "진정한(true)" 수익자가 신탁으로부터 지급되는 학비에 의해 등록한 학교, 신탁이 그 채무를 변제하는 "진정한" 수익자의 채권자, 그리고 신탁이 없었더라면 "진정한" 수익자를 위해 기금을 제공하였어야 할 정부기관 등이 있다.

"우연한" 수익자 개념은, 신탁과 관련하여 본질적이지 못한 의미에서만(only tangentially) 관련되는 자들이 신탁조건의 집행을 구하는 것을 거부하는 데 이용된다; 이 개념은 우연한 수익자의 권리가 집행되기에는 지나치게 애매하거나 약하다는 취지의 법원의 판단으로 보일 수 있다. 아마도 이 개념은 지나치게 확장되어서는 안 되겠지만, 이 개념은 "공익신탁"으로부터의 급부를 수령하는 자가 "진정한" 수익자인 것은 아니라는 개념에 대한 설명과 가교로 기능하게 된다. 공중(public)이 수익자이며, 급부의 수령자는 “그저” “우연한” 수익자일 뿐이다.

3. 공익신탁

공익신탁(charitable trusts)에는 공익목적, 불특정 수익자 및 신탁에 의하여 지정된 수탁자가 있어야 한다. 씨프레원칙은, 원래의 신탁목적에 유사한 목적을 취함으로써 일반적인 공익목적을 달성하기 위한 신탁의 변경(reformation)을 허용한다.

a. 공익목적

통일신탁법 § 405조 (a)항은, “공익신탁은 빈민구제, 교육 또는 종교의 진흥, 보건향상, 정부나 지방자치단체의 목적 또는 그 달성이 지역사회에 유익한 다른 목적을 위하여 설정된다”고 규정한다. 무엇이 공익인가는 시대와 장소에 따라 변하지만, 4가지 분야 — 빈곤, 교육, 종교 및 정부 — 를 들 수 있다.

ⅰ. 빈 곤

빈민구제는 그 정의가 상당히 변해왔지만, 지금도 그렇고 전통적으로도 공익목적으로 취급되어 왔다. 오늘날 기본적인 것으로 간주되는 특정 상품과 용역이 4세기 전에는 사치품이었던 점은 명백하다; 식생활, 주생활과 교통수단에서의 차이를 고려하라. 공익신탁의 개인수익자로서 경제적인 이익을 받는 정도에 따라, 그 수령자는 앞으로 빈곤으로부터 벗어날 수 있다.

빈민구제는 아마도 가장 오래된 공익목적 중 하나일 것이다. 최근에 이르러 정부기관이 빈민구제 임무를 맡는 경향이 생겨났고, 그리하여 두 가지 공익목적이 섞이게 된 결과 사적 영역에서 이루어지는 빈민구제의 필요와 추세가 무뎌졌다(blunting).

“빈민(the poor)”을 위한 신탁은 공익신탁이지만, 신탁이 공익적인 것이 되기 위해 오로지 빈민을 위한 것이어야 할 필요는 없다. (공익목적을 위한 처분과 마찬가지로) “빈민”을 위한 신탁에 의한 증여나 유증은 그 지정된 목적과 부합하는 목적에 대해서도 적용될 수 있다. 수탁자가 그러한 목적을 수행하려 하지 않으면, 법원이 공익적인 처분을 위하여 “계획을 수립하도록(framing a scheme)” 돕게 된다. 예를 들어 통일신탁법 § 405조 (b)항은, 공익신탁의 조항이 특별한 공익목적이나 수익자를 지정하지 않는 경우, “법원은 하나 또는 그 이상의 공익목적이나 수익자를 선택할 수 있다. 그 선택은 그것이 특정될 수 있는 한, 위탁자의 의사에 부합하여야 한다”라고 규정한다. 빈민과 함께 부자들에게도 이익을 주는 신탁은, “빈곤(poverty)”이라는 범주에 속하지 않더라도 여전히 공익목적이 될 수 있다.

사개인(私個人, Private individuals)은 “우연한” 수익자일 수 있으며, 그들에게 이익을 주는 신탁이 공익신탁이 되기 위하여 그러한 수익자가 전혀 없어야 하는 것은 아니다. 그러나 누가 수령자인가와 그들의 빈곤정도는 그 목적이 빈곤구제에 해당하는가를 결정함에 영향을 준다. 오스틴 웨이크먼(Austin Wakeman)의 “지역사회는 이 신탁의 실행에 이해관계가 있다”라고 하는 표현에서와 같이, 이익을 얻는 사람들이 충분하게 크지 못한 애매한 집단이라면, 그것은 공익신탁이 아니다.

빈곤한 개인들을 지명한 신탁은 공익신탁으로 간주되지 않으나, 지역이나 나이 및 성별 제한(“로즈빌 지역의 빈곤하고 연로한 부인들(poor, old women of Roseville)”)은 허용된다. 넓은 의미에서 “나의 가난한 친척들(my poor relatives)"을 위한 신탁은, 만일 수익자들을 특정할 수 있으면 사익신탁으로 취급될 수 있으나, 그 그룹의 구성원이 특정되므로, 즉 그룹이 너무 작기 때문에 공익신탁으로 취급되지 않는다. 아마도, 위탁자의 혈족들이 경제적 이익을 취하게 할 의도보다 적은 공익의도에 의해 비공익적 성질(non-charitable nature)이 설명될 수 있을 것이다.

ii. 교 육

전통적인 교육과정의 요소들 — 학교, 교사들 또는 학생들 — 에 대한 어떠한 도움도 교육목적이며, 프로그램(연구, 정보의 전파 등)의 창설과 관련기관(박물관과 도서관)의 창설도 그러하다. 허용되는 교육과 비공익 선전(non-charitable propaganda)의 경계선이 존재한다면, 그 경계선상에 있는 대부분은 "교육"에 속하고, 특정인의 관점을 후원하는 것과 같은 극단적인 경우만 배제된다.

어떤 유언자는 그들 자신의 저술, 작품 또는 수집품들을 과대평가한다. 출판되기 어려운 저술을 출판하거나 유명하지 않은 사람의 주거를 박물관으로 보존하고자 하는 공익신탁은, 유언자가 추구하는 가치가 지역사회 전체에 대해 충분한 가치가 되지 못하기 때문에, 공익신탁으로서는 보통 무효가 된다. 다만 법원은, 공중이 소비하기에 적절한 것이어야 한다는 개념을 지나치게 강조하기보다는, 가장 논란의 여지가 있는 관점을 허용하는 실수를 저지르는 편이 낫다. 지극히 명백한 경우들도 예상할 수 있지만, 허용범위가 넓은 것이 좋다.

ⅲ. 종 교

오늘날 미국에는 일반적으로 모든 유형의 종교를 진흥하기 위한 신탁이 존재한다. 진흥은 교회나 랍비, 목사, 신부 등에게 직접 금전을 교부하는 형식이나 다른 종교적인 활동(설교, 설교지 등)이나 기물들(합창, 오르간 등)과 관련하여 이루어질 수도 있다.

유언자의 개성(personality)과 관련되는 종교적 목적, 즉 미사(mass)의 개최나 묘지의 유지와 같은 것도 관련분야이다. 어떤 경우에는, 가장 두드러진 목적이 공익적인 것으로 해석될 수 있다; 다른 경우, 신탁이 "명예신탁(honorary trust)"으로 존재할 수 있다; 어느 쪽에도 해당되지 않는다면, 그 신탁은 공익신탁이 아니다. 그 신탁이 사익신탁으로 유효한가 하면, 그것도 종종 수익자가 특정될 수 없다는 이유로 무효가 되고 만다.

기성교회는 새로운 종교에 비하여 공익목적으로의 인정을 받는 데에 어려움이 적다. 미국에서 초기의 작은 그룹으로부터 시작하여, Church of Christ, Scientist(Christian Scientists)와 the Church of the Latter Day Saints of Jesus Christ[11]와 같은 분파들이 탄생하였다.

이러한 분파들을, 덜 성공적인 다른 분파(성령에 의하여 임신하였고, 두 번째 메시아를 출생하였다는 조안나 수드코트의 분파와 같은 경우)와 초기에 구분하는 것은 쉬운 일이 아니다. 일반적으로, 법원이 그 종교가 비정상적인 것이어서 비합리적인 것이라 결론내리지 않는 이상, 그러한 종교그룹의 이익을 위한 신탁도 공익적인 것으로 본다. 그러한 행동의 추이(Such a course of conduct)와 관련하여, 신탁 위탁자의 종교적 신념과 판사의 신념(preconviction)이 부딪치

11 보통 '모르몬교'라 불리우는 종파이다.

게(pit) 된다.

ⅳ. 정 부

공익으로 간주되는 정부와 관련된 목적은, 평화를 강화하거나 전쟁을 준비하는 일과 같이 무형적인 것과 정부기관에 대한 직접적인 증여와 공공시설(거리, 도서관, 교량, 소방서 등)의 신축과 유지를 위한 기부 등을 포함한다.

법(또는 그것을 관리하는 사람)의 변화를 추구하는 신탁은, 평화적이며 질서 있는 법개정과 관련된 정부기능과 관련되어 신탁으로 허용되는 것과 공익으로 취급되지 않는 "정치적" 기능과 관련되어 신탁으로 허용되지 않는 것 사이의 경계선상에 있다. 연방소득세법은, 입법에 영향을 미치고자 하는 기구에 대한 기부에 관해서는 공익목적을 이유로 한 공제를 허용하지 않는다. 개인의 정치적인 캠페인은, 그 개인이 특정 정부정책과 관련한 지도적인 대표자라 하더라도, 공익으로 취급되지 않는다. 이 분야에 관한 기준은, 그 개인의 특성이 그 명분에 결합되어 있지 않은 정도이다. 물론, 조세법령이 반드시 신탁법의 내용을 결정하는 것은 아니다.

정부기능이 종교를 제외한 다른 공익기능의 대부분(빈곤구제, 교육, 공중보건 등)을 포함하는 경향이 늘어나고 있다. 그러한 공공적 접근방법이 사익신탁을 배제할 것인지 확대할 것인지는 완전히 밝혀져 있지 않다.

ⅴ. 지역사회(Community, 일반 사회)에 일반적으로 유익한 것

공익신탁은 잠재적으로 공익신탁의 범주에 맞추려는 분석을 요구한다. 많은 경우는 명백하지만, 목적이 전통적인 범주(빈곤구제, 교육, 종교 또는 정부)에 맞추기 어려운 경우도 같은 정도로 있다. 분석이 그와 같은 구분을 허용하지 않을지라도, 신탁목적이 지역사회를 일반적으로 이롭게 할 가능성은 여전히 존재한다. 다른 목적들 중, 동물보호를 위한 신탁(생체해부반대, 잔혹한 대우로부터의 보호 및 동물의 출생통제), 스포츠의 진흥과 건강증진은 이러한 범주에 맞는다(또는 맞도록 시도된다). 다만 이러한 목적 모두가 공익으로 취급되지는 않는다. 다음과 같은 기준이 일반적인 범주와 이미 설명한 특정 범주 모든 경우에 도움이 될 수 있다.

• 목적의 일반성(Generality)은 중요하지 않다. 법원은, 법무장관의 의뢰에 의하여, "교육" 또는 "빈민구제"를 위한 신탁과 마찬가지로, "공익"을 위한 신탁을 실행시킨다.

• 사적인 이익은 보통 공익목적을 해하는 것으로 치명적이다. 그래서, (실제 이익이 나지 않더라도) 개인병원은 공익을 위한 것이 아니지만 비영리 병원은 공익을 위한 것이 된다.

• 개인적인 태도와 달리 사적 이익으로 인하여 공익목적으로의 인정이 저해되는 경우, 비공익으로 분류되는 경향이 있다. "친척"이라는 용어에 의하여 설정되는 그룹이 매우 크지 않으면, 증여자 또는 그의 친척의 빈곤을 구제하는 목적의 신탁은 비공익적인 것으로 취급되는 경향이 있다. 설정자의 친척들에게 유리한 장학금의 설정 등과 같이 그 친척들에게 유리하게 하는 것도 때때로 가능하다. 조건, 기대, 현실성 또는 실행 등에 있어 완전히 제한되지 않는 한, 해당 목적이 공익으로 취급되는 경향이 있다.

• 해당 그룹이 절대적으로 제한되는 것은 공익목적으로의 인정에 치명적으로 장애가 되는 반면에, 잠재적인 기부수령자의 숫자가 적을 경우, 사적 이익이 추구되는 것으로 비춰지는 경향이 있다. 한 시점에 오직 한 사람만을 위하지만, 잠재적으로는 시간의 경과

에 따라 많은 사람들을 위하는 상금이 설정될 수 있다. 그러한 상금은 공익목적을 위한 것이 된다.

- 어느 정도 사회적 효용(Social utility)에 따라 판단된다. 그리하여, 아마츄어 스포츠(여우사냥이나 요트경기)가, 동물의 보존이나 보트설계의 연구보다 공익목적으로 판단될 가능성이 적다. 예를 들어 프로스포츠는 사립기구이고, 따라서 공익으로 판정되지 않는다. 같은 스포츠를 위하여 운동장을 제공하는 정부의 역할과 비교하라.
- 사용된 표현이 중요할 것이나, 그 자체가 결정적인 것은 아니다. 예를 들어 실제에 있어서는 직업적인 경마를 지원하기 위한 것인 경주용 말 사육(breed)을 개선하기 위한 기여는 아마도 비공익적인 것으로 판정될 것이다. 능숙한 설계자(skilled draftsman)가 해석을 도울 수 있으나, 모든 특성(idiosyncrasy)을 공익적인 것으로 바꾸지는 못한다. (더 나은 의미로 해석되지 않는다면) "교육과 남극 펭귄의 곤궁을 구제하기" 위한 신탁은, 설계자(draftsperson)가 아무리 부지런히 공익목적이라고 강조하더라도, 공익신탁이 되지 못한다.
- 명분이 독특하거나 유명하지 않다는 점은 보통 신탁이 무효가 되도록 하는 매우 극단적인 요소가 된다. 완전히 효력이 없는 목적이 무엇인가에 대해 각 법원의 입장이 다르다.

b. 씨프레원칙

('가능한 한 비슷한'이라는 의미의) 씨프레원칙은, 무효이거나 효율적이지 못한 공익신탁을 위한 원래 목적과 가장 유사하고 효과적인 대체수단을 추구함으로써 그 공익신탁을 유지하는 것을 허용한다. 통일신탁법 § 413조 (a)항은 다음과 같이 규정한다.

특정 공익목적이 불법, 비실제적, 실행불가능 또는 낭비적이 되더라도:

(1) 신탁의 전부 또는 일부가 무효가 되지 않는다;

(2) 신탁재산은 위탁자나 위탁자의 이해관계를 승계한 자에게 되돌아가지 않는다; 그리고

(3) 법원은 위탁자가 설정한 공익목적에 부합하는 방법으로 신탁재산의 전부 또는 일부에 대해 적용하거나 그 재산을 분배하도록 지시함으로써, 신탁을 변경하거나 종료시키는 내용의 씨프레원칙을 적용할 수 있다.

씨프레원칙을 법원이 적용한 고전적인 예는, 1861년에 사망한 유언자가 노예제폐지를 위한 목적으로 신탁을 설정하려고 시도한 사안에 관한 *Jackson v. Phillips*(1867)사건이다. 남북전쟁후, 신탁기본재산은 해방된 노예들을 교육하여 그들이 자치(self-government)할 수 있도록 하는 목적을 위하여 이용되었다.

씨프레원칙의 요건을 상기하라.

i. 신 탁

씨프레원칙은 신탁에 관하여 적용되며 그 분야에 지배적인 영향을 미치며 존속하고 있으나, 특히 신탁에 의하지 아니한 공익목적 처분이 관계되는 경우 순수한 신탁상황을 넘어서는 확대적용이 종종 있었다. 신탁법에 존재하는, 유사하지만 관련이 없는 유연성(flexibility)원칙은, (씨프레원칙이 관련되는 처분조항을 변경하는 것과 반대로) 신탁관리조항을 변경하는 것을 허용하는 “변형(deviation)”이다.

ii. 일반적인 공익의도의 입증

위탁자 의도의 공익성(charitableness)이 실행불가능한 목적에만 제한되어 있는 것으로 좁게 해석된다면, 그 신탁은 무효가 된다. 여기서의 해석원칙은, 그것이 일반적인 공익의도를 담고 있지 않는 경우가 아니라면 위탁자의 공익적인 의도를 담고 있다고 보는 것이다. 실제에 있어서는(in effect) 법원은 다음과 같은 사항들을 검토한다(asking itself): 신탁이 설정될 때의 상황과 문서에서 사용된 표현에 비추어 볼 때, 만일 특정된 정확한 용도에의 사용이 불가능한 경우, 위탁자는 그 재산이 비슷한 성질을 가진 다른 공익이용으로 전환되는 것을 희망하였는가?

iii. 최초에는 유효할 것(*Which Was Initially Valid*)

이러한 요구조건은 완화되어 신탁의 공익목적이 언제나(at all times) 불법이거나 불가능하거나 실제적이지 못한 몇몇 경우에 씨프레원칙이 적용되기도 하였으나, 전통적인 표현은 아직 남아있다.

iv. 불가능, 불법 또는 실제적이지 못하거나 낭비적이 되었을 것

위와 같은 상황이 전개되면 씨프레원칙이 문제가 된다. 지시된 목적을 위해 재원이 부족한 경우, 법이 완전히 바뀐 경우, 관련되는 질병이나 문제가 사라진 경우 또는 자원이 소진된 경우에는 어려움이 생길 것이다. 결핵, 소아마비 또는 천연두를 위한 대형 센터[12] 또는 헌법개정이 이미 이루어진 뒤 여성의 투표권을 획득하기 위하여 설정된 신탁 등이 그러한 예가 될 수 있다.

---

12 결핵, 소아마비 또는 천연두가 근절되었거나 거의 근절되었다고 보기 때문에 이러한 설명이 나오는 것인데, 최근 결핵의 경우 변종이 발생하여 새롭게 퍼지고 있다는 논의가 있으므로, 이와 달리 볼 여지가 있다. 결국 이러한 점들에 대해서도 사회환경의 변화에 따라 판단되어야 할 것이다.

여기서 비실제성(Impracticality)이 어려운 분야이다. 위탁자의 목적을 달성하는 것이 어려운 것일 뿐 여전히 가능한 경우, 법원은 원래의 목적을 변경하기를 꺼려한다. 가능하지만 어려운 목적에 대해서는 상세한 검토가 필요하다.

현재는 씨프레원칙은, 유언자-위탁자가 신탁에서 이익을 얻는 우연한 수익자들에게 인종에 관한, 종교적인 또는 다른 "의심스러운 범주(suspect category)"의 제한을 둔 상황에서 문제된다. *Evans v. Abney*(1970) 사건에서, 죠지아주 1심 법원 및 대법원은, 위탁자의 유일한 공익의도가 백인들만을 위한 공공 공원을 유지하는 것이기 때문에, 그 목적은 법에 의해 실현불가능한 것이라 판시하였다. 죠지아주 법원과 연방대법원이 씨프레원칙의 적용을 거부하였으므로, 그 공원은 위탁자의 상속인들에게 돌아갔다.

c. 공익의 실행(당사자적격[13])

위탁자는 공익신탁을 실행시킬 권리가 명확히 유보되어 있거나 신탁이 통일신탁법을 채택한 지역에서 설정되었거나 또는 공익신탁의 관리에 관해 다투기 위한 당사자적격(standing)을 허용하는 다른 법리에 의해 공익신탁의 실행을 청구할 당사자적격을 갖는다. 통일유언법 § 405조 (c)항은, "공익신탁의 위탁자는 자격을 갖춘 다른 자와 마찬가지로(among others) 신탁의 실행을 청구하는 소를 제기할 수 있다(maintain a proceeding)"라고 규정하고 있다. 신탁법 제2 차 리스테이트먼트(1959) § 391조에 대한 주석서(Commentary)는, "위탁자에게 당사자적격을 부여하였다 하여, 주 법무부장관 또는

13 'standing'을 번역한 것인데, 우리 개념으로는 '당사자능력'이 될 수도 있고, '당사자적격'이 될 수도 있다고 이해된다.

신탁 또는 그 법률관계를 실행할 특별한 이익을 갖는 자의 권리가 무효가 되지는 않는다"는 점을 명백히 하고 있다.

전통적으로, 주 법무부장관은 공익신탁{때때로 공익목적을 위한 수탁자의 관리에 관한 통일법(the Uniform Supervision of Trustees for Charitable Purposes Act)에 의함}과 회사에 대한 집행에 책임이 있다. 유사한 목적을 가진 기존의 자선기구(existing charity)와 같이, 배제되지 않는다면(otherwise) 신탁을 관리하고자 하는 사람이나 기구를 당사자적격에서 배제하는 데에 더 중요성이 있다.

수탁자와 종종 발생하는 매우 직접적인 우연한 수익자(공익신탁에 의하여 기금을 얻게 되는 교수 등)도 신탁을 실행할 당사자적격을 갖는다.

4. 공익목적과 비공익목적이 동시에 있는 경우

통일신탁법 §103조에 대한 주석서는, 어떠한 신탁에 공익목적에 따른 수익자도 있고 비공익목적에 따른 수익자도 있는 경우, 공익목적 부분만 "공익신탁"으로서의 자격을 얻게 된다는 점을 명백히 하고 있다. 두 가지 유형의 신탁 사이의 구별은, 신탁설정 및 변경과 관련되는 요건에서 발견된다. 통일신탁법 §405조와 §413조에 따라, 공익신탁은 공익목적을 가져야 하며, 공익신탁은 씨프레 원칙에 따라 변경되거나 종료될 수 있다.

나아가 통일신탁법 §411조는 공익신탁에는 일반적인 의미에서의 수익자가 없는 것임에도, 위탁자 및 모든 수익자가 동의하면 "변경이나 종료가 신탁의 중요목적에 부합하지 않더라도," 일정한 경우 공익신탁의 변경이나 종료를 허용한다. 이러한 구분을 고려하여, 이익이 나누어지는(split-interest) 신탁에 관해서는, 공익에 적용되는 것과 비공익에 적용되는 것 두 가지 종류의 조항이 적용됨에 유념하라.

“1/2은 내 도시의 빈민을 위하여, 1/2은 내 친척들에게”와 같이 분리되어 있는 대상으로 명시되어 있는 경우는 분리가 쉬운 경우이다. 위탁자의 의도가 한 개의 신탁이었다 하더라도, 어떤 지역에서는 그것이 유효하기 위해서는 두 개의 신탁이 설정되어야 한다. 생애권은 개인에게(비공익 부분) 그리고 잔여권은 공익기관에게 돌아가도록 하는 경우가 나누기 쉬운 신탁의 다른 예이다. 이러한 두 가지 목적을 위한 하나의 신탁은 (재원이) 충분하여야 한다.

공익 및 비공익 목적이 있고 그것이 분리할 수 없는 것일 때는, 신탁은 각 유형을 위한 모든 요건에 부합하여야 한다. 사익신탁으로 유효하려면 수익자가 특정되어 있거나 영구금지원칙에 따른 기간 내에 특정될 수 있어야 하지만, 수익자가 모두 특정되었다고 하여 공익신탁이 되는 것은 아니다.

해당 신탁의 한 부분이 어떤 규정에 위반된 채로 공익목적과 비공익목적이 분리불가능한 상태로 혼재되어 있는 신탁은, 보통 그 신탁 전체가 무효가 된다. 한 부분만 무효가 되도록 신탁을 해석하는 것도 가능하다. 신탁이 분리가능하고, 공익신탁 부분이 그것에 적용하여야 할 법리에 위배되었거나 비공익신탁 부분이 그것에 적용하여야 할 법리에 위반된 경우에는, 신탁의 해당부분이 무효가 됨은 명확하다.

만일 위탁자에 의하여 그렇게 하도록 유효하게 지시되어 있었다면, 신탁 중 무효가 된 부분은 대체적 취득자에게 넘어간다. 그러한 지시가 없었던 경우, 해당 부분은 복귀신탁에 의하여 위탁자에게 돌아간다. 위탁자가 사망하면, 그의 유언수익자(유언에 특별한 언급이 없었다면, 잔여부분의 취득자이다) 또는 상속인에게 돌아간다.

분리불가능하게 혼재된 신탁이 무효가 되지 않게 하기 위한 한 가지 대체방안은, 비록 이용되는 경우가 드물기는 하지만, 공익신탁이 일반적으로 더 유리한 취급을 받으므로 통상 비공익 부분인 작은 부분을 제거(strike)하는 것이다. 그리하여, 공공 도서관을 세우고(공익), 위탁자의 그저 그런 논문인 "법과 유인원(Law and Apes)"을 출판하기 위한 신탁에 관해서는 그대로 두면 분리불가능한 두 번째 목적을 무시하는 것이 허용된다.

5. 명예신탁

명예신탁(honorary trusts)이 다루는 가장 일반적인 경우는 사망자를 기리거나 기억하는 것이나 특정 동물이나 물건을 돌보는 것이다. 통일신탁법 § 408조와 § 409조는 그러한 신탁을 특정하여 허용한다. 커먼로에서는 그러한 신탁은 무효일 터인데, 특정된 인간(human) 수익자가 없기 때문에 사익신탁으로도 무효이고, 특정된 인간 수익자의 수가 너무 적거나 존재하지 않기 때문에 공익신탁으로도 무효이다. 지금은 그 목적이 변덕스러운 것(caprious)이 아닌 한, 그 재산을 지정된 목적(21년을 초과하지 않는 등, 영구금지원칙에 따라야 한다)을 위하여 운용할 권한을 양수인에게 부여함으로써, 이러한 유형의 신탁도 설정될 수 있다.

a. 망 인

피상속인은 전통적으로, 기념물 및 묘지와 함께 그리고 사망후 합리적인 기간 내의 의식(꽃을 포함)과 함께, 매장이나 화장을 통하여 기려진다. 유언자가 그의 묘지가 영구히 관리되어지기를 원하는 경우, 대부분의 주에서 법에 의하여 허용되기 때문에 그렇게 할 수 있다. 통일신탁법 § 409조에 따라, 특정된 수익자 또는 특정될 수 있는 수익자가 없는 비공익목적의 그와 같은 신탁은 "[21]년 이상의 기간 동안 실행되는 것으로 할 수 없다." 그러한 법령이 없는 경우, 묘지를 관리하기 위한 신탁은 영구금지원칙을 위반한 것이 된다.

신탁이 공동묘지나 유명인의 묘지의 보존을 위한 것이라면, 아마도 유효한 공익신탁이 가능할 것이다. 기념물과 묘지를 위한 다른 표지가 종종 넓은 범위에서 허용되나, 기념물은 피상속인의 재산상태와 어울려야 하고, 그의 기호(preference) 및 적절성(some sense of appropriateness)과 일치하여야 한다. 망인을 기림에 있어, 종종 미사의 개최가 공익목적으로 간주된다. 미사의 개최를 위한 신탁이 공익목적이 아닌 것으로 간주되는 지역에서는, 그 목적은 명예신탁으로 허용된다.

b. 동 물

애완동물을 이익의 수령자로 의도하는 신탁이 종종 있다. *Estate of Russell*(1968) 사건에서, 유언자는 실제로 그의 잔여유산을 "H. Quinn & Roxy Russell"에게 남겼다. 락시 러셀이, 유언장이 작성된 뒤 그러나 유언자의 사망전에 죽은 에어데일 개라는 점을 입증하기 위하여, 외적 증거(Extrinsic evidence)가 허용되었다. 유언자가 그의 전재산을 퀸에게 남겼고, 퀸이 그 개를 돌보게 된 것이라는 퀸의 주장에도 불구하고, 법원은 락시 러셀에 대한 증여는 무효이고, 유산은 유언자의 유일한 법정상속인(heir-at-law)에게 넘어간다고 판단하였다.

동물에 대한 직접적인 증여나 신탁을 통한 증여는 비인간 수익자(no human beneficiary)와 영구금지원칙과 관련하여 그 기간을 측정하기 위한 기준이 되는 사람이 존재하지 않는다는 이중적인 문제를 야기한다. 동물들{또는 어떤 동물 종(種)}의 보호를 위한 신탁은, 특정한 한 동물에 대한 것과 반대로, 공익목적의 것으로 볼 수 있다. 유언자가 이익을 받는 동물을 고양이 한 마리나 개 한 마리 또는 "내 말과 하운드 개들"로 좁히는 경우, 그 그룹이 공익신탁이 되기에는 너무 작고, 사익신탁이 되기에는 지나치게 인간과 관련이 없다(too inhuman).

통일신탁법 § 408조는 다행스럽게도 한 마리의 동물을 보호하기 위한 신탁의 설정을 허용한다. 동물(들)은 위탁자의 생존중에 생존해있어야 한다. 그 신탁은, 해당 동물의 사망이나 마지막까지 생존해있던 동물의 사망으로 종료된다.

동물들은 말을 할 수 없으므로, 신탁은 신탁조항에 의하여 지정된 사람이나, 만일 지명된 사람이 없다면 법원에 의하여 지명된 사람에 의하여 실행된다. 통일신탁법 § 408조 (b)항은 "동물의 복지에 대한 이해관계를 가진 사람이 법원에 신탁을 설정할 사람의 지명을 신청하거나 지명된 사람의 해임을 신청하는 것"을 허용한다. (c)항은, 신탁재산은 "법원이 신탁재산의 가치가 의도된 용도를 위해 요구되는 액을 초과하는 것으로 결정하는 범위를 제외하고는, 의도된 용도를 위해서만 사용된다"고 규정한다. 그 밖에는 "신탁재산은, 위탁자가 생존해있다면 위탁자에게, 그렇지 않다면 위탁자의 이해관계의 승계인에게 분배되어야 한다."

c. 변덕스러운 목적

통일신탁법 §409조[14]에 대한 주해(comment)는 '변덕스러운(capricious, 부적절한) 목적'을 "범죄 또는 불법행동을 조장하는 경향이 있는 것, 결혼이나 이혼의 권유를 방해하는 것, 종교자유를 제한하는 것 또는 천박한(frivolous) 것 등 공공질서에 반하는 것"으로 정의한다. 나아가 신탁재산은 "천박하거나 변덕스러운 것과 같은 유효하지 않은 신탁목적을 달성하기 위하여" 전환되어서는 아니 된다.

"변덕스럽다"함이 무엇인가는 사안에 따라 다르다. 빌딩을 지었다가 부수는 신탁은 아마도 변덕스러운 것에 해당될 것이나, 몇몇 법원들은 빌딩의 파괴를 허용하였다. 시계를 수리하기 위한 신탁은 변덕스러운 것으로 취급될 것이나, 박물관에 있는 시계에 대한 동일한 신탁은 허용될 것이다. 어떤 부인이, 상당한 액수의 유증에 관한 조건으로, 그녀는 그녀의 오래된 스포츠카와 함께 매장되어야 한다고 성공적으로 주장하였다. 수익자는 그 요청을 다투기보다는 존중하는 편을 택했다.

묘지 기념물에 대한 요청들은 변덕스러울 수 있는데, 법원은 어떤 음악밴드에게 매년 유언자 사망일에 유언자의 묘지에서 음악을 연주하도록 금원을 지급하는 내용의 유증을 무효로 하였다. 이처럼 변덕스러운 목적을 가진 신탁은 명예신탁으로서도 보통 실행되지 않지만, 때로는 그러한 신탁들도 법체계의 틈을 타 허용되기도 한다.

---

14 원문에는 'UTC S 409'로 되어 있으나, 여기서 'S'는 '§'의 오기가 아닌가 생각된다.

F. 신탁유형에 관한 설명

신탁은 설정유형, 즉 철회가능성, 자발성, 특별한 목적, 적법성과 수익자의 종류에 따라 분류될 수 있다. 때때로 그와 같은 분류는 한 가지 특성에 지나지 않으며, 동일한 신탁이 여러 범주에 속하기도 한다. 예를 들어 유언에 의한 공익신탁은 설정방식과 수익자의 유형에 따라 각각 분류될 수 있다. 아래와 같은 분류는 몇 가지 — 그러나 완벽한 분류는 불가능하다 — 유형을 제시한다.

1. 수동신탁과 능동신탁

"수동(passive)"신탁은 수탁자가 수익자에게 재산을 이전하는 것 외에는 아무런 의무도 지지 않는 신탁이다. 이러한 유형의 신탁은 역사적으로 커먼로상의 권원이 수익자에게 넘어가면, 커먼로상의 권원과 형평법상의 권원이 합쳐지고 그에 따라 신탁이 종료된다고 규정함으로써, 수동신탁을 "실행되도록(executed)" 한(즉, 수동신탁을 폐지한 것이 아니라 실행되도록 하였다) 유스법(the Statute of Uses)이 제정될 때까지, 신탁의 출발점이었고 가장 일반적인 신탁유형이었다.

오늘날에는 수탁자의 유일한 의무가 권원을 수익자에게 넘겨주는 것인 신탁은 "수동적"이 되고, 적절한 유스법에 의하여 실행되어 온 것으로 간주될 수 있다는 점에 유일한 의미가 있다. 우리가 접할 수 있는 거의 모든 신탁은, 수탁자가 그 외의 부수적인 의무도 지는 "능동(active)"신탁이다.

이 점은, 수탁자의 "의무는 보통 능동적이어야 하지만, 의무(a

validating duty)로는 수익자가 신탁재산에 의한 이익을 누리는 것을 방해하지 말아야 할 의무만을 진다는 의미에서 수동적일 수 있다. 그러한 수동신탁은 이 법에 의하여 유효하지만, 유스법을 제정한 각 지역의 유스법에 따라 종료될 수 있다"라고 설명하는 통일유언법 § 402조에 대한 주석과 일치한다.

2. 복귀(묵시)신탁, 의제신탁 및 명시신탁

신탁설정에 관한 자발성의 정도에 따라 신탁을 분류하면, "복귀"(묵시){resulting(implied)}신탁,[15] "의제(constructive)"신탁 그리고 "명시신탁(express trust)"의 세 가지 유형으로 나눌 수 있다. 복귀 또는 묵시신탁은, 수익권의 완전하고 유효한 처분이 없는 경우에 발생한다. 예를 들어 S가, L의 생존기간중 그 수입을 L에게 지급하기 위하여, 재산의 단순부동산권(in fee)을 신탁으로 T에게 이전하였다. 처분되지 않고 남은 부분인 형평법상 권리{형평법상 전환부분(equitable reversion)}는, "묵시" 또는 "복귀신탁"의 효력으로 S에게 남는다.[16]

마찬가지로, 만일 수익권으로 의도된 지정 없이 수탁자에게 이전이 이루어지면, 복귀신탁이 의도된 것으로 가정된다. 몇몇 지역

---

15 이 책에서는 복귀신탁과 묵시신탁을 동일한 것으로 취급하고 있으나, 이 두 가지는 어떻게 분류하느냐에 따라 다른 것으로 볼 수도 있음에 주의를 요한다.

16 위 본문의 설명에 따르면, 이 책에서 말하는 '묵시신탁'은 '(가령 묵시적으로 체결된 계약과 같은) 묵시적인 행위로 설정된 신탁'이 아닌 전혀 다른 것을 의미하게 된다. 우리나라에서 말하는 통상의 '묵시신탁'은 신탁설정과정이 묵시적인 것일 뿐, 그 외의 점은 일반적인 신탁과 전혀 다르지 않다. 따라서 위 본문에서의 설명을 우리나라의 일반적인 논의에서의 묵시신탁에 무비판적으로 적용하는 것은 불가능하다. 현재로서는 이와 같이 관련용어가 제대로 정리되어 있지 않은 점이 신탁법연구의 매우 큰 어려움 중의 하나라 할 수 있다.

에서는 이러한 법리는 부동산에 관한 법률에 의하여 변화하여, 신탁으로 의도됨이 없이 "수탁자로서의 T"에게 이루어진 양도는 T에 대한 직접적인 이전으로 해석된다.

의제신탁은, 명시신탁과 관련된 사기에 대한 구제수단이거나, 부당이득을 방지하기 위한 것이다. *In re Estate of Mahoney*(1966) 사건에서, 버몬트주 대법원은, 샬롯 마호니가 그녀의 남편인 하워드를 쏘아 죽이고서 그에 따라 이익을 보는 것을 방지하기 위하여, 그녀와 관련하여 의제신탁이 형성되었다고 보았다. 의제신탁의 수탁자로서 샬롯은 그 재산을 하워드의 상속인이나 최근친자에게 넘겨주어야 했다.

"명시신탁"은 신탁법 수업에서 가장 일반적으로 다루어지는 유형이다. 아래의 모든 유형은 명시신탁에 관한 것이다.

3. 적법신탁과 불법신탁

지금까지 이 책이 다룬 모든 신탁 유형은 "적법한(legal)" 신탁이었다. 통일신탁법 § 404조는, 신탁은 "그 목적이 공공질서에 반하지 않고 실행가능하며 적법한 한도에서만 설정될 수 있다"라고 규정한다. 불법한 신탁은 무효이다. 그러한 신탁은 처음부터 무효이거나 그 목적이 변하여 나중에 무효가 된다.

통일유언법 § 404조에 대한 주석은, "(1) 그 실행이 수탁자에 의한 범죄 또는 불법행위의 대가인 경우; (2) 위탁자가 신탁을 설정함에 있어 가진 목적이 채권자나 기타 다른 사람을 기망하려던 것인 경우; 또는 (3) 신탁설정의 약인이 불법인 경우," 신탁목적이 불법이라고 설명한다. 나아가 위 주석은, 공공질서에 반하는 목적을 "범죄나 불법행위를 조장하는 경향이 있는 것, 결혼이나 이혼의 권유를 방해하는 것, 종교적 자유를 제한하는 것 또는 천박하거나 변덕스러운 것"이라고 정의한다.

법령위반은 감방동료에게 무기를 주도록 수탁자에게 지시하는 것과 같이 매우 불량한(flagrant) 것일 수 있다. 다른 사람을 기망하려는 시도는 채권자를 피하거나, 복지혜택의 자격을 취득하거나, 다른 사람에게 부자인 것처럼 보이게 할 목적으로 재산을 이전하는 행위로 구성된다. 변덕스러운 목적에는 재산의 파괴와 같은 것이 포함된다.

다른 사람(보통은 배우자나 채권자)을 기망하려는 시도는 신탁을 무효로 만들 수 있다. 배우자의 청구와 관련하여 속이려고 시도하는 경우, 별거수당과 같은 현재의 청구권과, 덜 보호되는 것이기는 하지만 피상속인의 유산에 대한 배우자의 몫과 같은 장래의 청구권 사이에 때때로 경계선이 그어진다.[17]

불법성이 발견되는 경우에는 일련의 여러 문제들이 발생한다: 신탁 중 얼마만큼이 무효가 되는가? 해당 조건만 무효가 되는가 아니면 신탁 전체가 무효가 되는가? 신탁 중 무효가 되는 부분과 관련하여, 그 부분은 누구에게 돌아가야 하는가? 어떤 경우(채권자를 속이려고 시도한 경우 등)에는, 위탁자에 대한 복귀는 허용되지 않는다. 해당 재산이 수익자에게 남도록 허용하는 것은 불법신탁선언이 피하고자 시도한, 바로 그 행위를 조장하는 것이 된다.

17 무효원인이 될 수 있는 '속이려는 시도'의 대상이 되는 권리가 현재의 것이냐 장래의 것이냐에 따라, 그로 인하여 신탁이 무효가 되는 판단기준(의 강도)이 달라질 수 있음을 나타낸다.

4. 유언신탁과 생전신탁

나아가 신탁은 그 설정 방식에 따라 나누어진다. 유언에 의해 창설되며 유언자가 사망하면 효력이 발생하는 것은 "유언"신탁이라고 하며, 생존중에 설정된 것은 "생전(inter vivos 또는 living)"신탁이라고 한다. 이러한 구분의 중요성은, 신탁설정의 형식적 요건(유언신탁이라면 유효한 유언, 생전신탁이라면 유효한 증여·계약 또는 지명권의 실행)과 어떤 이유로든 복귀신탁이 형성될 경우 재산의 수령자와 관련하여 주로 발견된다. 나아가, 유언신탁은 유언이 등록되면 공적 기록(public record)의 문제가 되는 반면, 생전신탁은 사적 영역에 머무르며 공적 검사(public scrutiny)와는 무관하다.

유언신탁 중 무효가 되는 부분은, 특정 대체 증여나 잔여분에 관한 규정(residual clause[18])에 의하여, 피상속인의 유언에서 지시된 바에 따라 이전된다. 무효가 된 신탁의 전부(또는 일부)가 잔여분에 관한 규정의 적용대상이라면, 무효가 된 잔여부분은 비유언신탁에 의하여 처리된다. 생전신탁 중 무효가 된 부분은 위탁자가 아직 생존중이라면, 복귀신탁에 의하여 위탁자에게 귀속된다. 설정시와 그 신탁의 일부 또는 전부가 무효로 선언된 때 사이에 위탁자가 사망하였다면, 그 무효가 된 부분은 복귀신탁에 의하여 위탁자에게 귀속되거나, 위탁자를 통하여 다른 후속의, 철회되지 않은 처분{재산에 대한 권리의 권리포기형 날인증서의 발행(quit-claim[19])과 같은

18 田中英夫編集代表, 英米法辞典, 東京大学出版部(1991), 726면에서는 이를 '잔여유산유증문언'이라고 번역한다.

19 田中英夫編集代表, 英米法辞典, 東京大学出版部(1991), 692면은 'quitclaim deed'를 '권리포기형 날인증서'로 번역하면서, 그 의미를, '날인증서의 일종으로, 양도인이 양도하고자 하는 재산(보통은 부동산)에 대하여 정당한 권한을 갖는 것을 보증은 하지 않고, 그 시점에서 무엇이든 권원이 있다면 이

경우)에 따르게 되고, 만일 그러한 경우에 해당되지 않는다면, 그리고 위탁자의 유언이 있는 경우 그 유언에 따른 분배를 위해, 유언이 없는 경우 상속인에게 분배되기 위하여 위탁자의 유산에 귀속된다.[20]

5. 철회가능신탁과 철회불가능신탁

신탁은 전부 또는 일부를, 철회가능으로 또는 철회불가능으로 설정할 수 있다. "철회"권한은 신탁의 위탁자에 의해서만 유보되는 것이기 때문에, 철회가능신탁과 철회불가능신탁 사이의 구분은 생전신탁에 대해서만 존재한다(위탁자의 사망시까지 유언신탁을 설정한 유언이 철회가능하다 하더라도, 유언신탁은 아직 설정된 것이 아니다. 위탁자의 사망과 신탁의 설정 이후에 신탁을 "철회"할 수 있는 사람은 존재하지 않는다).

위탁자 아닌 다른 사람에게 부여된 신탁을 종료시킬 수 있는 유사한 권한은 종료권(a power of termination)(부여된 모든 것이 신탁조항에 규정된 대로 또는 복귀신탁에 의하여 분배될 신탁재산과 함께 신탁으로서의 상태를 종료시키는 것인 경우) 또는 지명권(특정인이 신탁을 종료시키고 아울러 누가 신탁재산을 받을 것인지 정할 수 있는 경우)이다.

위탁자는 신탁을 철회가능한 것으로 또는 철회불가능한 것으로 선언할 수 있다. 그러한 선언이 없는 경우, 대부분의 지역에서는, 명백하게 철회가능한 것으로 되어 있지 않는 한, 철회불가능신탁으

를 포기하고 양도한다고 하는 취지의 날인증서'라고 해설하고 있다.

20 원문에서, 위탁자를 모두 'her'로 받으면서 맨 마지막 부분에서 'his heirs'로 받고 있다. 이 'his'는 'her'의 오기인 것으로 이해된다.

로 본다. 이와 반대되는 입장이 몇몇 주의 법령에서 그리고 통일신탁법 §602조 (a)항에서 발견된다. 철회권은 보통 더 작은 권한인 변경권을 포함하는 것으로 본다. 위탁자가 명시적으로 변경권을 두었으나 철회권은 두지 않은 경우, 그것을 완전한 철회권을 포함하는 것으로 확대해석할 수 있는지에 관련하여, 변경권의 해석이 문제된다. 제한 없이 변경할 수 있는 권한은 아마도 그렇게 해석되어야 할 것이다.[21]

6. 낭비자(SPENDTHRIFT)신탁, 생활부조(SUPPORT)신탁,[22] 재량(DISCRETIONARY)신탁 및 혼합(BLENDED)신탁[23]

능동 명시 적법 사익신탁(보통은 유언신탁이며 철회불가능신탁)은 수익자와 수익자의 채권자들이 신탁재산에 접근하는 것을 제한하는 것으로 선택가능한 세 가지 방법 중 한 가지 또는 그 이상의 방법을 담을 수 있다.

a. 낭비자신탁

주로 형평법상의 생애권(equitable life estate)과 관련되는 이 유형은, 수익자 몫에 대한 자발적 또는 비자발적 양도(alienation)에 대한 명시적 제한을 두고 있다. 전부는 아닌 대부분의 지역에서는

---

21 '제한 없이 변경할 수 있는 권한이 부여된 경우에는 철회권이 포함되어 있는 것으로 보아야 할 것이다'라는 의미로 이해된다.

22 생활유지신탁 또는 생활부조신탁. 수탁자에 대하여 신탁수익, 원본 또는 그 쌍방으로부터 수익자에게 교육을 실시하거나 그 생활을 유지하기 위해 필요한 금전의 충당, 지급을 명하는 신탁을 말한다. 田中英夫編集代表, 英米法辞典, 東京大学出版部(1991), 830면.

23 現代信託法研究会著, 海原文雄・砂田卓士編, 英米信託法辞典, 社団法人金融財政事情研究会(1996), 23면에서는 '혼화신탁'이라고 하고 있으나, 민법상 혼화와 구분하기 위하여 '혼합신탁'이라고 한다.

양도에 대한 그러한 제한을 허용하지만, 법령으로 인정범위(scope of exemption)를 제한하는 경향이 있다.

무시하기 가장 어려운 채권자는, 부양에 관한 법원의 명령을 집행하려고 하는 {보통은 전(前)} 배우자와 미성년자이다. 통일신탁법 § 503조는, 다음과 같은 자들에 대해서는 낭비자조항은 효력이 없다(unenforceable)고 규정한다: (1) 부양 또는 생계비와 관련하여 수익자에 대한 판결이나 법원명령을 취득한 수익자의 자녀, 배우자 또는 전(前)배우자; (2) 신탁에 관련된 수익자의 이익보호를 위하여 역무를 제공하고 판결을 얻은 채권자; 그리고 (3) 적법한 주나 미국 연방정부의 채권.

Shelly v. Shelly(1960) 사건에서, 오레곤주 대법원은, 그랜트 셸리의 전(前)배우자 두 명과 4명의 미성년 자녀들은, 별거수당과 자녀들의 부양과 관련된 채권에 관하여 그랜트를 위한 낭비자신탁의 수입에서 변제받을 수 있다고 판시하였다. 그랜트가 사라져 행방이 묘연해지자, 그랜트의 아버지에 의하여 그랜트가 권리를 양도하지 못하도록 낭비자신탁이 설정되었으나, 법원은 그랜트의 전(前)처들과 자녀들은 그들의 각 부양상의 필요를 충족하기 위하여 "상황에 비추어 합리적인" 수입에 대한 권리를 갖는다고 판시한 것이다. 신탁계약서에 자녀들이 '의도된 수익자(intended beneficiary)'로 특정되었으므로, 그 자녀들은 신탁기본재산으로부터 분배를 구할 권리가 있다.

몇몇 주는, 위탁자가 자신의 채권자들부터 스스로를 보호하기 위하여 낭비자신탁을 설정하는 것을 허용한다. 일반적으로 그러한 시도는 낭비자신탁으로는 무효이지만 유효한 신탁을 설정하게 되는데, 왜냐하면 그러한 조항들은 신탁에서 중요한 부분이 아니기 때문이다. 수익자의 채권자는 보통은 압류(attachment)에 관한 법적 절차에 대해 형평법적으로 다양하게 유추함으로써 수익자의 권리에 손을 댈 시도를 하게 된다; 이러한 형평법적 수단에는 (다양한 지역에서) 채권자를 위한 보충집행소장(creditor's bills), 채권가압류(garnishment), 압류, 공탁(sequestration) 또는 압류절차(trustee process)가 포함된다.

b. 생활부조신탁

이 유형의 신탁은 낭비자신탁과 같은 효력을 갖는 경향이 있다(그리고 수익자가 낭비자신탁의 뒤에 숨는 것을 허용하지 않는 지역에서도 유효하다). 생활부조신탁과 재량신탁은 수익자에게 확정된(vested) 권리를 주지 아니함으로써 수익자를 보호한다. 생활부조신탁에서는, 수탁자는 수탁자의 재량에 의해 수익자의 생활부조를 위해 필요한 만큼의 수입이나 원본 또는 그 둘 다를 지급하도록 지시된다.

자연스럽게, "생활부조"라는 용어에 포함되는 것은 무엇인가에 대한 의견불일치가 발생하며, 신탁계약서나 관련된 상황에 비추어 위탁자의 의도가 무엇인지 밝히고자 노력하게 된다.

c. 재량신탁

재량신탁은 수탁자에게 신탁수익, 원본 또는 둘 다가 있을 때 정확히 얼마만큼을 수익자의 이익을 위하여 사용되도록 할 것인지를 정할 재량을 부여한다. 그래서, 수익자는 오직 신탁에 의하여 설정된 기준에 따라 수입과 원본을 수령할 권리만 받는다. 재량신탁은, 분배를 관리하기 위하여, 믿을 수 있는 가족구성원(trusted family member) 또는 최소한 수익자를 돌볼 사람을 필요로 한다.

예를 들어 *Marsman v. Nasca*(1991) 사건에서, 신탁은 신탁수

익자를 위한 충분한 부양과 생계비가 될 것으로 권유받은 원본액을 초과하여 지불할 "유일하며 제한 없는 재량(sole and uncontrolled discretion)"을 수탁자에게 부여하였다. 법원은 이 표현이 특정하기 어려운 기준을 제시하였고, 따라서 그 신탁은 "'생애신탁수익자(life beneficiary)가 신탁수익자가 되기 전에 그와 관련되어 통상적인 기준에 맞추어' 생애신탁수익자의 생계를 유지하기 위하여 신탁이 설정되었다"고 판시하였다. 수탁자(변호사)는 수익자의 수요를 조사할 의무가 있다. 수탁자가 그렇게 하지 않았다면, 수탁자는 신탁계약을 위반한 것이 된다.

낭비자신탁과 마찬가지로, 재량신탁도 전(前)배우자와 미성년 자녀들의 청구권에 의한 청구를 막을 수 없다. 통일신탁법 § 504조 (c)항은, 법원이 분배기준을 준수하지 못하였거나 재량을 남용한 수탁자에게 수익자의 자녀, 배우자 또는 전(前)배우자의 수익자에 대한 판결 또는 법원명령에 따를 것을 명령할 수 있다고 규정한다. 나아가 법원은, "해당 상황에 적합(equitable)하되, 수탁자가 기준을 준수하는 경우 또는 재량을 남용하지 않는 경우 수익자에게 분배하거나 수익자의 이익을 위하여 분배하도록 요구되는 금액을 넘지 않는 금액을 자녀, 배우자 또는 전(前)배우자에게 지급하도록 수탁자에게 지시할 수" 있다.

7. 기본재원이 있는(FUNDED) 생명보험신탁과 기본재원이 없는(UNFUNDED) 생명보험신탁

신탁은 보유하는 재산에 따라 분류될 수도 있다. 직업적 신인의무자(professional fiduciaries)의 관점에서 관리함에 "이상적인(ideal)" 신탁재산은 금전, 시장에서 거래되는 유가증권 등과 같이 유동적인 형태의 투자자산(liquid forms of investments)이다. 이러한 자산의 관리와 전환의 편리성은, 다른 유형의 투자자산과 비교되지 않는다. 관리함에 있어 가장 바람직하지 않은 것은, 위험은 높고 가치는 없는(thin equity) 자산, 특히 사업과 슬럼가의 다가구 주택 등과 같은 것들이다. 이러한 상대적인 적합성 때문에 신탁을 자산 유형에 따라 분류하는 것이 일반적이다. 따라서 신탁을 잘 설정하려면 신탁에 포함되는 자산의 유형에 맞게 수탁자의 권한과 의무를 설정하여야 한다.

보험신탁(Insurance Trusts)은 위탁자나 다른 사람의 생명에 관한(그들의 사망을 보험사고로 한) 보험증권을, 그 신탁의 유일한(unfunded trust, 기본재원이 없는 신탁[24]) 자산으로 하는 신탁이거나, 기본이되 유일한 것이 아닌(funded trust, 기본재원이 있는 신탁) 자산으로 포함하고 있는 신탁이다. 애초에 이러한 신탁은 조세와 관련된 이유로 설계되었고, 따라서 기본재원이 있는가 없는가 및 철회가능한 것인가 불가능한 것인가 여부가 제일 중요하다. 정교한 내국세법(the Internal Revenue Code)(및 관련되는 주소득세법들) 규정들이, 이와 같은 신탁과 관련된 거래에 관한 과세가능성, 생명보험료의 지급 및 생명보험신탁의 수입과 공제를 규율한다.

8. 메사츄세츠 사업신탁(MASSACHUSETTS BUSINESS TRUSTS)과 일리노이 토지신탁(ILLINOIS LAND TRUSTS)

특정 주법이 그 주에서의 사업신탁 관련법에 맞추어 설정된 상업신탁(commercial trusts)을 허용하는 경우가 있다. 통일신탁법

24 엄밀히 말하면, 보험증권이 재원이 되는 것이므로, 보험증권 외에는 다른 재원이 없다는 의미를 갖는다.

§ 102조에 대한 주석에 따르면, 이러한 사업신탁은 종종, "연금을 지급하거나 집합투자(pooled investments)를 관리하는 것과 같은 특정 펀드를 관리하기 위하여" 설정된다. 메사츄세츠 사업신탁과 일리노이 토지신탁이 그 두 예이다.

메사츄세츠 사업신탁은 간략히 말하자면 신탁개념을 기업조직의 영역에 확장한 것이다. 조합(partnership)이나 회사를 조직하는 대신, 신탁형식이 이용된다. 많은 소위 "뮤츄얼 펀드"는 메사츄세츠 사업신탁으로 조직된다. 투자자는 주식"지분"을 발행받는 대신, 거의 같은 것이라 할 수 있는 "수익권증서(certificate of beneficial interest)"를 받는다.

일리노이 토지신탁은 부동산을 종이 위의 인적 재산으로 전환하는 데 사용된다. 매매계약이 아직도 미이행의 유효한 계약형태로 있음에도, 부동산을 매각하고자 계약을 체결한 자가 이미 매각한 것으로 간주되는 점에서, 부동산이 인적 재산으로 바뀌는 전환, 즉 에퀴티상의 재산권의 형태전환(equitable conversion)[25]이 발생한다. 그리하여, 매도인이 법적으로 요구되는(즉, 서명과 증서의 인도 및 그 교환으로의 대금수령) 문서업무를 마치기 전에 사망하였더라도, 형평법원은 망인이 물적 재산(real property)이 아닌 인적 재산(personal property)의 소유자인 것처럼 다룬다.

대부분의 주는, 수탁자가 부동산을 즉각 매각하여야 할 의무를 부동산을 매각하는 계약과 비슷하게 취급한다; 양도할 의무는 형평

---

25 '에퀴티상의 재산권의 형태전환'이란, 예를 들어 유효한 부동산매매계약이 성립한 경우, 강제이행이 가능하기 때문에, 그 시점에서 이미 에퀴티상의 매수인이 부동산의 권원(물적 재산)을 취득하고 매도인은 대금에의 권리(인적 재산)를 취득하는 것으로 하는 법리를 말한다. 田中英夫編集代表, 英米法辞典, 東京大学出版部(1991), 300면.

법에 의하여 이미 실행된 것으로 취급된다. 그러나 일리노이주는 이 원칙을 논리적으로 극단화하여, 매각에 관한 많은 장기적 의무를 마치 그것들이 즉각 매각하여야 할 의무인 양 취급한다. 그리하여 일리노이주에서는 부동산을 신탁에 편입하고 수탁자에게 토지를 매각할 결정적인 의무를 부과함으로써, 부동산을 서면을 통해 인적 재산으로 전환시킬 수 있다.

인적 재산과 부동산의 구분은 여러 가지 이유에서 중요하다. 일반적으로 이 구분은 피상속인의 유산을 관리함에 적절한 지역을 정하게 되나, 신탁이 위탁자의 사망에 의하여 스스로의 조항에 따라 종료되는 경우가 아니라면, 신탁의 경우에는 그러하지 아니하다. 재산은 신탁조항에 따라 관리되고 분배되기 때문에, 신탁재산은 유언검인절차에 복종하지 않는다. 이러한 구별은 주상속세와 관련하여 중요하다.

메사츄세츠 사업신탁과 일리노이 토지신탁 둘 다 상당히 애매한 점이 있으나, 이들 신탁들은 신탁을 많은 범주로 나누어 볼 수 있는 경향과 신탁에 큰 다양성을 부여하는 각 지역법의 경향을 보여준다.

9. 토텐신탁(TOTTEN)[26]과 파커스 대 윌리암스(*FARKAS v. WILLIAMS*) 신탁

특별한 성질을 가진 신탁이, 그것이 유효한 것으로 선고된 사건으로부터 그 이름을 따왔다. *In re Totten*(1904) 사건에서 유래된 토텐신탁{예금계좌(savings account) 또는 은행계좌(bank account)신탁

26 '예저금신탁(預貯金信託)'이라고도 한다.

이라고 불리우는 경우가 더 많다)은, 예금을 한 자가 다른 사람을 위해 해당 계좌의 수탁자이지만 그가 통장을 보관한다는 선언을 담은 문서를 작성하여 은행에 제출하고, 그리고는 대체로 신탁의도를 드러내는 다른 행위를 하지 않는 경우에 의도되는 신탁을 말한다. 이러한 정의는 신탁법 제3차 리스테이트먼트 § 26조에 따른 것인데, 동 조항은, 토텐신탁은 "한 사람이, 다른 사람을 위한 '수탁자로서(as trustee)' 또는 '신탁에 의해(in trust)'라는 표현과 함께 예금자 이름을 기재하여 은행에 예금계좌를 개설하거나 유사한 금융기관에 예금을 한 경우 설정되며, 예금자가 '임시적인 신탁(tentative trust)'의 설정을 의도한 것으로 추정한다. 예금자는 임시적인 신탁을 수정하거나 철회할 수 있다. 때때로 해당 계좌의 예입금의 일부나 전부를 인출할 수 있다. 예금자가 신탁을 철회하지 않고 사망하면, 당시 그 계좌에 남아있는 금액에 관해 수익자에 의하여 신탁이 실행될 수 있다"라고 규정한다.

In re Totten 사건 판결은 신탁이 유효한 것으로 보았으나, 철회가능성과 관련하여서는 특별한 원칙이 있다고 판시하였다. 반대되는 행위나 언급이 없는 한, 토텐신탁은 철회가능한 것이다. 이것은 신탁은 반대되는 언급이 없는 한 철회불가능한 것으로 본다는 당시의 일반적인 원칙에 반대되는 것이었다.

토텐신탁의 중요성은, 그것이 유언작성에 따른 비용, 번잡함과 형식성을 갖춤이 없이(이 때문에 "유언대용"이 된다) 그리고 합유로 인한 불이익 없이(합유에 의하여 분리불가능한 권리에 대한 실제 증여(present gift)가 요구되며, 그에 따라 지배권, 유연성과 철회가능성을 잃게 된다), 승계인(successor)에게 특정 자산(가장 일반적인 자산인 예금)을 이전시켜줄 수 있는 수단을 허용하는 점이다.

토텐신탁의 존재는 그 유효성에 대한 논란을 불러일으켰다. 대부분의 지역은 그러한 신탁을 허용하지만(그리고 많은 지역은 나아가 법령에 의해 그 실무를 유효화시키기도 하였다), 몇몇 판결들은 그러한 신탁이 지나치게 임시적이고 유언법의 목적에 위반하는 것으로 보았다. 만일 토텐신탁이 유효하다면, 유언에 의한 철회는 가능한가, 만일 가능하다면 유언의 잔여유산유증문언(residual clause)이 그 신탁을 철회하는 것이 되는가 하는 점 등의 의문이 제기된다.

Farkas v. Williams(1955) 판결은, 아마도 가장 "희박하다(thinnest)"[27]고 할 만한 신탁을 유효하다고 보았다. 신탁의 특징 중 어떤 것(철회가능성, 수탁자로부터의 독립성, 위탁자와 수익자의 존재 등[28])도 필수적인 것은 아니라는 사실을 이용하여, 위탁자가 신탁재산에 대한 지배권 전체를 실질적으로 보유하는 신탁을 설정하였다. 그 신탁은 위탁자에 의하여 철회가능하였다; 위탁자는 수탁자에게 신탁재산을 매각하여 그 수입을 그에게 분배하도록 지시할 권한을 갖춘 생애신탁수익자였으며, 또한 자산을 매각하고 신탁을 종료시킬 권한을 가진 수탁자이기도 했다. 이러한 종료권한들 중 아무것도 행사되지 않으면, 잔여권은 다른 사람에게 이전된다. 일리노이주 법원은, 이 신탁을 유효한 것으로 보았고, 소비자들에게 "유언검인절차회피"를 위한 도구로 강조되는 다른 신탁(주로 담보물에 관한 것)의 모델이 되었다.

27 신탁이라고 인정할 만한 요소가 매우 희박하다는 의미로 이해된다.
28 원문 이 부분에는 'independence of the trustee'가 두 번 나오는데, 두 번째의 것은 불필요한 것이 들어간 것으로 이해된다.

CHAPTER 11

수탁자의 권한과 의무

A. 개 설

수탁자의 권한, 의무 및 책임은 서로 관련된다. 예를 들어 매각할 권한과 투자할 권한은 신탁의 기본자산을 수익성 있는 것으로 만들어야 하는 의무의 자연스러운 파생물이다. 수탁자의 책임은, 의무에 위반하였을 때 발생한다.

수탁자의 권한 및 의무의 첫 번째 근거는 보통 신탁계약이지만, 부동산에 관계되는 것일 때에는 사기방지법에 의해 요구되는 문서에 의한 처리가 필요하다. 정식문서 이외의 증거(parol evidence) 법칙에 의해 금지되지 않는 경우, 위탁자의 의도에 관한 (신탁이 철회가능하거나 변경한 것이 아니라면, 사후의 것이 아닌) 그 당시의 언급도 그 근거로 허용된다. 신탁조항은 명시적 또는 묵시적으로 권한 또는 의무를 주거나 부과한다.

이에 더하여 법은, 특정 신탁계약의 조항이나 일반원칙(판결 또는 법령에 의한 것)으로부터 별도의 권한과 의무를 추론해낸다. 통일신탁법 § 7-301조와 그 하부조항들을 참고하라.

형평법원은, 개별 수탁자에게 일련의 의무를 부과하였다. 직업적인 수탁자들이 등장하게 되었는데, 그들은 그들에게 부과된 의무 중 남은 것[1]을 수행하기 위하여, 권한은 더 넓게 수여받고 의무는 축소되도록 노력하였다. 법원은 이러한 경향에 대해 복합적인 응답을 하였다. 직업적인 수탁자들은 입법과 관련하여 큰 성공을 거두었다. 엄격한 신탁의무의 위반을 구성할 수도 있는 많은 실무관행들, 담보를 수탁자의 이름이 아닌 다른 사람의 이름으로 등기하는 것, 투자를 일반적인 신탁펀드와 결합시키는 것 등을 허용하는 법령들이 제정되었다.

관련되는 신인의무자, 피상속인의 유산에 대한 인격대표자는 법령에 의해 더 엄격하게 규율된다. 피상속인의 유산에 관한 집행인과 관리인의 권한과 의무에 대해서는 아주 자세히 입법하는 것이 매우 일반적이었다. 통일유언법은, 유산관리에 이해관계를 갖는 자들이 반대하지 아니하는 경우 법원의 직접적인 감독 없이도 권한을 행사하는 것을 허용하였다.

신탁계약은, 공동수탁자들(신인의무자가 여럿이다)에게 만장일치로 행위를 할 것을 요구하거나, 다수결에 의하여 행위할 것을 요구할 수 있다. 통일신탁법 § 703조 (a)항은, "만장일치에 의한 결정이 불가능한 공동수탁자들은 다수결에 의한 결정으로 행위할 수 있다"라고 규정한다.

---

1 그들에 대해 부과되었던 의무를 축소시키고 남은 것이라는 의미로 이해된다.

B. 수탁자의 권한

수탁자는 일반적인 권한과 특정 권한을 갖는다. 통일신탁법 § 815조에 따르면, 수탁자는 신탁에 의하여 부여된 일반적 권한, 또는 신탁조항에 의하여 제한된 경우를 제외하고, "개인적으로 소유한 재산에 대하여 미혼의 자격 있는 소유자가 갖는 것과 같은 권한을 신탁재산에 대하여 갖는다"; "신탁재산에 관한 적절한 투자, 관리 그리고 분배를 함에 적절한 다른 권한들"; 그리고 통일유언법에 의하여 "부여된 다른 권한들."

통일유언법 § 816조는 수탁자에게, 신탁재산을 인수할(collect) 권한, 신탁에 추가하는 것을 거부할 권한, 재산을 취득하거나 매각할 권한, 금전을 예금하고 차용할 권한, 신탁재산에 저당권을 설정할 권한, 주식을 취득하고 공동으로 하는 소유권 행사(exercise associated ownership rights)를 할 권한, 부동산을 취득하고 유지하는 권한, 신탁재산을 매각하거나 임대하는 옵션을 부여할 권한, 신탁재산에 관하여 보험을 들 권한, 가치가 없거나 불충분한 재산을 포기할 권한, 채권을 변제하거나 다툴 권한, 세금을 납부할 권한, 계약에 서명하고 그에 따라 이행할 권한, 종료와 관련하여 신탁관리를 축소할(wind down) 권한을 부여한다. 이러한 권리와 권한은 아래에서 더 상세히 다룬다.

1. 매각, 임대와 저당권설정

보통 신탁재산을 매각할 권한은 신탁계약서에 의한다. 명시적으로 그러한 권한이 부여되어 있지 않으나 매각을 금하는 특별한 조항이 없는 경우, 그러한 권한은 재산을 생산적으로 만들어야 하는 의무로부터 추론될 수 있다. 보통 매각에 대한 금지가 효력이 있으나, 상황이 일정한 변형(deviation)을 요구하면 법원이 매각을 금하는 관리조항으로부터의 변형을 허용한다.

재산을 매각하지 않도록 하겠다는 의도는 신탁계약, 재산의 성격(즉, 부동산, 원래 위탁자 소유였던 가족회사 주식 등)이나 신탁의 목적(즉, 생명보험증권의 매각이 비합리적인, 기본재원이 있는 생명보험신탁 등)과 같은 관련상황에서도 추론될 수 있다. 보유에 관한 허가가 반드시 재산을 보유할 것을 지시하는 것은 아니다.

매각권한은 완전히 자유로운 재량은 아니다. 수탁자는 여전히 합리적이며 신중한(prudent) 방식으로 행위를 하여야 하며, 공정한 가격을 얻어야 하고, 재산을 시장에 널리 노출시켜야 하고, 오직 현금 또는 합리적으로 담보가 된 대가만을 받아야 한다. 수탁자는 스스로나 가까운 친척에게 신탁재산을 매각할 수 없다.

보통 임대권한도 존재한다. 개량되지 아니한 부동산에 관하여, 임대권한은 매각에 대한 합리적인 대안이다. 다른 유형의 인적 재산과 개량된 부동산에 관하여는, 임대는 감가상각(depreciation)의 문제를 야기한다; 현존하는 임차권, 특허권 및 저작권과 관련하여서는, 감모상각(depletion)문제가 있다. 모든 임대에 있어, 수탁자가 신탁존속기간보다 더 장기(또는 잠재적으로 장기) 기간 동안 신탁재산을 임대할 권한이 있는가 하는 문제가 있다.

통상의 신탁관계(trust arrangement)는 생애권 및 잔여권과 관련된다. 수탁자가 생애보유권자(life tenant)의 생존기간과 다른 기간 동안 임대를 할 수 있는가? 신탁기간에 따른 임차인은 거의 발견되지 않으며, 더 장기간 임대할 권한은 보통은 법원에 의하여 인정된다.

종종 장래의 임차인은 임차권에 매입옵션이 포함되도록 요구한다. 일반적으로 매입옵션이 수탁자에 의해 부여되는 것은 허용되지 않는데, 이는 그러한 옵션의 일방적인 성격 때문이다. 임차인은 보통 옵션이 주어진 때와 행사된 때 사이에 그 재산의 가치가 올랐을 때만 그 옵션을 행사한다. 그래서 수탁자는 옵션을 부여함으로써 더 높은 가격을 받을 수 있는 가능성을 포기한 것이 된다.

옵션이 수탁자의 주의의무에 관한 적절한 실행이 되려면, 그 옵션과 임대조건이 개별적으로 달리 구성될 수 없는 내용으로 구성되어야 하는데, 즉 그렇게 하지 않으면 임대가 불가능하고, 동시에 그렇게 하지 않으면 매각이 불가능한 경우이어야 한다.

신탁에 대한 대여금의 담보를 위해 신탁재산에 관해 저당권 또는 다른 담보를 설정하는 것은 거의 허용되지 않는다 — 반대도 마찬가지이다(or wise). 보통 그러한 권한은 매각권이 부여된 경우에도 추론되지 않는다. 만일 비상상황이 있다면 담보가 허용될 수 있으나, 저당권 또는 담보에 관하여 미리 법원의 처분이나 승인을 얻어두는 것은 불가능하다.

일반적으로 신탁에 대한 대여는 무담보라도 허용되지 않는다. 담보가 된다면, 차용액은 같은 재산의 예상매각가보다 적을 가능성이 있다. 저당가격과 매각가의 차이(difference between the mortgage and the sale price)는, 수탁자가 저당이나 담보(pledge)가 설정되기 전의 지위로 그 자신을 되돌리는 권리를 갖기 위하여 "써버리는(spent)" 액이 된다.

저당권이 설정된 상태로 신탁재산이 된 재산이 있는 상황과 비교하라. 그 경우 수탁자는, 저당권에 의하여 담보된 채무를 청산하고 그 자산에 추가의 신탁자본(trust capital)을 투자할 것인지 아니면 저당권이 붙은 자산을 매각할 것인지에 관한 선택권이 있다. 저당권이 붙은 재산을 사는 것이 사업세계에서는 흔히 있는 일이지만, 그러한 투자는 종종 그들에게 권한을 부여하거나 지시하는 특정 신탁조항이 없는 경우, 수탁자에게 부적절한 것으로 간주된다.

2. 투자, 개량과 교환

투자는 허용될 뿐만 아니라, 재산을 생산적으로 만들어야 할 수탁자의 일반적인 의무상 요구되기도 한다. 투자를 함에 있어 수탁자는 상당한 주의(due care)를 다하여야 하고, 충실의무를 준수하여야 하며, 투자를 다각화하고 신탁재산을 분별관리(earmark)하여야 한다. 이러한 의무들은 다음과 같이 분석된다. 신탁재산을 "관리하는" 권한은 보통 신탁재산을 생산적으로 만들어야 할 의무로부터 추론되는 것은 아니지만, 투자권한을 내포하는 것으로 봄에 충분하다.

개량은 종종 많은 비용이 투입된다는 점 및 개량으로 인하여 그 개량된 재산의 사용기간이 연장된다는 점에 기초하여, 수리와 구분된다. 수리할 권한은 쉽게 추론되나, 개량할 권한은 명시적인 신탁조항의 표현 또는 신탁목적의 수행을 위하여 그 개량을 하여야 할 필요가 있는가에 의존한다.

개량할 권한은 손쉽게 인정되지 않으나, 신탁계약의 조항에 의하여 주어지지 않더라도, 법원에 의하여 수여될 수 있다. 개량은 개량되는 재산에 대한 추가적인 투자로 간주된다; 그것 나름으로 개량이 투자와 관련되는 수탁자의 모든 의무들을 준수하여야 한다. 다양화하여야 할 의무는 신탁재산의 개량에 의하여 가장 위반되기 쉬운 의무이다; 주의의무기준에 대한 위배가 될 수도 있다.

교환은, 교환을 구성하는 두 물건 — 자산 #1을 매각하고 자산 #2를 매입하는 것 — 을 정하는(to do the two things) 권한을 가진 수탁자의 권한에 속한다. 때때로 교환이 더 낫거나(세금문제 때문에), 또는 새로운 자산을 취득하는 유일한 방법(회사구조재조정)일 수 있다. 교환에 부쳐지는 두 부분은 각각 수탁자에게 요구되는 의무에 부합하는지 조사된다; 양쪽 모두 충족되면 교환이 허용된다.

3. 재량권한

전문적으로 작성된 신탁계약에 관한 가장 일반적인 상황은 권한이 없는 경우가 아니라, 수탁자가 그 권한을 행사할 넓은 재량권을 부여받는 경우이다. 수탁자에게 권한실행에 관한 재량이 명백히 주어진 경우, 그 권한의 행사나 불행사가 합리적인 판단의 범위를 벗어나거나, 부정직 또는 부적절한 동기의 소산이 아닌 한, 법원은 통상 그 권한의 행사나 불행사에 관여하지 않는다. 부적절한 동기는 분풀이, 수익자 아닌 다른 사람(수탁자 또는 제3의 인물)의 이익을 더 우선시하는 것 등을 포함한다.

재량을 부여하는 신탁계약은 실행의 합리성을 판단할 수 있는 기준을 부여할 수도 있고, 그렇지 않을 수도 있다. 어느 쪽이건 수탁자가 합리적 판단의 범위를 벗어나 행동할 때에만 법원이 유효한 재량의 행사에 간섭한다. 신탁계약에 의한 기준의 제시는 법원이 합리적 판단의 범위를 벗어났는지 여부를 판단하는 것에 도움이 된다. 법원은 보통, 법원이 동일한 쟁점에 대해 판단하는 경우 다르게 행동할지라도 그러한 범위 내에서 수탁자에게 완전한 재량권을 허용한다.

예: S는 T에게, T의 판단으로 A의 부양, 생계비와 교육을 위해 필요하다고 보는 수입 또는 원본을 지급하도록 신탁형식으로 펀드를 유증하였다. A가 스스로에게 익숙한 생활양식을 유지하며 살아가는 데 필요한 합리적인 금액은 4,000달러에서 6,000달러 사이의 금액이다. T는 한 달에 4,000달러에서 6,000달러 사이의 금액을 사용할 수 있다; 위와 같은 수용가능한 범위의 변경은 법원에 의한 변경이 필요하다. 만일 T가 한 달에 오직 4,000달러만 사용하지만, 사용되지 않은 금액을 수령할 잔여권자(remainderman)이기도 하다면, T의 행위는 법원에 의하여 변경될 수 있다.

사용된 기준이 위에서 본 예와 같이, "A를 돕기 위해 사용될 수 있는 다른 자산과 그 자산들로부터의 수입을 고려할 때, 나의 사망전 바로 그때 A가 누리던 생활수준에 필요한 수준일 것"인 것처럼 수탁자에게 부여되는 기준은 더 구체적일 수 있다. 또한 "무엇이든 A가 원하는 것" 또는 "A를 늘 행복하게 하는 것"과 같은 것처럼, 너무 모호한 내용의 경우 기준이 되지 못할 수도 있다.

4. 변 형

신탁에 대해 처분에 관한 것이 아닌, 관리에 관한 조항의 변경은 신탁으로부터의 "변형(deviation)"이다. 그러한 변형은, 조건이 불법이거나 준수하는 것이 불가능한 경우 요구된다. 수탁자는, 관리에 관한 조항들이 신탁이나 그 수익자들을 위한 최선의 이익에 부합하지 않거나 위탁자의 예상범위를 벗어나는 경우, 법원에 변형을 허용해줄 것을 신청할 수 있다. 변형은 신탁의 관리와 관련이 되고, (우연한 경우를 제외하고는) 수익자들의 몫을 변경시키지 않는다는 점에 주의하라. 처분조항을 변경하여 한 자선기구로부터 다른 자선기구로 재산을 옮기게 되는, 공익신탁에 있어서의 씨프레원칙과 비교해보라.

변형원칙이 수익권의 변경을 가져오는 가장 유사한 경우는, 특정 연령이 되면 재산을 수익자에게 주지말고 보류하라는 지시에도 불구하고, 보통은 미성년자인 수익자의 이익을 앞당겨 실현하는 것(accelertion)이 있다. 펀드 또는 다른 재산에 대한 미성년자의 현재의 긴요한 필요는, 법원이 신탁재산의 일부 또는 전부를 필요가 있는 수익자에게 조기에 지급하는 것을 허용하는 데 충분한 상황변화가 된다.

이 원칙에 대한 한 가지 제한은, 해당 수익자에 대한 조기지급으로 인하여 다른 수익자의 권리가 침해되어서는 아니 된다는 요청이다. 그래서 예를 들어 원본을 취득하기 위해서는 생존하고 있을 것이 요구되는 우발적인 신탁이익은, 수익자가 특정 연령이 되어야 펀드로부터 인출할 것을 지시한 것에 대한 변형을 위한 적절한 사유가 되지 못한다.

C. 수탁자의 의무

1. 신탁관리문제에 대한 접근방법

많은 신탁관리문제는, 그것들이 과실에 의한 불법행위 — 의무, 의무위반, 인과관계, 항변과 손해발생과 같은 것처럼 접근될 수 있다.

a. 의 무

“신탁위반(breach of trust)”은 신탁의무의 위반이다. 각 신탁의무의 성격, 정도 및 근거는 지실(知悉)되어야 한다(should be known). 종종 오래되고 모호한 의무가 새로운 상황에서 새로운 의미를 갖게 될 수 있다. 이 책의 앞으로 몇 면은 아래와 같은 중요한 신탁의무를 설명한다 — 관리·수익성 있게 만들어야 하기, 분별관리, 설명(Account), 직접 수행(Nondelegation), 다양화, 불편부당하여야 함(Impartiality)[2]과 회계처리(Accounting)에 관한 충실의무. 몇몇 의무들은 긍정적인 표현 및 부정적인 표현 모두를 갖는다; 예를 들어 충실의무는 자기거래(self-deal)를 하지 않아야 할 의무를 포함하고, 분별관리하여야 할 의무는 혼합(commingle)하지 아니할 의무를 포함한다.

b. 위 반

신인의무에 따라 부과되는 높은 수준의 의무 때문에, 위반은 더 쉽게 발견될 수 있다. 수탁자는 최소한의(*de minimis*) 항변권도 갖지 못한다. 해당 행위가 부과된 의무에 부합하지 않는다고 주장하는 것만으로도 충분하다.

c. 인과관계

빈약한, 어떤 사건들에서는 아예 존재하지 않는 인과관계(causation)는 많은 신탁위반사건을 과실책임보다는 엄격책임쪽으로 더 결부시키게 된다(liken). 예를 들어 수탁자는, 적절한 투자이기는 하지만 수탁자가 분별관리하지 않았기 때문에 가치가 감소되는, 시장에서 거래되는 담보와 관련된 손실에 대해 책임을 진다. 담보를 분별관리함으로써 손실을 피할 수 있었을지라도, 수탁자가 수탁자 스스로 손실을 입은 담보를 신탁재산에 편입시키는 것은 더욱 어

2 이하에서 이를 의무로 설명할 경우(duty of impartiality)에는 '공정의무'로 번역한다.

렵다. 신탁위반에 관한 수탁자의 책임이라는 면은 불법행위에서보다 덜 중요하다.

d. 항 변

신탁위반에 대한 예외와 항변은 일반적으로 네 가지 근거에서 유래된다: 면책조항(exculpatory clauses), 법에 의한 허가, 법원의 허가 및 동의.

ⅰ. 면책조항

신탁계약에서의 면책조항은 수탁자의 의무를 면제하거나 축소시켜줄 수 있으나, 수탁자는 부주의한 행위, 고의행위 및 악의(bad faith)에 의한 행위에 관한 책임에서 면제될 수 없다.

통일신탁법 § 1008조는, 만일 "악의에 의한 것이거나 신탁목적이나 수익권에 대한 부주의한 무관심에 기인한 신탁위반에 대한 수탁자의 책임을 면제하는 것인 경우, 신탁위반에 기인한 수탁자의 책임을 면제하는 신탁조항은 적용될 수 없다; 또는 … 위탁자에 대한 신인관계 또는 신뢰관계(confidetial relationship)에 관한 수탁자의 남용의 결과로 삽입된 것이면 … 그러하다." 나아가 수탁자가 면책조항을 기초하였거나 기초하도록 하였다면 그것은, "수탁자가 면책조항이 그 상황에서 공정하였다는 점과 그 존재 및 내용에 관해 위탁자와 적절히 상의한 것이라는 점을 입증하지 못하면, 신인관계 또는 신뢰관계의 남용이 되어 무효이다"라고 규정하고 있다.

Marsman v. Nasca(1991) 사건에서, 수탁자는 유언신탁을 설정하는 조항을 포함한 유언장에 면책조항을 넣었다. 변호사이며 수탁자인 제임스 F. 파(James F. Farr)는, 그가 위탁자인 새라와 면책조항에 관해 상의하였고, 위탁자가 그것이 포함되기를 원했다고 증언

하였다. 법원은, "동 조항의 삽입이 유언장을 작성할 당시의 새라와의 신인관계의 남용이라는 증거가 없기 때문에, 동 조항은 유효하다"고 판시하였다.

ii. 전통적으로 요청되는 신인관련 실무에 대한, 법에 의한 변형허가

법령은 법인수탁자가 다른 사람의 이름으로 담보를 보유하는 것이나(그리하여 분별관리하여야 할 의무를 위반하는 것임), 일반적인 신탁펀드를 이용하는 것(각 신탁에 대해 불편부당하여야 하고 충실하여야 할 의무와 신탁재산을 분리하여 보관하여야 할 의무를 위반하는 것임)을 허용한다. 일반적으로 이러한 법령들은 유효하다. 이들은 개인수탁자의 책임을 면제해주지 않는다.

iii. 법원의 허가

신중함(prudence)이 신탁위반에 앞서 동의를 얻는 것을 바람직하게 만들지만, 몇몇 기술적 위반은 법원에 의한 소급적 유효화결정(retroactive court validation)을 얻어낸다. 그럼에도 불구하고, 법원에게 왜 일반적인 원칙이 해당 신탁의 상황에 적용되어서는 아니되는가하는 이유를 설명하는 것이 필요하다.

iv. 모든 수익자의 명백한 동의

모든 수익자들은 완전한 정보를 제공받아야 하고 신탁위반에 대해 동의할 수 있어야 한다. 행위능력자(sui juris)가 아닌 수익자에 관해서는, 이러한 예외는 완전한 효력을 가질 수 없다. 강압적이지 아니한 방식에 의한, 완전하고 정직한 설명이어야 한다는 요건은 동의로 인정되는 경우를 더욱 드물게 만드는 경향이 있다. 철회가능한 신탁의 위탁자는 신탁위반이 될 대상에 대해 동의할 수 있다.

그러나, 만일 그것이 "수탁자의 부적절한 행위에 의하여 유도

된 것"이거나, 수익자가 통일신탁법 § 1009조에 따른 동의를 한 때에 신탁위반과 관련되는 그들의 권리나 중요한 사실을 몰랐다면, 이러한 동의는 효력이 없다.

e. 손 해

통일신탁법 § 1002조는 수탁자가 신탁위반으로 인한 손해를 배상하여야 한다고 규정한다. 수탁자는 위반에 의하여 손해를 본 수익자에 대해 다음과 같은 액 중 더 큰 금액에 관하여 책임이 있다: "(1) 신탁재산과 그 위반이 없었더라면 이루어졌을 신탁분배의 가치를 회복하기 위해 요구되는 금액; 또는 (2) 위반을 이유로 하여 수탁자가 얻은 이익." 복수의 수탁자가 있는 경우, 그들이 각자 위반에 기여하였는지 또는 신탁위반에 의해 이익을 얻었는지에 따라 손해에 기여하였을 것이 요구된다.

신탁위반에 대한 금전적 손해배상에 더하여, 이전의 무효(rescission of a transfer), 다른 행위의 취소(setting aside) 또는 수탁자에 의한 직접 행위(positive action)와 같은 형평법적 형식에 의한 다른 구제수단이 취해질 수도 있다.

중대한 사안의 경우, 위반 때문에 수탁자의 해임이 보상의 일부 또는 전부의 거부와 같은 형식으로의 추가 배상조치가 이루어질 수도 있다. 종종 발생하는 관련문제는, 수탁자에 의한 추가의 도박을 조장하지 않겠다는 법원의 의지(touchstone)와 별도로, 한 거래에 의해 얻은 이익과 다른 거래에서 비롯된 손실을 서로 상계할 수 있는가 하는 점인데, 법원은 "별개의(separate)" 거래들{형평법적 결론(a equitable conclusion)[3]}에 대해 서로 상계하는 것을 허용하지

3 'equitable conclusion'의 의미가 명확하지 않은데, 'equitable conversion'의

않는다.

그러나 수탁자는 통일신탁법 § 1003조에 따라, 신탁위반이 없을 경우, "신탁재산의 가치에 대한 손실이나 감가상각에 대하여 또는 이익을 올리지 못한 점에 관하여" 수익자가 입은 손해에 대해 배상할 책임이 없다.

2. 충실의무(자기거래를 하지 않을 의무)

신인의무자의 가장 큰 의무는 충실의무이다. 이 의무는 신인관계 특유의 것이고 신인관계 때문에 부여되는 것이며, 신탁계약의 특정 표현에서 비롯되는 것이 아니다. 충실의무라는 개념은 수탁자뿐 아니라 수탁자와 관계되어 여기서 비로소 검토되는 자들까지, 즉 모든 신인의무자에게 확장된다. 이 의무는 적극적 — 신탁재산을 오직 수익자의 이익을 위해서만 관리할 의무 — 이기도 하고 소극적 — 완전한 공개와 공정한 거래가 없는 경우 수탁자의 이익을 위하여 수익자와 거래하여서는 아니 되는 의무 — 이기도 하다.

충실의무는 신탁구조에서 매우 강력하다. 예를 들어 *Magruder v. Drury*(1914) 판결에서, 두 명의 수탁자 중 한 명이 저당권에 의하여 담보된 수표의 매입과 매출에 대한 통상의 커미션을 정기적으로 청구한 부동산중개업체의 파트너 두 명 중 한 명이기도 했던 사안에 관해, 신탁위반이 인정되었다. 피상속인이자 위탁자는 그의 생존중 공동수탁자와의 유사한 사업에 관여했었다. 수탁자들은 신탁펀드를 그 파트너쉽을 통하여 투자했다. 사업의 일반적인 흐름에 따라 파트너쉽에 의해 청구된 커미션은 다른 사람들에게 청구한 금

오기가 아닌가 하는 의문이 든다.

액보다 크지 아니하였으며, 신탁은 다른 곳에서 더 낮은 가격으로 그 투자수단을 매입할 수도 없었다.

Magruder 사건을 다룬 법원은, 잘못된 의도가 없었고 신탁에 대해 실제로 아무런 잘못도 행해지지 아니하였더라도, 공동수탁자는 그 신탁으로부터 이익을 얻지 못했을 것이라고 판시하였다. 따라서 당해 공동수탁자는, 그가 공동수탁자로 일하는 신탁과 관련된 사업에서 비롯되어 두 사람으로 이루어진 그의 파트너쉽이 얻은 이익의 1/2을 반환하도록 요구되었다. 이 상황에서 신탁에 관하여 인과관계도 실제 손해도 존재하지 않는 점에 주의하라. 수탁자는 이득을 반환하도록(disgorge) 요구되었는데, 이는 그가 잘못을 저질렀기 때문이 아니라, 그의 행위가 잘못을 저지른 것처럼 보였기 때문이다. 충실의무라는 유익한(salutary) 개념은 극도의 이해관계 불개입(disinterest)을 요구한다. 아마도 이것은 환관들에 의해 보호되는 후궁이라는 개념에서 나온 것(carryover)일 터이다.

수탁자에게 어떤 잠재적인 이익도 허용하지 않는다("수탁자에게 설명할 것을 요구한다")는 개념은, 논리적으로 수탁자가 팔고 사는 모든 경우 또는 신탁에 대한 어떤 역무(수탁자로서의 역무를 제외한다)를 하는 모든 경우에 확장된다. 수탁자가 손해보험영업자 또는 커미션담보영업자인 경우, 그리고 신탁에 무언가를 판매한 경우, 그들은 신탁법에 의하여 커미션의 반환이 요구되고, 종종 보험법이나 담보법에 의하여 할인을 할 수 없기 때문에, 딜레마에 직면한다.

송무를 수행하거나 세금에 관한 의견을 주는 것과 같은 법률관계 역무를 제공하는 변호사도 그러한 서비스로부터 이익을 받을 수 없다. 스스로를 위한 변호사로서 역무를 제공한 수탁자는, 그가 어떤 자격에서 보상받을 수 있는지에 관해 선택권이 없다. 보상이 청구될 수 있는 유일한 자격은 수탁자로서의 자격이다. 변호사 자격의 그에게의 변제를 허용하는 것은, 그로 하여금 수탁자 지위에서 이익을 얻도록 허용하는 것이다. 허용되는 한 가지 이익은 수탁자로 일하는 것에 대한 보수인데, 그것이 변호사로 일하였을 때 동일한 사람에 의하여 보통 청구되는 보수보다 낮더라도 그러하다.

신탁재산을 매입한 수탁자도 이와 유사하게 수익자에게 있는 선택권에 의하여 가장 안좋은 자격에 서게 된다: 수익자들은 (만일 선의취득자에게 판매된 것이 아니라면) 매각한 물건의 반환을 주장할 수도 있고, (재판매되었건 그렇지 않건 간에) 수탁자가 얻은 이익의 지급을 청구할 수도 있으며, 그 매각을 추인할 수도 있다.

수탁자가 재산을 반환하도록 요구되는 경우, 수탁자는 때때로 이자를 가산한 매입대금과 재산에 이루어진 개량된 부분(또는 그 가치)을 반환할 수 있다. 매각시와 수익자들이 행동을 취할 수 있는 시기 사이의 재산가치의 변화는 수탁자가 부담하여야 한다: 재산가치가 올라갔다면, 수익자는 대상물 자체나 이익액(accounting of the profits)의 반환을 구할 수 있다; 만일 대상물의 가치가 하락하였다면, 수익자는 그 매각을 추인할 수 있다.

수탁자가 선의였다고 하여 신탁위반에 대한 책임부과가 면해지는 것은 아니며, (수탁자해임이나 커미션 거부와 같은) 추가의 조치가 취해져야 하는지를 결정함에 있어 선의가 의미가 있다 하더라도 그러하다. 수탁자는, 그저 직접적으로 또는 간접적으로 신탁재산을 사는 것만으로도 충실의무를 위반한 것이 된다. 수탁자가 지급한 가격이 다른 사람으로부터 받을 수 있는 가격과 동일하거나 높을 수도 있으나, 법원은 위반이 발생하였다고 본다.

이러한 접근방법이 엄격성을 띠는 이유 중 하나는, 수탁자가 그 매각방법과 광고에 대한 지배권을 갖고 있으므로, 다른 매입자가 없었으면 하는 잠재의식속의 희망이 있을 수 있기 때문이다. 매각이 제3자에 의하여 공정하게 이루어졌다거나 경매에 의한 것이라는 것은, 그 제3자와 경매진행자가 수탁자에 의해 선택되므로 수탁자에 의한 행위에 대한 항변이 될 수 없다.

수탁자는 그가 직접 하는 것이 금지된 것을 간접적으로도 할 수 없다. 그리하여 중간자를 개입시킨 매입은 수탁자의 책임을 면제시키지 않는다. 그러나 어떤 경우, 신탁관계가 깨지면 수탁자에 의한 매입은 허용된다. 그리하여 수탁자가 더 이상 수탁자가 아니거나, 그가 신탁으로부터 매입한 사람으로부터 매입하는 것이라면, 수탁자가 수탁자로 일하는 동안 얻은 정보를 이용하였거나 사임전에 미리 매입 또는 제3자에 대한 매각조치를 취해둔 점이 드러나지 않는 경우, 그 매각은 취소되거나 공격당할 수 없다. 물건 자체에서 이익을 얻는 것(self-benefiting)도 신탁으로부터의 매입, 신탁에 대한 매각, 우연한 이익 또는 각 매매의 커미션이 될 수 있다. 신탁에 대한 매각은, 정확히 무엇이 매도인인 수탁자의 "이익"이 되는가를 결정하여야 하는 문제를 야기한다.

예를 들어 수탁자가 첫 해에 자산을 1,000달러에 매입하였고, 그 자산의 가치가 3,000달러가 된 두 번째 해에 그것을 신탁에 4,000달러에 매각하였다고 가정한다. 매입가격 중 매각시의 가치를 넘는 초과분(4,000달러 − 3,000달러 = 1,000달러)은 신탁에 반환되어야 함이 명백하다. 첫 해에 수탁자가 지급한 가격과 둘째 해의 가치의 차액도 반환되어야 하나? 어떤 법원(Some authories)은, 이 점은 수탁자가 신탁에 매도할 의사를 가지고 그 자산을 매입하였는가에 따라 결정되어야 하고, 그러한 의도가 없었던 경우 수탁자는 "이익"

을 포기할 필요가 없다고 본다.

나아가 같은 상황에서, 자산의 가치가 4,000달러인 세 번째 해에 수탁자가 제3자 또는 수탁자 자신에게 5,000달러에게 매각하였다고 가정해본다. 이 경우 위반이 두 번 있었는가 아니면 한 번도 없었는가? 손해액은 얼마가 되는가?

통일신탁법은 법인수탁자가 보통은 충실의무를 위반하는 행위를 할 수 있도록 명확하게 허용한다. 예를 들어 통일신탁법 § 802조 (h)(4)항은 그 거래가 수탁자에게 공평한 것인 한, 수탁자가 "신탁금전을 수탁자에 의하여 운용되며 법에 의하여 규율되는 금융서비스기관"에 예입하는 것을 허용한다. 때때로 평가절차가 대여부서(수탁자인 은행이 스스로로부터 역무를 구매하는 경우이다)나 신탁부서(신탁부서가 아니라 대여부서에 의한 대출이, 은행이 그 스스로의 이익을 위해 신탁재산을 위한 것이었어야 할 기회를 차지하였다는 주장이 가능하게 되는 경우이다)에 의하여 이루어진다.

종종 대여가 특정 신탁에 비해 너무 클 수 있지만, 많은 작은 신탁에 의하여 분할될 수도 있다. 다수의 신탁에 의하여 이루어진 한 건의 대여에 관한 저당권에의 "참가(participations)"는 — 분별관리, 충실의무 및 그들 사이의 투자자산의 타당성(propriety)과 같은 — 많은 문제를 일으킨다. 신탁재산의 수탁자은행 주식에의 투자는, 다른 주주(특히 은행을 지배하는 대주주)가 주식의 시장가치를 떨어뜨리고 싶어하지 않을 것이므로, 충실의무위반이 된다. 그리하여 주식의 가치가 하락하게 하는 요소를 회사 내에서 알고 있는 때에도, 신탁에 의한 주식보유를 계속하게 할 압력이 있을 수 있다. 주요 신탁재산이 수탁자은행의 지배권이 있는 주식인 경우, 예를 들어 은행설립자의 유언신탁의 경우에는 이 문제는 한층 더 악화된다.

위에서 설명된 대로, 충실의무의 엄격함(rigors)은 법령(법인수탁자인 경우에 종종 그러하다), 신탁계약에서의 책임면제조항, 법원명령 또는 수익자의 동의에 의하여 완화될 수 있다. 그러한 조항은 추론에 의해서는 인정되기 어렵다. 예를 들어 위에서 언급한 *Magruder v. Drury* 사건의 사안에서, 수탁자는 위탁자의 생존기간 동안 이루어진 일련의 행위를 지속하였을 뿐이다.

부동산저당권의 사후매각(Post-death sales)은, 수탁자가 위탁자에게 유사한 사망전 매각을 한 경우더라도 신탁위반이다; 이미 존재하였던 사업관계는 충실의무위반으로 인한 면제를 추론하는 근거가 되지 못한다. 나아가 책임면제조항의 추론에 의한 인정은, 최초의 신탁투자와 사후의 신탁투자 사이의 구별에서 발견된다. 만일 위탁자가 회사수탁자의 주식과 같은 재산을 신탁재산에 편입한다면, 수탁자에 의하여 매입되었더라면 부적절한 투자가 되었을지라도, 수탁자가 반드시 그 자산을 매각할 의무를 지게 되는 것은 아니다.

여러 신탁의 수탁자인 자는, 특정 신탁에서 다른 신탁의 이익을 위하여 자산을 매입할 수 있으나, 그 매입과 매각은 양쪽 신탁 모두에게 공정한 것이 되어야 한다. 그러한 절대적 공정성에 대한 느슨한 판단기준(thin line)과, 뒤늦은 깨달음(hindsight)의 파괴적인 효력과 결부된 무엇이 “공정한 것”인가 하는 점의 주관성은, 양 신탁이 거래하게 하는 것이 현명하지 못한 것임을 보여준다.

신인상황에서의 충실의무개념은, 파트너와 법인 관련 신인의무자, 즉 이사들이 사업기회를 다룸에 있어서도 공정성을 요구하는 데에까지 확장되었다. “회사의 기회(corporate opportunity)”라는 개념은 수탁자는 그 신탁에서 이익을 얻어서는 안 된다는 이론에서 직접적으로 유래되었다.

통일신탁법 § 802조 (c)항은 수탁자가 다음과 같은 자들과 금융거래를 하면 이익의 충돌이 있는 것으로 추정한다; 그의 배우자; 그의 직계비속, 형제, 부모 또는 그들의 배우자; 수탁자의 대리인 또는 변호사; 또는 수탁자가 중요한 이익을 갖고 있는 회사. 이들과의 거래는 모두 충실의무위반이 된다.

충실의무는 또한 반대되는 권리를 매입하는 경우에 대해서도 확장된다. 예를 들어 신탁재산에 담보(lien) 또는 토지에 대한 부담(encumbrance)이 있고, 수탁자가 수탁자 개인의 자격(capacity)으로 그 권리를 취득한 경우, 신탁위반이 된다. 다른 한편, 수탁자가 그 지위를 인수할 때 수탁자에게 지는 채무가 있다 하여 반드시 신탁위반이 되는 것은 아니다. 특정인을 수탁자로 지명하는 것이 채무를 인정하는(compromising) 수단으로 적절히 이용될 수는 없다. 신탁기회(trust opportunity)의 다른 예는, 수탁자가 임차인인 임차권의 갱신이다[4]; 수탁자는 그의 개인적인 지위에서 갱신할 수 없다.

회사의 지배권을 신탁이 소유하는 경우, (적절한 투자인가 하는 문제와 별도로) 이사와 회사 내 자리에 관하여 주주의 권리를 행사함에 있어서의 충실의무문제가 생긴다. 수탁자가, 그 스스로 그가 과거에 갖지 못했던 보상적(compensated) 지위를 얻기 위하여 신탁의 투표권을 행사하는 경우, 그러한 보상이 획득되었다(earned) 하더라도 충실의무위반이 된다. 투표권이 이미 수탁자가 소유한 것에

---

4 이 부분 원문은, 'Another example of a trust opportunity is a renewal of a lease in which the trust is tenant;'인데, 두 번째 'trust'는 'trustee'의 오기로 이해된다.

단순히 더하여진 것이라면 판단하기가 더 어려워지며, 개인이 수탁자가 되기 전에 회사 내의 그 지위에 있었다면 책임을 인정하기 가장 어려운 경우가 된다.

3. 관리의무

통일신탁법 §801조는, 어떤 사람이 수탁자 지위를 인수하면, 그는 "그 조건, 목적 및 수익자의 이익을 위해 선의로 신탁을 관리하여야" 한다라고 규정한다. 수탁자는 신탁의 이익과 그것에 이해관계를 갖고 있는 사람을 위하여 필요한 것을 해야 한다. 관리의무는 신탁조항과 신탁에 의해 보유된 자산에 대하여 적용된다. 그리하여 수탁자는, 신탁조항을 파악할 책임과 준수할 책임(즉, 수익자에게 그들의 권리를 통지하고 필요한 경우 분배를 하는 것)을 지며, 또한 신탁재산의 관리에 있어서의 실수와 누락(적절한 관리를 하지 못한 점 등)에 대해서도 책임을 진다.

일반적인 관리의무는 많은 다른 더욱 세부적인 의무들의 원천(well-spring)이다: 충실의무와 공정의무는 신탁을 적절히 관리할 의무의 한 면들이다. 수익성 있게 만들어야(make productive) 할 의무와 설명의무 또한 올바른 것을 해야 한다는 원천적인 의무에까지 거슬러 올라갈 수 있다.

신탁재산을 모으고 보존하며, 수익성 있게 만들고 신탁조항에 따라 그것들을 분배하여야 할 수탁자의 의무는, 신탁계약 또는 다른 신탁의무에 의하여 명확하게 다루어지지 않는 문제들을 야기한다. 수탁자가 가치 없는 자산을 포기하거나 소송을 통하여 채권을 유지 또는 방어하는 일 등에 대해 의문이 있는 경우, 수탁자는 적절한 법원에 조언을 구할 수도 있다.

4. 수익성 있는 투자를 할 의무

수익성 있는 투자를 할 의무는 대부분의 신탁에서 명시적 또는 묵시적으로 드러난다. 그러나 필수적인 신탁의무는 아니다. 수탁자는 물적 재산이나 인적 재산을 현재의 상태로 보존하고, 특정 사건, 예를 들어 21세가 되었거나 채무의 변제 등의 사건이 발생하면 그 권원과 점유를 이전해줄 목적으로 지명될 수도 있다. 부동산, 동산과 무형재산을 그 상태로(in kind) 이전해줄 수탁자의 의무는 수익성 있게 만들어야 하는 의무를 소멸시킨다.

이 의무는 일반적으로 실용적이며 합리적인 방법으로 적용된다. 신탁재산에 미개발상태의 토지 등과 같은 수익이 나지 않는 자산이 포함되어 있고, 명시적인 조항에 의해서이거나, "수입"을 수익자에게 지급할 것을 지시하는 내용의 장기신탁과 같이 신탁조항에서 묵시적으로, 수익성 있게 만들어야 할 의무가 존재하는 경우, 수탁자에게는 재산을 수익성 있게 만들기 위한 합리적인 시간이 허락된다.

수익자에게 부동산에 관한 권원을 이전하여야 할 의무가 없는 미개발부동산의 경우, 재산을 개량되지 않은 상태, 즉 농장이나 도심지 주차장 상태로 임대해줄 수 있다. 그렇지 않다면, 수탁자는 보통 그 재산 위에 무언가를 짓기보다는 처분하고자 할 것이다. 수익성 없는 재산이 당좌예금과 같은 금전일 경우, (미개발된 토지와 반대로) 수탁자는 재투자를 위하여 매각할 필요가 없기 때문에, 재투자를 위한 시간은 단축된다.

신탁재산의 전부를 수익성 있는 것으로 만들 필요는 없다. 현재 시행하여야 하는 신탁에 따른 배당(distribution)과 비용을 지급하기 위하여 합리적인 금액이 당좌예금에 예입될 수 있다. 어느 정도의 금액이 "합리적(reasonable)"인가 하는 것은 물론 판단의 문제이다.

예측되는 장래 비용과 배당을 위해 유보될 수 있는 금액의 합리성, 재투자를 위해 얼마 정도의 시간이 필요한가에 대한 합리성 및 무수익(unproductiveness)과 대조적인 경우로서 수익이 저조한 경우(underproductiveness)와 같은 이슈들이 있다. 만일 이러한 문제가 있다면, 발생할 수 있었던 수입에 대해서만 수탁자가 책임진다. 악의(bad faith)가 없었다면, 신탁재산을 수익성 있게 만드는 데 실패한 수탁자를 해임(또는 비용보상을 하지 않거나)할 만한 합리적인 이유가 없게 된다.

그러함에도 불구하고, 몇몇 대공황시기의 사건에서 파산한 은행계좌에 이자도 없이 너무 오랫동안 방치되어 있던 펀드와 관련하여, 재산을 수익성 있게 만들지 못한 점에 대해 수탁자에게 책임이 있다고 판시되었다. 은행과 저축대부조합(banks and savings and loan association)에 대한 연방예금자보험계획에 따른 회복분을 넘은 예금액만큼에 대해서는 오늘날에도 같은 법리가 적용될 수 있다.[5] 인과관계의 부존재는 법원이 책임을 부여하는 데 지장을 주지 않는다. 재산을 수익성 있게 만들지 못한 점에 대해 엄격한 제재가 부과되었다. 이러한 일련의 사건들은 수익성 있게 만드는 의무의 "합리성"에 대한 일반적 기준이나, 분별관리를 잘못한 경우를 제외하고 수탁자에게 제재를 부과하려면 인과관계를 요구하는 경향 어느 것과도 부합하지 않는 것으로 보인다.

---

5 이 표현은 1980년대에 미국에서 큰 문제가 되었던 저축대부조합 파산 문제에 관해 언급하는 것이다.

허용되는 투자형식은, 판례법에 포개져 있는 법령 형식에 다시 포개져 있는 신탁조항의 형식으로 존재한다. 신탁법의 이 영역에 완전한 명확성이 결여되어 있는 것은, 특정 투자의 적절성을 사안별로 결정함에 따른 비용이라 할 수 있다. 상황의 변화에 따라 불가능하거나 불법 또는 비실제적인 경우를 제외하고, 위탁자의 지시 — 허용된 투자를 확대하거나 축소하는 것 — 는 준수되어야 한다.

신탁법 제3차 리스테이트먼트 § 227조와 '통일 신중투자자 법(the Uniform Prudent Investor Act)'에 의해 규율되는 "신중한 사람(prudent man)" 원칙부터 "신중한 투자자(prudent investor)" 원칙에 걸치는 여러 법령조항에 따라, 허용되거나(수탁자가 다른 유형의 투자를 하는 것이 허용됨) 제한되는(다른 투자는 적절하지 않은 것으로 간주됨) 투자목록의 내용이 달라진다.

Harvard College v. Amory(1830) 판결은, 투자에 관한 '신중한 사람 원칙'에 따라, 수탁자는 "그들의 펀드에 관해 투기의 관점이 아니라 영구처분의 관점에서, 투자되는 자본의 추정안전도 외에도 추정수입도 고려하면서, 신중하고 분별이 있으며 지성이 있는 사람이 그들의 일을 어떻게 처리하는가를 관찰하여야 한다"라고 설시하였다.

이러한 설시는 두 가지 모순되는 점 — 추정수입과 추정안전도 — 을 강조한다. 결정된 투자액에 따라 얻을 수입액은, 위험의 정도가 증가할수록 늘어난다. 그리하여 새로운 사업이나 투자를 위해 구입된 나대지와 같이 매우 투기성이 높은 투자는, (불확실성을 통하여) 큰 이익(수입)을 낼 것이나, 자본에 중대한 위험을 부여할 것이다.

동시에, 연방정부채권은 화폐와 마찬가지로 안전하지만, 위험이 작으므로 매우 적은 이익만 가져온다. 그리하여 통상적인 경우 어느 쪽도 신탁기본재산 전체에 대해서는 적절한 투자가 될 수 없다. 채권은 신탁 일부를 위해서는 적절한 투자가 될 것이나, 새로운 사업은 그것이 “투기적”이므로 보통은 적절한 것으로 간주되지 않는다.

신중한 **사람** 원칙은, ‘신중한 **투자자** 개념’을 도입한 신탁법 제3차 리스테이트먼트에 의하여 변경되었다. 신중한 투자자 원칙 § 227조는, “수탁자는 수익자에 대해, 신중한 투자자가 목적, 조건, 배당, 수요 및 신탁의 다른 상황을 고려하여 하였을 방법으로 신탁펀드를 투자하고 관리할 의무가 있다”고 하고 있다.

(a)항은, “합리적 주의, 기술 및 경계를 요구하며, 나아가 이 조항은 투자 자체뿐 아니라, 신탁재산 구조(portfolio)의 맥락에서 그리고 신탁에 대해 합리적으로 보아 적절한 위험 및 수익 대상물을 조합하여야(incorporate) 하는 전체적인 투자전략의 일부로서, 투자에 대해 적용된다”라고 규정하고 있으며, (b)항은, “투자결정을 내리고 이행함에 있어, 수탁자는 그 상황하에서 다양화하지 않는 것이 신중한 것이 아닌 한, 신탁투자를 다양화하여야 할 의무가 있다”라고 규정하고 있다.

제3차 리스테이트먼트는 신탁투자법을 현대화하고, “원래의 원칙의 보편성(generality)과 유연성을 회복”하고자 하였다. 원칙들은 “경제학과 투자에 관한 특정 이론들을 그대로 인정하거나 배제하지 아니하고, 현대 경험과 연구결과로부터 얻을 수 있는 교훈을 반영하도록 의도”되었다. 이러한 유연성은 다른 수탁자에게는 “실제적이며 적용할 수 있고 이미 확정되어 있으며 효과가 있는 것으로 예측할 수 있는, 합리적으로 명확한 기준”을 제공하는 반면, 전문수탁자에게는, "특정 신탁에 대해 적당하다고 판단되면 비전통적인 전략"을 사용할 수 있도록 허용한다.

'통일 신중투자자 법'은, 투자에 있어 신중함이라는 기준이, 각 개별투자보다는 전체 포트폴리오에 적용되어야 함을 강조함으로써, 변화하는 추세를 계속 이끌어나갔다. 통일신탁법은 '통일 신중투자자 법'을 § 9 조[6]로 편입하였다.

어떤 특정 투자도 항상 부적절하거나 항상 허용되는 것은 아니다. 투자의 상대적 유효성은 자연스럽게, 그 검토를 통하여 학생(the student)[7]이 가능성과 그 가능성의 원인을 확인할 수 있어야 하고 그리하여 그 투자가 적절한가 그렇지 않은가에 대한 대체적인 이론으로 나아가게 되는, 그러한 검토문제로 연결된다.

허용가능성(acceptability)에 관한 특정 경향은 이미 확인될 수 있다. 첫째, 연방, 신탁이 관리되고 있는 주(州), (파산의 경험이 없고, 적절히 담보되고 있다면) 다른 주, 도시들, 정부특별지구(governmental bonding districts, 일정 제한 내의 것)의 공채는, 위에서 언급된 순서에 따라 일반적으로 가장 허용되는 전통적인 투자기구이다. 법정 목록에 거의 항상 등장하는 그러한 대상물들은 수입을 창출하나 인플레이션으로부터의 보호에 대한 조치가 없는 것보다 더 안전하기 때문에, 수입수익자(income beneficiary)보다는 잔여권자를 더 유리하게 한다.

둘째, 부담하고 있는 채무액을 넘는 가치를 가진 부동산에 대한 제 1 순위 저당권에 의하여 담보된 채권이 또 다른 전통적인 1

6 원문은 'Article 9'.

7 이 책이 로스쿨 학생들에게 강의하는 것을 전제로 하여 집필되었음을 보여주는 표현이다.

급 투자이다. 재산의 가치가 하락하고, 개량한 것이 파괴되고, 그 권원에 흠이 생기는 위험은 있다. 전문적 대여자가 오늘날 대여해 주는 비율(70% 내지 90%이고, 연방보험프로그램이 있으면 97%에 이른다)은 매우 높아서, 신탁(연방보험에 의하여 보호되지 않는 경우)은 투자시장에서 경쟁할 수 없다. 대부분의 경우 저당권은 부적절한 투자로 간주되나, 제 1 순위 저당권액이 매우 작은 경우에는, 제 2 순위 저당권이 부적절한 투자가 아닐 수도 있다.

셋째, 특히 사회간접시설이나 준정부기구에 의한 회사채 또한 높게 평가된다. 채권이 멀지 않은 과거에 도산재조정절차를 통과한 철도 등의 형편없는 투자인 것도 여전히 가능하다.

넷째, 주식(equity securities, stock of corporations)은 점점 더 승인을 많이 얻는 투자이다. 새로운 사업에 대한 투자는 투기성이 너무 높아서 대부분의 경우 적절한 투자가 되지 못하지만, 유가증권산업에는 이제 더 큰 보호수단(safeguards)이 있고, 그리고 신탁투자 정책이 획정되었을 때보다 더 잘 구성되고 관리되는 회사들이 있다. 오늘날 대부분의 주는 기성 회사들의 보통주 및 우선주에 대한 투자를 허용한다.

연방에 의한 보호 때문에 승인이 늘어가는 다른 투자는, 예금증서(certificate of deposit)에 의한 예금계좌로 대표되는 금융회사(banking corporation)에 대한 무담보대출이 있다. 예금증서에는 보통 펀드로부터의 인출에 시간적 제약(수입의 박탈과 같은 것)이 있으며, 그래서 단기신탁으로서는 덜 바람직하다. 은행에 대한 예금과 저축대부조합에 대한 연방의 보험은 그렇지 않았더라면 부적절한 투자 — 무담보 대출 — 였을 것을 적절한 것으로 만드는 경향이 있다.

새 사업과 토지는 가장 덜 적절한 투자로 남아있다. 위 두 가지의 투기적 속성은 수입을 불확실하게 만들며, 원본도 위험하게 만들 수 있다. 농장 또는 아파트는 평균적인 수탁자가 보유하거나 투입할 수 있는 것보다 더 고도의 기술과 주의를 요구한다. 무역과 사업, 투기적 투자와 자본거래에 대한 투자는, 특별히 허용되는 경우가 있기는 하지만, 일반적으로 부적절한 것으로 간주된다.

'통일 신중투자자 법'은 뮤츄얼 펀드(다른 사업에 투자하는 사업을 수행하는 신탁이나 회사)가 다양화에 도움이 된다는 점을 인정한다. 위 법은 투자권한의 대리를 인정한다. 관리비가 뮤츄얼 펀드에게 지급되는 경우, 수탁자보수(보통은 다른 행위보다는 투자결정에 관한 보상과 관련된다)가 어느 정도로 감소되어야 하는가에 대해서는 불확실한 점이 있다. 뮤츄얼 펀드에 의해 배당된 보통의 수입과 자본거래수입을 수입수익자와 원본수익자 사이에 어떻게 배당하여야 하는가가 또한 문제이다.

그렇지 않았더라면 적절하였을 투자가, 다양화할 의무, 충실의무, 공정의무 또는 타인에게 위임하지 말아야 할 의무 등과 같은 다른 의무에 위반함으로써 부적절하게 될 수도 있다.

수탁자는 주의를 다하고 합리적인 사람의 기술을 이용하여야 하는데(수탁자가 그러한 주의능력과 기술을 보유하고 있지 않더라도 그러하다), 주석자(commentators)들과 몇몇 법원들은, 신탁관리분야에서 전문성을 광고한 직업적 수탁자에게 더 높은 수준의 주의와 기술을 사용할 의무를 부여하려고 시도한다. 통일유언법 §7-302조와 통일신탁법 §806조를 참고하라.

투자의 적절성을 결정하는 기준시점은 그 투자가 이루어진 때이다(물론 소송절차에서는, 투자판단 중 다투어지는 거의 모든 경우, 어떤 투자가 시점상 잘못된 것으로 증명된 바로 그때가 된다).

5. 분별관리할(혼합을 하지 않을) 의무, 피지명자

"분별관리(earmarking)"와 관련된 두 가지 의무가 있다. 첫째, 신탁재산은 다른 모든 자산과 분리되어야 한다. 둘째, 자산들이 신탁에 속하는 점이 명확하게 표시되어야 한다. 이를 위해 통일신탁법 § 810조는 수탁자가 신탁관리에 대해 적절히 기록할 것과 신탁재산과 수탁자 고유의 재산을 분리할 것을 요구하고 있다. 그러나, 둘 또는 그 이상의 별개의 신탁에 대한 한 명의 수탁자는, 수탁자가 각 권리에 대해 명확히 기록해나가는 한, 그 신탁들의 재산을 합쳐서 투자할 수 있다.

수탁자는 신탁재산을 수탁자의 개인적인 재산과 혼합하여서는 아니 된다. 횡령(misappropriate)할 의도로 그리 하였다면, 그러한 혼합은 횡령(embezzlement)이 된다. 횡령하려는 의도가 존재하거나 그렇지 않건 간에 그것은 신탁위반이다.

횡령할 의사가 존재하거나 그렇지 않건 간에 그 모습은 마찬가지이기 때문에, 법원은 이러한 유형의 혼합에 대해 극히 엄격하다. 그러한 의도의 존재는 어느 정도 주관적이며, 그 존재는 사실이 발생한 뒤에야 인정될 수 있다. 그리하여 이를 방지하는 법률의 문제로, 법원은 신탁재산을 그 고유의 재산과 혼합하는 수탁자에게 강한 제재를 부과한다.

제3자, 특히 그 제3자가 다른 신탁일 경우, 그에 속하는 자산 또한 분리되어 보존될 필요가 있지만, 이 경우에는 횡령의 가능성은 덜 심각하다. 이러한 점에 관한 가장 어려운 경우가 동일한 위탁자에 의해 여러 개(또는 잠재적으로 여러 개)의 신탁이 설정된 경우이다. 엄격한 원칙에 따르면, 신탁들의 재산은 각각 분리하여 보존되어야 한다. 종종 다수의 수익자(예를 들어 자녀들)를 위한 결합된 신탁이 의도되었는가, 아니면 분리된 각각의 신탁이 의도되었는가를 말하기란 어렵다. 소득세관련 목적인 경우, 각각의 신탁을 분리하여 설정하는 것이 보통 바람직하다. 그러나, 신탁이 분리되어 있으면, 자산들도 분리되어야 할 필요가 있고, 각 신탁별로 명확하게 분별관리되어야 한다. 수탁자가 각각의 신탁이 관련되어 있음을 인식하지 못하면, 기술적 위반이 발생할 수 있다.

잠재적으로 분리되어 존재하여야 할 신탁이 존재할 수 있으나, 보통 하나의 신탁으로 다루어지는 상황이 이미 존재하는 신탁에 추가되거나 "추가조항(pour-overs)"이 있는 경우 발생한다. 위탁자는 생전에 또는 유언에 의하여 그의 신탁에 대한 추가를 할 수 있는 권리를 유보하고 실행할 수 있다.

다른 사람들도 신탁에 기여할 수 있다. 예를 들어 배우자는 상대방 배우자에 의하여 설정된 신탁에 기여할 수 있고, 조부모는 부모들이 설정한 신탁에 기여할 수 있다. 추가(및 때때로는 애초의 신탁)에 관한 조항은 동일한 조건을 가진 각각의 신탁이 의도되었는지 여부를 밝힌다; 보통 그 총액이 하나의 신탁으로 취급된다.

신탁재산을 분리하여야 하는 필요는, 신탁재산을 추급하고자 시도하는 사람에게 가장 크다. 변호사-고객 또는 재산을 공유하는 남편-아내와 같은 다른 신인관계는, 형태를 바꾸어 지금 지위에 이른 자산을 "추급"하는 것과 관련된다(예를 들어 부동산이 매각되어 주식을 취득하는 데 사용된 돈으로 변환된 경우). 그러나 둘 또는 그 이상의 분리된 신탁의 수탁자가 그들의 자산을 공동으로 투자하고 각 권리를 통일신탁법 § 810조 (d)항에 따라 명백하게 기록한다면, 추급은 꽤 쉬운 문제이다.

만일 신인의무자가 "신탁"재산과 그의 고유재산을 섞으면, 법원은, 신인의무자에게 재산(interests)을 분리하거나, 신인관계에 따른 부분의 가치에 대한 보증인(guarantor)이 될 것으로 요구하거나, 해당 재산 전체(entire mass)를 신인관계에 속하도록 할 것이다. 그러한 추급조치에는 형평법상 원칙들이 관련된다; 그리하여 다음과 같은 많은 요소들이 의미를 갖게 된다: 그러한 혼합에 관한 책임정도, 신인의무자의 선의, 혼합된 액의 상대적 가치 등.

"분별관리할 의무"는, 특정 신탁의 이익을 위하여, 적절한 경우 신인관계에 따른 수탁자의 소유권의 표지를 자산에 표시하여 분별하여야 할 수탁자의 의무이다. (소에 주인을 표시하는 방법에서 그 이름이 유래한[8]) 그 방법은, 어떤 재산인가에 따라 다르다. 부동산은 특정 신탁의 수탁자로서 수탁자의 이름을 등기하여야 한다. 적절하게 등기된 신탁소유권 표지는, 잠재적인 매수인들에 대한 통지가 된다. 그러나 등기는 완전해야 한다. 몇몇 州는 법령에 의하여, 신탁에 관한 더 완전한(fuller) 설명(표지)이 없는 경우, 매수인이 "수탁자로서(as trustee)"라는 등기부상의 권원보유자 지정을 무시해도 되도록 허용한다.

등록형식으로 문서에 의하여 대표되는 무형물에 대한 분별표시는 토지에 대한 권원의 등기(등록)[9]와 동일한 방식으로 이루어져야

---

8 '분별(earmark)'이라는 말의 유래를 설명하는 내용이다.

9 'registration of title'은 우리나라의 등기와 일치하는 개념은 아니다. 우리나라에서는 일부 미등기 부동산을 제외하고는 대부분의 부동산이 등기되어 있으므로, 보통 부동산에 등기가 되어 있는 것을 당연하게 생각하지만, 미국은 그렇지 아니하다. 부동산에 관한 권리를 공시하는 방법이 매우 다양하며, ―우리 기준으로 보면― 완비되어 있지 못하다. 따라서 'registration of title'을 '등기'로 번역할 수도 있고, '등록'으로 번역할 수도 있다.

한다 — 수탁자를 "망 죤 존스의 유언에 따라 XYZ신탁의 수탁자로서(as trustee for the XYZ Trust under the will of John Jones, deceased)" 또는 "2007. 7. 1.자 서류에 의하여 설정된 죤 존스에 의한 수탁자로서(as trustee under the John Jones Trust created by instrument dated July 1, 2007)"라고 표시하는 것이다. 유형물은 그 성질에 따라 "분별관리"되어야 한다. 자동차등록이나 양도증서(bills of sale)와 같은 소유권과 관련된 문서가 있는 경우, 신탁재산으로서의 지위가 명확히 드러난다.

분리하여야 할 의무와 분별관리하여야 할 의무는, 전문적인 신인의무자에게 지키기는 어려우나 실행이 불가능한 것은 아닌 문제를 부여한다. 은행기관의 전통적인 대응방법은 업계의 실무를 법에 일치시키지 않고, 법을 업계의 실무에 맞추는 것이었다.

신탁재산과, 신탁재산임을 드러내지 않고 은행의 이름으로 등록되어 있거나 또는 피지명자(nominee, 때때로 은행직원)의 이름으로 등록되어 있어 수탁자의 이름도 신탁재산인 점도 나타나 있지 않은 자산을 섞어두는 실무가 법령에 의하여 다수 허용된다. 이러한 "피지명자"조항은 거의 일반적이지만, 통일적이지는 못하다. 신탁재산을 피지명자의 이름으로 등록하는 것을 허용하는 몇몇 법령은 신인관계의 유형을 제한함(회사에 국한하거나, 몇몇 또는 모든 수탁자, 집행인 등)에 반하여, 다른 법령은 등록될 수 있는 투자의 유형에 따라 제한한다(저당권, 주식 또는 다른 이름의 투자나 모든 투자).

분별관리하여야 할 의무가 존재하고(즉, 신탁계약이나 법령에 의하여 동 의무가 면제되거나 제거되지 아니한 경우) 그 의무가 위반되었다면, 나아가 인과관계가 있어야 하는가 하는 문제가 제기된다. 오래된(그리고 대부분의) 사건에서는, 분별관리의 실패와 신탁이 입은 손해 사이의 인과관계를 요구하지 아니하였다. 그리하여 분별관리를 하지 않은 수탁자는 신탁 원본(때때로 수입까지 포함)의 보증인이 되었다.

일반적인 경제상황 때문에 발생하였고 분별관리의무에 관한 기술적인 위반이 없어서 수탁자에게 책임을 물을 수 없는 손해에 관해서도 종종 수탁자에게 책임을 물었다. 부주의하였거나 적절한 관리방법을 무시하였고 그리하여 수익자를 불필요하게 위험에 노출시킨 수탁자를 제재하는 방법으로 엄격책임원칙이 정당화되었다(그러한 위험이 회피할 수 없었던 것이라 하더라도 그러하다).

6. 설명의무(DUTY TO ACCOUNT)

수탁자는, 수익자에게 그들의 신탁의 관리에 관해 정보를 제공할 의무를 진다. 관련된 의무는, 수탁자에게 신탁재산, 비용과 수입에 관해 설명할 것을 요구한다. "account"와 "accounting"이라는 용어는 두 가지 의미에서 사용된다. 첫째, "account"는, 때로는 설명이 덧붙여지면서 신탁의 재정적 조건을 보여주는 수치표(the table of figures)이다. 둘째, "account"라는 행위는, 신인의무자(복귀신탁과 의제신탁의 수탁자를 포함한다)가 법원에 소환되어 신인의무자로서 그에 대하여 설명하여야 하는 행위에 대한 형평법상의 형식이다. 가장 간단한 형태인 보고서(account)란 간단한 재정적 설명이다 — 시점(始點)과 종점(終點)을 보여주는 대차대조표와 두 시점 사이의 변화를 보여주는 손익계산서가 바로 그것이다.

첫 번째 회계연도(first account)의 시점은, 신탁으로 수령한 자산에 대한 보고인데, 이것은 보통 생전신탁 계약서의 일부이거나 유언신탁을 위한 배당결정(decree of distribution)이다. 그 이후의 회계연도에서는, 바로 전 회계연도의 종점이 새 회계연도의 시점이 된다. 보고서는 모든 수입과 지출, 증가 및 감소와 매각, 교환 및 배당에 따른 수익과 손실을 나타내야 한다.

승계된 수익자의 권리가 관계되는 경우, 대상물을 원본과 수입으로 나누는 것이 통상 포함된다. 최종적으로 보고서는, 중간에 일어난 행위에 관해 조정을 마친(as adjusted for the intervening action) 직전 대차대조표와 수치상으로 일치하며, 현재 귀속되어 있는 대상(items claimed to be on hand)에 대한 소유권증명서의 검토를 통해 입증될 수 있는, "현재의 대차대조표(Balance on Hand)"로 종결되어야 한다. 수탁자는 각 대상물에 대해 관련되는 당사자들의 서면(즉, 영수증, 취소된 수표 등)을 취득하고 보관하고 제시할 수 있는 상태로 두어야 한다. 수탁자는 또한 신탁재산과 신탁장부의 조사를 허용하여야 한다. "합리적인 신청에 의해, 수익자는 신탁계정 보고서를 매년 그리고 신탁종료시나 수탁자 변경시 열람할 수 있다"라고 규정한 통일유언법 § 7-303조 (c)항을 참고하라.

설명의무는 신탁조항이나 법령에 의하여 확대되거나 축소될 수 있는 여러 가지 하위의무를 포함한다. 수탁자의 행위는 보관되고 조사에 제공될 수 있는 문서에 의하여 기록되어야 한다. 수탁자는 수익자에게 신탁과 신탁에 대한 수익자의 몫에 관련된 정보를 제공하여야 한다. 수익자는, 수탁자가 회계결과를 제시(present an accounting)하라고 요구할 수 있다. 수탁자는 사망, 재혼, 출생, 연령 등 배당의 근거가 되는 사실을 증명할 의무가 있다.

설명의무는 신탁내부(intra-trust)의 분쟁을 해결하는 공개된 장(場, round)이 될 수 있다. 설명에서 드러난 문제에 대해, 수익자는 법원을 통하여 공식적으로 제시되었거나 수익자에게 비공식적이며 직접 제공된 회계장부(accounting)에 의한 통지를 받게 된다. 반대를 할 수 있을 때 그렇게 하지 않으면, 수락(추인)한 것이 된다. 설명서에 나타나지 않은 대상(또는 잘못 설명된 대상)에 관해서는, 수익자 또는 법원이 그것들을 나중에 조사할 수 있다. 충실의무 또한 위반되었거나 그렇지 않거나 간에, 신탁재산과 관련된 거래로부터 수탁자가 얻은 비밀이익(secret profit)과 같이, 보고서에 드러나지 않은 사항에 관해 수익자가 수탁자에게 책임을 물으려고 시도하는 경우, 수탁자에게 그 대상물에 대해 설명할 것을 요구하는 것이 기술이다.

수탁자의 설명에 대한 수익자의 대응은, 특정 대상의 산입(inclusion)(즉, 문제되는 목적에 수탁자가 신탁펀드를 사용한 것) 또는 배제(exclusion)에 "반대하는 것"이다. 그리하여 수탁자는 더 나아갈(going forward) 의무[10]를 지게 되는데, 그러나 보통은 문제되는 대상에 부합하는 영수증, 다른 문서 또는 증언을 제시하면 일응 인정되게(prima facie case)된다.

설명의무가 법원으로 사건을 가져가기 위한 절차적 단초로 이용되므로, 전통적으로 설명의무는 신탁 위탁자에 의하여 면제될 수 없었다. 이 의무에 대해 어느 정도의 수정은 가능하나, 그 의무를 완전히 면제하는 것은 신탁개념에 반한다. 그러나 수익자가 법적으로 능력(competent)이 있다면, 설명을 면제할 수 있다.

신탁에 관한 보고에 대한 입법형식은 매우 다양하다. 위탁자가 요건, 신탁설정방식(생전 또는 유언 또는 그 둘 다), 수탁자의 행위에 대하여 법원의 승인을 얻음으로써 수탁자들의 책임을 제한하려는

10 신탁에 관련된 것이라거나 그렇지 않다는 점을 더 입증하여야 한다는 의미이다.

전문수탁자들의 욕구를 변경할 수 있는가에 초점이 맞추어진다.

법령은 유언신탁에 관한 설명을 더 요구하고 있으며, 종종은 그렇게 하기 위해 유언검인절차법원이 될 관할권을 계속 유지한다. 생전신탁에 관해 수익자의 요구 또는 법령에 의해 설명이 요구되는 경우, 보통 형평법원이 설명행위에 관련된 적합한 법원이 된다. 수익자가 먼저 조치를 취할 것을 요구하지 않는 법원에 의한 설명의 장점은, 때때로 그 비용, 지체, 법정절차이기 때문에 오는 프라이버시보호의 결여 등에 의하여 상쇄되고 만다. 어떤 신인의무자는 수익자에 대한 개인적인 계좌(accountings)를 만들어 둠으로써, 나중에 성년(sui juris)이 된 수익자에 의한 이의제기를 막으려 한다.

보고 및 그에 대한 반대를 청취한 법원은, 그 보고의 전부 또는 일부를 승인하거나 불승인하거나 수정을 명하거나, "수탁자가 추가로 부담하게(surcharge)"(즉, 보고서에 제시된 책임보다 더 큰 액수에 대해 수탁자가 책임이 있음을 선언하는 것) 하거나, 수탁자의 보상과 비용(법정비용과 변호사 보수를 포함한다)을 허용하거나 거부할 수 있고, 그 외에 수탁자를 해임할 수도 있다.

보고의 승인은 그 보고에 나타나는 모든 문제와 수탁자가 능력이 있다면 합리적인 조사를 통하여 발견할 수 있는 모든 보고상의 잘못에 관한 문제를 최종적으로(truthfully) 종결시킨다. 사기와 은닉 또는 보고나 그것을 결정하는 명령에 잘못이 있다면, 다른 모든 법적 절차(decree)와 마찬가지로, 이에 대해서도 법적 절차가 재개될 수 있다.

수탁자에 의한 비용에 관한 전통적인 표현은, 수탁자는 신탁으로부터 "비용을 배상받을 권리(reimbursement)가 있다"라는 것이지만, 실제 실무는 신탁으로부터 지급하고, 보고서상으로 그 비용을 승인받는 형태를 취한다. 따라서 비용(disbursements)을 설명하는 보고서는, 비용의 성질, 목적 또는 액수를 다투는 기회가 되지만, 위와 같은 표현은 보통 바뀌지 않고 그대로 쓰인다.

수탁자가 수탁자 스스로의 이익을 위해 수익자와 거래를 하는 경우, 완전한(most complete and full) 설명이 필요하다. 이 원칙을 논리적으로 확장하면, 보고서를 수익자에게 직접 교부함(즉, 법원의 절차를 통하지 아니함)으로써 신인의무자로서의 책임을 줄이거나 없애려는 신인의무자의 시도는, 완전한 공개(fuller disclosure)가 요구되는 자기이익(self-interest)과의 경계선에 놓이게 된다. 법인수탁자(corporate fiduciaries)가 컴퓨터에서 뽑은 인쇄물을 수익자에게 직접 교부하는 것은, 그 복잡함 또는 생략(abbreviations) 때문에 적절하지 못하다.

7. 의무의 위임(DELEGATION OF DUTIES)

커먼로에서는 수탁자는 신탁의 관리를 다른 사람에게 위임하여서는 아니 되는 의무가 있었다. 통일신탁법 § 807조는, 수탁자는 "비슷한 기술을 가진 신중한 수탁자가 그 상황에서 적절하게 위임하였을 의무와 권한을 위임할 수 있다"라고 명확하게 규정하고 있다. 다른 사람에게 의무를 위임함에 있어, 수탁자는 대리인을 선정하는 일과 위임의 범위와 조건을 정하는 일에 관하여 합리적인 배려, 기술 및 주의를 다하여야 하며, 대리인이 위임조건에 따라 권한을 행사하고 그 조건들을 잘 준수하고 있는지 검사하기 위하여 주기적으로 대리인의 행위를 조사하여야 한다.

수탁자의 대리인이 된 개인들은, "신탁에 대해 위임조건을 준수함으로써 합리적인 배려를 하여야 하는 의무"를 진다. 이러한 조건을 준수한 수탁자는 "해당 기능이 위임된 대리인의 행위에 관하여 수익자에 대해 또는 신탁에 대해 책임을 지지 않는다."

8. 다양화하여야 할 의무(DUTY TO DIVERSIFY)

다양화에 대한 의무는 신탁법 제3차 리스테이트먼트(신중한 투자자 원칙)에 의하여 신중한 투자자 원칙의 일부로 업그레이드되었다. 신중한 투자자로서의 주의(care)와 기술을 실행함에 있어, 손해에 대한 위험은 다양한 유형의 투자를 통하여 분산되어야 한다. 신탁재산 전부를 한곳에 투자(또는 1명의 채무자에 대한 채권)하는 것은, 해당 상황에서 신중하지 않은 것일 수 있다. 다양화의무위반의 한 사례(다른 의무위반도 될 수 있을 것이나)로, 한 은행이나 예금대부조합에 연방보험에 의하여 보호되는 최대액 이상을 예금하는 경우를 들 수 있다.

모든 법원이 다양화의무를 독립된 별개의 의무로 인정하는 것은 아니다. 다양화의무를 독립된 별개의 의무로 인정하지 않는 지역에서는, 그것은 특정 투자가 신중한 것이었는가를 결정하는 데에 대한 요소가 된다. 이러한 이론적 차이는 적절한 손해구제수단을 결정하는 것과 관련하여 중요하다.

다양화하는 데 실패하면, 수탁자는 그 투자가 과도하였던 정도의 금액만큼 손해배상책임을 진다. 신중한 투자자 원칙에 위반하면 (일부가 아니라) 전체 투자가 부적절한 것이 되고 전체 손해가 배당대상이 된다.

다양화의무가 있었는가 그리고 있었다면 그 의무에 위반하였는가를 결정함에 있어 관련되는 상황은 다음과 같은 것들이다.

- 다양화의무가 독립된 의무로서 존재하는가에 관한 해당 지역

의 태도.

• 투자를 하고 유지하는 것과 관련된 신탁계약상의 표현. 만일 다양화의무가 존재한다면 그 의무는 위탁자에 의해 명시적 또는 묵시적으로 면제될 수 있다.

• 누가 투자를 하였는가 하는 점. 수탁자에 의한 투자는 위탁자에 의한 원래의 투자보다 다양화의무에 더 따라야 한다. 많은 지역에서 신탁으로 수령한 형태대로 자산을 유지하는 것을 허용하는 법령들을 두고 있다; 그러한 지역에서는 하위의무로서 다양화의무뿐 아니라, 신중한 투자자로서의 주의와 기술에 관한 넓은 의무 또한 폐지되어 있는 것이다.

• 단일한 투자가 그 자체로서 다양화된 정도. 전체 신탁재산이 하나의 뮤츄얼 펀드나 하나의 일반적인 신탁투자펀드(common trust investment fund)에 투자되어 있다면, 그 투자된 상황의 수준에 따른 다양화가 되어 있는 것이지만, 수탁자의 단계 바로 다음에서의 관리수준에 있어서는 다양화되어 있지 못한 것이다.[11]

예: T가 수탁자로서, 신탁펀드 전체를, 다양화된 투자펀드인 스프레드 뮤츄얼 펀드(Spread Mutual Fund)에 투자하였다. 위 펀드는 직원의 횡령으로 인하여 큰 손실을 입었다. 당해 지역에서 다양화의무를 인정하는 경우, 수탁자는 수익자에 대해 과도한 투자로 인하여 입은 손해만큼 책임을 진다. 그래서 만일 투자의 30%가 적절한 것이었다면, 수탁자는 손실의 70%에 대해 책임을 진다. 만일 다양화의무가 독립된 의무가 아

11 뮤추얼 펀드에 투자하는 것 자체는 다양화되지 못한 형식을 갖지만, 통상 뮤추얼 펀드는 모집된 펀드를 이용하여 다양하게 투자하는 것에 관한 설명이다. 따라서 수탁자의 투자 자체는 단일한 뮤추얼 펀드에 가입한 것이었다 하더라도, 그 뮤추얼 펀드가 다양하게 투자하고 있다면, 역시 그만큼 투자가 다양화되었다고 볼 수 있으나, 그렇다 하더라도 수탁자의 투자 자체(수탁자의 단계 바로 다음)는 다양화되어 있지 않다고 볼 수 있다.

니라면, 수탁자는 신중한 투자자로서의 주의와 기술을 실행하지 못한 점에 관해 책임을 진다. 횡령으로 인한 손실이 신탁과 같은 금액이지만, 뮤츄얼 펀드에 의한 투자 중 한 곳에서 일어난 것이라면, 다양화의무가 명백히 위반된 것은 아니다.

9. 공정의무(DUTY OF IMPARTIALITY)

신탁에 둘 또는 그 이상의 수익자가 있는 경우, 수탁자는 신탁재산을 투자, 관리 및 배당함에 있어 공정하게 행동하여야 하며, 통일신탁법 § 803조에 따라 각 수익자별 이익을 적절히 배려하여야 한다. 신탁계약에서 다르게 행동하도록 허용되거나 지시된 경우가 아니면, 수탁자는 신탁 전체의 이익을 위하여 행동하여야 하며, 특정 수익자의 이익을 다른 수익자의 그것보다 더 유리하게 대해서는 아니 된다.

통상의 신탁법률관계는 생애권 및 잔여권자로 구성된다. 생애권자(life tenancy)는 더 위험한 투자를 통한 더 큰 수익에 의해 이익을 보며, 잔여권자는 안정성이 높아야 이익이다. 인플레이션으로 인한 손실에 대한 보호는 잔여권자에게 더 중요하다.

공정의무가 문제되는 경우는, 여러 수익자(승계로 인한 경우이거나 공동수익자이거나) 중 한 사람이 수탁자에게 특정 행위를 하도록 요구하는 경우이다. 수탁자가, 수익자의 요청이 없이는 하지 않았을 행위를 하기 전에, 모든 다른 수익자의 동의를 구하고 얻는 것이 적절하게 보일 수 있다. 그러나 알려지지 않은 수익자, 우발적으로 수익자가 된 자 또는 미성년인 수익자의 동의를 구하거나 얻기는 불가능하다.

그래서 수탁자가 모든 수익자가 아닌 일부 수익자의 요청에 따르는 것은, 수탁자의 위험부담하에서 행위하는 것이다. 요청한 수익자는 그 요청한 거래로부터 발생하는 신탁위반을 이유로 하여 수탁자에게 책임을 물을 수 없는 금반언의 원칙을 적용받게 될 것이나, 동의하지 아니한 수익자는 그렇지 않다. 수탁자에게 부과된 다른 의무들은 딜레마를 불러올 수 있다. 예를 들어 수익성 있게 만들어야 할 의무는 보존의무와 충돌할 수 있다. 신중한 투자자라는 개념은 보존과 수입 간에 균형을 잡아야 하는 문제이다.

D. 수탁자의 의무에 관한 문제(QUIZ)

[문 제]

1. 신탁의무의 잠재적 위반과 관련된 문제에 대한 접근방법으로, 교재가 제시한 것은 어떤 것이 있는가?

2. 이 교재에서 설명된 주요한 수탁자의무는 어떤 것이 있는가?

3. 신탁위반이 될 행위에 관한 책임발생을 저지할 항변권을 얻기 위한 4가지 방법은 무엇인가?

4. 위탁자에 의하여 가장 면제되기 어려운 수탁자의 의무는 무엇인가?

5. 신탁재산이 은행주식 중 지배권을 보유할 만큼이 되고, 주주의 권리가 은행에 의하여 부여되었으며 신탁수탁자로서의 그 은행에 의하여 실행되었다면, 수탁자로서의 은행에 의하여 잠재적으로 위반될 수 있는 의무는 어떤 것인가?

6. 회사인 수탁자가, 그 자신이 수탁자인 여러 신탁을 통하여 다수의 채권과 저당권을 보유할 목적으로 자신의 이름으로 저당권을 취득하였다. 이러한 저당권취득으로 인하여 얼마나 많은 의무가

잠재적으로 위반되는가?

7. 신탁재산의 일부로서의 뮤츄얼 펀드의 지분(또는 수익권증서)의 존재에 의하여 어떠한 잠재적인 신탁문제가 발생하는가?

[정 답]

1. 과실에 의한 불법행위문제의 요소 — 의무, 위반, 인과관계, 항변 및 손해.

2. 충실의무(스스로 거래하지 않을 의무), 관리의무, 수익성 있게 만들 의무, 투자의무, 분별관리의무(혼합하지 않을 의무), 보고의무, 위임하지 아니할 의무, 다양화의무, 공정의무.

3. 신탁계약에서의 책임면제조항, 법령, 그 행위를 함에 대한 법원의 허가, 모든 수익자가 정보를 제공받고나서(informed) 동의하였을 것.

4. 설명의무(Account), 충실의무(신탁계약에 의해 특정하여 허락된 자기거래 제외) 및 관리의무(능동신탁에 대하여).

5. 충실의부, 다양화의부 및 투자를 함에 있어 적절한 주의. 다른 요소들은 공정성 또는 수익성 있게 만들어야 할 의무의 문제를 제기하는 데 필요하다.

6. 충실의무, 분별관리의무, 투자의 성격(다양화를 포함할 수 있다).

7. 생애권자와 잔여권자 사이에서 자본수익 배당문제는 수탁자의 공정의무 문제를 제기한다. 이에 더하여, 투자가 법령에 따라 승인된 투자목록에 들어있지 않을 수 있고(또는 투자에 이어 적절한 주의를 다하지 못했을 수도 있다), 투자권한의 위임과 투자의 다양화 문제가 제기될 수도 있다.

CHAPTER 12

Wills and Trusts

신탁관리문제

신탁관리문제는 여러 맥락에서 문제된다. 예를 들어 이 문제는 승계로 인한 수익자(successive beneficiaries)가 있는 경우, 수익자와 수탁자 사이에 분쟁이 있는 경우, 제3자가 권리를 주장하는 경우, 또는 신탁이 종료되거나 변경되는 경우에 발생한다. 이러한 모든 잠재적 문제가 이 장에서 논의된다.

A. **승계수익자**(원본과 수입)

앞서 설명된 대로 통일신탁법 § 803조에 따라, 신탁에 둘 또는 그 이상의 수익자 있는 경우 수탁자는 "신탁재산을 투자, 관리 및 배당함에 있어 공정하게 행동하여야 하며, 수익자의 각 이익을 적절히 배려하여야 한다." 유언신탁에 있어 수익권이 분리되는 가장 일반적인 경우는, 생애권은 위탁자의 생존배우자에게, 잔여권은 그들의 자손에게 귀속되는 것처럼 생애권과 잔여권으로 나뉘는 것이다.

생애권의 목적이, 수입이 수익자의 손에 들어가는 것(bunching or accumulation)을 막고 순서 있게 흘러가게 하는 것이라면, 생애권은 불완전한 도구이다. 첫째, 일반적으로 신탁에 의하여 지급되는 순수입과 수익자의 필요 사이에는 상관관계가 없다.

둘째, 유산의 잔여분으로 구성된 유언신탁에서는 수입은 유산이 관리되는 동안 축적되지만 수탁자에게 교부되지 않으며, 그렇지 않더라도 유산관리가 완결될 때까지는 배당을 위해 사용될 수도 없다. 피상속인 겸 위탁자에게 생계를 의존하였던 사람들은 보통 유언검인절차 중의 가족생계비(probate family allowance)를 받을 권리가 있지만, 동 생계비가 축적된 신탁수입으로부터 지급되는 것은 드물다.

셋째, 승계수입수익자와 관련하여 변화가 있을 때는 언제나, 수탁자가 수령하였으나 수입수익자에게 아직 배당되지 아니하였다는 의미에서 수입의 일부는 보통 집행과정중에 있게 된다. 그리하여 사망한 생애권수익자의 유산은, 생애권자의 사망시에 모아져 있으나 지급되지 않은 수입도 포함한다. 생애권자는 수입으로부터 이익을 얻지 못하며, 생애권자의 유산관리가 모아진 수입에 대해서도 필요하다.

일반적으로 위탁자가, "순수입"은 생애수익자에게 지급되고, "원본"은 생애권자의 사망시 다른 사람에게 지급되도록 지시하는 경우에 생애권이 창설된다. 그러한 경우에, 우리는 원본과 수입을 분리하는 것과 관련된 모든 문제에 봉착하게 된다.

1. 원본과 수입 일반론

원본은 위탁자가 신탁에 교부한 재산과 그 재산과 교환으로 수령한 액이다. 수입은 원본의 이용(교환이 아니다)에 의한 금전 또는 재산 형태의 수입이다. 수입의 일반적인 예는 임대료, 이자, 사업으로부터의 정기적인 현금배당과 수령물이다.

"수령물(Receipts)"과 "비용(Disbursements)"은 원본 또는 수입에 "할당(allocated to)"되거나 원본 또는 수입 사이에 "비례적으로 분담(apportioned between)"될 수 있다. 비례에 따른 분담 또는 할당문제의 해결을 위해, 다음과 같은 단계가 설명순서대로 취해져야 한다.

a. 신탁조항이 결정적이다. 위탁자는, 모든 수입과 원본이 한 수익자에게 가게 하거나(그리하여 원본과 수입의 할당과 비례적 분담문제가 사라진다), 특정 수익자를 다른 수익자보다 우대할 수 있고, 또한 특정 수익자의 생존기간 동안 "수입"이 그 수익자에게 지급되도록 규정함으로써 모든 문제를 해결되지 않은 상태로 둘 수도 있다. 원본 및 수익법(Pricipal and Income Act, 1997)은, "신탁조항(terms of the trust)"을 신탁계약 그 자체를 넘어서, "그것이 문서, 말 또는 행위에 의한 것인지 여부와 상관없이, 사법절차에서 증거로 인정하는 방식으로 명백하게 * * *[1] 위탁자의 의도"에까지 확대시켰다.

b. 원본과 수입의 할당 또는 비례적 분담과 관련된 많은 문제들을 해결하기 위하여 법이 제정되었다. 통일 원본 및 수입법(The Uniform Principal and Income Act)은 몇 가지 다양한 형식을 갖고 있다. 이 법은 원래 1931년에 제정되었으나, 1962년과 1997년에 크게 개정되었다.[2]

---

1 이곳 별표는 원문에 의함.

2 이상 본 바와 같이 원문은 'Principal and Income Act' 앞에 'Uniform'을 붙이기도 하고 붙이지 않기도 하지만, 모두 같은 법을 지칭하는 것으로 이해된다. 번역을 함에 있어서는 원문을 살려 원문에 'Uniform'이 표기되어

c. 신탁계약이 수탁자에게 무엇이 수입인가 또는 무엇이 원본인가를 결정할 재량을 주는 경우(또는, 신탁계약이나 관련법이 침묵하고 있거나 불명료한 경우), 수탁자는 수익자 사이의 공정의무에 따라 신중한 방식으로 할당 또는 비례적 분담을 하도록 요구된다.

2. (1997년 이전의) 전통적인 원본 및 수입 쟁점들

거의 모든 주(州)에서 입법된 '원본 및 수입법'의 1931년 및 1962년판은, 수입과 비용을 수입과 원본 사이에 할당하거나 비례적으로 분담시킬 수 있는 기준(distinction)을 설정하였다. 이러한 기준은 1997년의 '원본 및 수입법'을 입법화하지 아니한 주에서는 아직도 적용되어야 할 법이다. 1997년 법 이전의 쟁점 중에는 다음과 같은 것들이 있었다.

a. 비 용

몇몇 비용(expenses)은 수입(이자수입에 대한 징수보수 등)이나 원본(자산매각에 대한 자본거래수익세 등)에 직접 할당될 수 있다. 이러한 비용들은 원본과 수입 각각의 것에 대한 관계에 의하여 성질이 결정된다. 다른 비용들은 그것이 반복되는가(recurring) 또는 그렇지 않은가 하는 특징에 따라 할당되거나 비례적으로 분담될 수 있다.

일반적으로, 전기 가스 등 공공설비(utilities)와 관련된 것으로 정기적으로 발생하는 비용은 수입에 할당되고(또는 서로 다른 수익자 사이에서 비례적으로 분담되고), 위탁자의 상속세(estate taxes)와 같이 정기적으로 발생하는 것이 아닌 비용은 원본에 할당된다. 정기적으

있는 경우에만 '통일'이라 표시를 하는 것으로 한다.

로 발생하는 비용들 중 일부(수탁자 보수, 변호사 비용, 법정비용 등)는 원본 및 수입 둘 다의 이익을 위한 것이다. 1931년 및 1962년 통일법은 이들 비용을 수입과 원본 사이에서 각각 1/2씩 단순히 나누었다. 자산의 권원을 지키기 위한 소송비용과 같은 이례적인 비용은 일반적으로 원본에 할당된다.

b. 유언검인절차관리수입(*Probate Administration Income*)

위탁자의 유산 잔여분에 대한 유언신탁은 위탁자유산에 대한 유언검인절차 관리기간 동안의 모든 수령물과 비용에 대한 할당과 비례적 분담을 필요하게 만든다. 일반적으로, 신탁원본은 관리비용, 상속세, 채무(발생된 비용을 포함한다), 장례와 매장비용, 가족생계비, 면제재산 및 배우자의 유류분 등을 지급하고 난 순자산을 의미한다. 신탁관리기간 동안 취득한 수입으로 특정 수증자에게 지급될 수 없는 것은, 1962년 통일 원본 및 수입법에 의하여 신탁의 수입으로 취급된다.

c. 이자, 채권할증금 및 할인금(*Interest, Bond Premium and Discount*)

일할계산에 따른 이자의 비례적 분담은 실제로는 문제가 되지 않는다. 커먼로에서는 이자는 기간에 비례하여 발생한다.

관련법이 없는 경우, 법원은 최초의 신탁투자대상이었던 채권에 관하여 채권할증금이나 할인금에 의한 상각(amortization)을 요구하지 않는다. 그러나 수탁자가 할증금을 지급하거나 할인을 받아 채권을 매입하였을 때에는 법원은 종종 상각을 요구한다. '1931년 통일 원본 및 수입법' §6조는, 조정이 필요하지 않다고 규정함으로써 관리를 간이화하려고 시도하였다. 이 조문은 위 통일법을 수용한 많은 지역에서 변경되었다.

'1962년 통일 원본 및 수입법' §7조는, 채권할증금에 의한 상각이나 할인에 의한 증가(accumulation)에 관한 조문을 두지 않는다는 개념을 계속 유지하였으나, 고정된 감가상각계획과 함께 할인하여 발생된 채권은 가치의 감가상각정도에 따라 수입을 창출한다는 점을 명확히 하였다.

d. 배당금과 다른 형태의 회사배당(*Dividends and Other Corporate Distributions*)

통상적인 현금배당은 명백히 수입이고, 회사의 주식과 교환하여 취득한 단일한 청산배당(liquidating distribution)은 명백히 원본이다. 두 가지 기준 사이의 대상물에 관하여 어려움이 발생한다. 나아가, 현금배당이 언제 이루어졌는가 또는 청산배당이 수입으로서의 요소가 있는가를 결정함에 있어 승계수익자문제가 발생한다.

'1931년 통일 원본 및 수입법' §5조와 '1962년 통일 원본 및 수입법' §6조는 배당금의 유형에 따라 할당한다: 발행회사의 주식은 원본이다; 현금과 다른 재산(다른 회사의 주식을 포함한다)은 회사가 언제 취득하였는가에 상관없이 수입이다. 이러한 점에 의해, 한 회사의 주식이 다른 회사에 의하여 배당됨에 따라, 회사의 "분할(spinoff)"에 의해 수입수익자에게 횡재를 가져다주는 결과가 초래된다. 그러한 경우 원본의 가치에 손상이 가게 되며, 수입수익자는 부당하게 이익을 얻게 된다.

1931년 및 1962년 통일법은 발행회사의 주식에 추가되는 주식을 청약할 권리(원본)와 다른 회사의 주식을 청약할 권리(수입)를 구분한다.

흡수합병(mergers), 신설합병(consolidations), 매입(acquisitions), 재조직(reorganization) 또는 청산(liquidation)의 결과 이루어진 회사의 배당은 거의 언제나 원본이다. 특정 배당이 부분적으로 청산인가 아니면 이례적인 배당인가를 결정하는 것은 어려운 일이다.

e. 임대료, 감가상각충당금(*Rents, Depreciation Reserves*)

임대료수입과 관련되어 발생하는 첫 문제는, 임대료를 일할계산하여 인식하지 아니하고 임대료지급일에 한꺼번에 임대료를 취득한다고 보는 커먼로상의 개념으로부터 발생한다. 임대인과 임차인 사이의 권리관계를 획정하는 원칙이 존재함에도 불구하고, 원래의 임대료지급일 또는 실제로 지급된 날 수입을 얻을 권리가 있는 수익자에게 임대료수입 전체를 지급하는 것보다는, 신탁수익자 사이에 비례적으로 할당(proration)하는 것이 더 공정한 결과를 가져오는 경향이 있다.

신탁재산의 이용에서 비롯되어 수령한 순임대료가 수입수익자에게 지급되어야 하는 것은 명백하다. 순수입과 관련하여, 임대한 재산에서 직접 부담하여야 할 비용(전기 가스 등, 유지, 수리, 부동산세 등)은 총 임대료에서 공제되어야 함 역시 명백하다. "감가상각충당금"을 쌓아야 하는지는 명백하지 아니하다.

신탁계약에서 달리 규정하지 않는 한, 수탁자는 원본의 가치를 보존하기 위하여, 감가상각충당금을 쌓아야 할 의무가 있다. 수탁자는 그 대신 재산을 매각하여 감가상각충당금의 충당을 요하지 않는 적절한 신탁투자대상에 투자할 수 있다.

f. 소모성 자산, 감모(*Wasting Assets, Depletion*)

커먼로상으로는 부동산은 보통 다른 재산과 달리 파괴되지 않는 자산으로 간주되며, 다른 모든 재산은 수입을 창출하는 과정에서 사용된다는 의미에서 "소모성" 자산으로 본다. 가축은 소모성 형태의 전형적인 동산(personality)으로 간주되었다.

토지에 대한 임대인의 권리와 토지의 광물에 대한 권리 또한 소비될 수 있다. 상각은 "감가상각(depreciation)"이거나 "감모(depletion)"일 수 있다: 감가상각은 유형자산을 상각하는 방법이다. 자산이 무형의 것이면 "감모"라는 용어가 사용된다. 저작권, 특허권 및 프랜차이즈권도 소모성 자산(즉, 감가상각이나 감모가 되는 자산)에 속한다.

몇몇 주는, 수탁자가 소모적 성질을 갖고 이는 자산으로부터의 모든 수령물을 수입으로 할당할 수 있게 하는 "열린 광산(open mine)"원칙을 인정하였다(즉, 수탁자는 "열린 광산"을 신탁에 편입할 수 있다).

1931년 및 1962년 통일 원본 및 수입법은, 소모성자산으로부터의 수입은 매년 소모성 자산의 재고가치의 5%에 달하는 만큼 수입에, 나머지(balance)는 원본에 할당할 수 있다고 규정하였다. 목재와 "지상 또는 지하의 자연자원[3]"에 관하여는 별도의 규정이 존재한다.

g. 수익성이 없는 자산과 수익성이 떨어지는 자산

수입에 해당하는가 여부가 의문시되는 수령물을 산출하는 자산에 대해서는 상각(감가상각과 감모)이 요구된다. 반면, 거의 수입을 만들어내지 못하거나 아예 수입이 없는 자산도 있다; 이러한 자

---

3 이 부분 원문은, 'timber and "natural resources in, on or under land"'인데, 'in land'와 'on land'에 어떤 차이가 있는지 불분명하다.

산은 생애권자(다른 투자로부터 더 많은 수입을 얻을 수 있는 자)보다 잔여권자(궁극적으로 그 자산을 받는 자)를 더 유리하게 하는 경향이 있다.

법원 등 대부분의 유권기관(authorities)이, 수입수익자도 수탁자에 의한 수익이 나지 않는 자산의 궁극적인 매각으로 인한 수입의 일정 부분을 받을 권리가 있다는 점에 동의하고 있으나, "수익성이 없는 재산"을 매각할 의무가 있는지 여부, 그러한 원칙이 손실로 인한 매각에도 적용되어야 하는지 여부 그리고 지연된 수입을 계산하는 방식은 무엇인가(몇 %가 수입에 할당되어야 하고 그 시기는 언제 시작되는가를 포함한다) 등에 대하여 리스테이트먼트, 1931년 통일법 및 1962년 통일법 사이에는 중대한 의견불일치가 있었다.

3. 1997년 원본 및 수입법에 의한 변화

'통일 신중투자자 법'과 제3차 신탁법 리스테이트먼트는 각각의 투자보다는 신탁 포트폴리오 전체에 관심을 돌렸다. 위 법들은 투자를 수익자의 필요에 맞추어 조절하는 것도 허용하였는데, 예를 들자면 세금이 면제되는 지방채는 세금을 많이 내는(high-bracket)[4] 자들에게는 적절할 것이나, 공익신탁(및 그리고 세금면제자)에 대해서는 적절하지 않을 것이다. 위험과 수익을 모든 투자에 나누어 상쇄하는 것("현대 포트폴리오 이론")은 수탁자가 중요하게 고려하여야 할 요소이다. 같은 원칙을 계속 유지하고 있는 1997년 '원본 및 수입법'은 한 걸음 더 나아갔다:

1997년 '원본 및 수입법'은, 수입과 원본 사이의 할당과 비례

4 예를 들자면 수입이 많아 세율이 할증되어 많은 세금을 납부하여야 하는 경우를 의미하는 표현으로 이해된다.

적 분담에 관한 조항의 필요를 거의 완전히 없애버렸다. 대신, 세 가지 조건이 충족되면, 수탁자는 수입과 원본 사이에서 "조정을 함으로써(make adjustment)" 수입과 원본의 구분을 중요하지 않은 것으로 만들어버릴 권한을 부여받았다.

첫째, 수탁자는 자산을 "신중한 투자자"로서 투자하고 관리하여야 한다. '통일 신중투자자 법'을 거의 모두 채택하였거나 또는 유사한 입법을 한 점 때문에 대부분의 주에서 이 조건에 관해 충족된다.

둘째, 신탁조항이 신탁의 수입에 따라 수익자에게 배당될 수 있거나 배당되어야 할 액수를 정하고 있어야 한다. 이 조건은 대부분의 신탁에서 충족되어 있다.

셋째, 수탁자가, "모든 수익자에 대해 무엇이 공정하고 합리적인 것인가"에 기초하여 볼 때, 신탁을 공정하게 관리할 수 없다는 결론을 내려야 한다. 모든 수익자에 대해 공정하고 합리적이어야 한다는 수탁자의 결의와 더불어, 수익자들 사이의 "공정함(impartiality)"이라는 가치(banner)가 이러한 조정을 하기 위한 열쇠가 된다.

법령은 수탁자가 모든 관련요소를 고려하고 많은 요소들을 정리하여(itemize) "그것들이 관련되는 정도에 맞추어" 고려할 것을 지시한다. 생존중인 배우자의 생존기간중 특정 신탁이 수입을 지급하는 것과 같은 연방상속세상의 혼인관계에 따른 공제요건과 같이 역조세효과(逆租稅效果, adverse tax effect)를 가져오는 조정은 불가능하다.

할당을 함에 있어, 수탁자는 합리적인 배려, 기술 및 주의를 다하여야 한다. 신중함의 기준은 수익자에 대한 충실의무 및 수익자 사이의 공정함을 요구한다.

법령은 장래에 대해서만 효력을 갖는 것(법령효과의 전통적인 한계)은 아니며, 개정사항을 이전의 정의에도 적용하려고 시도한다. 그러한 시도에 의하여, 기존의 문서에 따라 "수입만 받는" 수익자가, 수탁자가 그것이 불공정한 할당이라고 결정하는 경우 원본액도 받게 되는 것과 같은 효과가 나타나게 된다. 세금과 상관이 없는 상황에서는, 수입수익자는 신탁"조정(adjustments)"을 이유로 하여 모든 신탁수입을 받지는 않는다.

이러한 신탁왜곡(trust distortion)에 대한 순환적 정당화(circular justification)는 다음과 같은 논리를 사용한다:

a. 제3차 신탁법 리스테이트먼트는, "신중한 사람"원칙에 대한 "신중한 재공식화(modest reformulation)"로 "신중한 투자자" 원칙을 설정하였다(즉, 그것은 같은 주장을 하는 것이다).

b. '통일 신중투자자 법'과 제3차 신탁법 리스테이트먼트는 "현대 포트폴리오 이론"에 관심을 돌렸다. 위험과 수익을 모든 투자에 나누어 상쇄하는 것은 수탁자의 중요한 고려요소이다.

c. '통일 신중투자자 법'하에서 적용되는 현대 포트폴리오 이론은, 과거에는 부적절한 것으로 여겨졌던 신탁투자에 대한 문을 열었다. 이는 전통적인 의미에서의 신탁수입을 너무 적게(또는 너무 많게) 산출하는 투자를 가져오는 결과를 초래하였다. 이것은 수탁자의 공정의무를 위반하는 것이 된다.

d. 그래서, 수탁자는 재원(funds)을 수입으로부터 또는 (보통은) 수입으로 이전함으로써, (수탁자의 투자에 관한 선택에 의해 침해된) 공정성을 회복할 수 있다.

4. 대체적인 지급방법으로서의 유니트러스트

조세목적을 가진 신탁에 일반적으로 발견되는 대체적인 지급방법이, 원본과 수입의 구분이 무의미한 "유니트러스트(unitrust)[5]"이다. 생애권자로서의 수익자는 매년 신탁재산 가치의 몇 %(보통은 3%, 4% 또는 5%)를 받는다. 신탁재산(trust corpus)은 매년 재평가되며, 그리하여 생애권자인 수익자는 신탁재산의 가치가 증감함에 따라 증감된 만큼을 받는다.

지급의 유형은 보통, '양도인 권한유보 유니트러스트(grantor retained unitrust)'와 '공익잔여권 유니트러스트(charitable remainder unitrust)' 또는 '공익선행 유니트러스트(charitable lead unitrust)'에서 발견되는데, 위탁자는 세금과 상관이 없는 상황에서도 이를 이용할 수 있다. 몇몇 주는, 유니트러스트와 특정 조건하에서의 "수입"신탁의 유니트러스트로의 전환을 허용한다. 어떤 법인수탁자는, 원래 요구되는 수익자들의 동의 없이 "수입"신탁을 유니트러스트로

5 '유니트러스트'란, 미국 IRS 1969년 개정법에 의하여 동 법 § 664조 (d)(2)항에 의하여 도입된 것이다. 이는 공익잔여권신탁(charitable remainder trust)과 관련하여, 신탁재산의 공정한 시장가격의 5% 이상으로, 적어도 연 1회, 수탁자가 그 확정비율에 따라 수익자 1인 또는 복수인에 대하여 수익의 일부를 지급할 것이 요구되는 신탁을 말한다. 그 기간은 일생 또는 확정기한(20년을 초과하지 않는 범위)이 된다. 이 기간이 경과한 후에는, 신탁의 잔여권은 공익단체를 위하여 유지되거나 공익단체에 인도되어야 한다.

이러한 '유니트러스트'와 구분해야 할 것이 '유니트트러스트(unit trust)'이다. 이는 유니트러스트와는 완전히 다른 것으로, 영국에서의 투자신탁형태 중 하나이다. 수탁자 및 관리자에 의하여 작성된 신탁증서에 터잡아 설정된다. 유니트트러스트의 경영은 관리자가 하고, 수탁자가 증권의 매매를 한다. 투자가는 주식을 구입하는 것과 마찬가지로, 유니트트러스트의 유니트(수익권 또는 지분)를 구입하고, 그가 갖는 유니트에 따라 당해 유니트트러스트로부터 수익을 배분받는다. 위 각 설명에 관해서는 現代信託法研究会著, 海原文雄·砂田卓士編, 英米信託法辞典, 社団法人金融財政事情研究会(1996), 234면 이하 참고.

변환하기 위하여 '통일 신중투자자 법'의 "조정(adjustment)"을 (아마도 부적절하게) 이용한다.

5. 수익자들의 책임

보통은 신탁의무는 수탁자가 수익자에게 지는 것이며, 수익자가 수탁자에게 지는 채무 또는 서로에게 지는 의무는 거의 없다. 신탁위반으로부터 발생한 채권을 포함하여, 신탁에 대한 채권 때문에, 신탁에서의 수익권에 대해 형평법상의 담보(equitable lien or charge)가 형성되게 된다. 신탁위반이, 수탁자이기도 한 수익자에 의하여 발생할 수도 있고, 신탁위반에 대한 참여에서 얻은 이익 때문일 수도 있으며 또한 수익자가 동의함으로써 손실에 대해 책임이 있기 때문에 발생할 수도 있다. 수익자로부터 부적절하게 이득을 취하는 것이 아니고, 수익자가 법적 무능력상태가 아니며, 신탁이 유효한 낭비자조항을 갖고 있지 않다면, 신탁에 대한 채무나 수익자의 신탁에 대한 권리에 대한 담보(lien)의 발생에 관한 수익자의 동의는 유효하다.

수익자가 신탁에 대해 채무가 있다면, 수탁자는 그 채무가 소멸할 때까지 그 수익자에 대한 지급에서 차감할 의무가 있다. 그러나 수탁자는 수탁자 개인에 대해 진 채무에 관해 변제받기 위해 수익자의 몫에서 지급액을 차감하거나 담보(lien)를 취득할 수는 없다.

B. 수익자와 수탁자의 관계

1. 수탁자와 관련한 수익자 구제방법

(우발적 또는 원래의) 수익자 또는 수익자그룹은 신탁을 실행하기 위하여 수탁자에 대해 소를 제기할 수 있다. 소송후견인(guardian ad litem)은 법적 무능력상태인 신탁수익자를 위해 소를 제기할 수 있으나, 수익자 아닌 다른 사람(위탁자를 포함한다)은 누구도 신탁을 실행하기 위하여 형평법원의 도움을 요구할 수 없다. 수익자가, 수탁자가 지급하거나 인도하여야 할 즉각적인 의무를 가진 일정액 또는 특정 대상물을 취득하기 위하여 일반법원(court of law)을 이용할 수 있으나, 신탁을 실행하기 위한 모든 다른 소는 형평법적 권한을 가진 법원에서 다루어져야 한다.

수탁자는 신탁의무에 관한 모든 위반과 신탁위반이 없을지라도 신탁관리과정에서 수탁자가 취득한 이익에 관해 수익자에 대해 책임을 진다. 일반적으로 수익자는, 통일신탁법 § 1001조 (b)항에서 규정된 다음과 같은 구제수단 중 하나 또는 그 이상을 선택할 수 있다.

- 수탁자로 하여금 그의 의무를 다하게 하는 특정 집행;
- 수탁자가 그의 의무를 위반하지 못하게 하는 가처분;
- 수탁자가 금전적 손해를 배상하거나 재산을 회복하거나 다른 방법을 통하여 신탁위반과 관련하여 배상을 하도록 강제하는 것;
- 수탁자에게 설명하도록 명령하는 것;
- 신탁재산의 점유를 인수하고 신탁을 관리할 특별 신인의무자를 지명하는 것;

- 수탁자의 권한을 정지하는 것;
- 수탁자를 해임하는 것;
- 수탁자에 대한 보상을 줄이거나 거부하는 것; 그리고
- 수탁자의 행위를 무효화하거나, 신탁재산에 담보(lien)를 형성하게 하거나 의제신탁이 형성되게 하는 것 또는 잘못 처분된 신탁재산을 추급하고 재산 또는 그 대가(proceeds)를 환수하는 것.

이러한 구제수단 중 해임과 보상의 거부와 같은 것은 보통 매우 심각한 경우에만 사용된다. 법원은 적절하다고 생각되는 다른 구제수단을 명할 수도 있다. 다른 많은 대체수단이 가능하고 수익자 중 한 사람 또는 그 이상이 신탁을 실행하도록 하기 위하여 제소할 수 있으므로, 법원은, 모든 수익자가 능력을 갖추고 있고 동의하기만 한다면, 그들의 선택을 수용할 수 있다. 그렇지 않다면, 법원은 일반적으로 신탁 전체에 가장 유익한 구제수단을 택한다.

일반적으로 수익자는 손해를 산정하기 위한 방법을 선택할 수 있는데, 즉 다음 중 하나를 선택해 수탁자에게 청구할 수 있는 것이다.

a. 위반으로부터 발생한 손실; 또는

b. 위반에 의해 수탁자가 취득한 이익; 또는

c. 수탁자에 의한 위반이 없었다면 발생하였을 이익.

목표는 통일신탁법 § 1002조 (a)(1)항에 따라, "신탁재산의 가치와 위반이 일어나지 않았더라면 수익자들이 받았을 신탁배당을 회복하는 것"이다. 수탁자의 위반이 특정재산과 관련되는 경우, 신탁위반에 대해 통지를 받지 못한 선의취득자에 의하여 취득된 것이 아닌 한, 그 특정재산을 신탁에 회복시키기 위하여, 수익자가 그 특정재산에 추급할 수 있다. 수탁자는 매각하여야 할 의무나 매각하지

말아야 할 의무, 매입하여야 할 의무나 매입하지 말아야 할 의무를 위반할 수 있다. 이러한 위반이 있는 경우, 수익자는 그 행위를 추인할 수도 있고, 수탁자가 위반 없이 그의 의무를 다하였더라면 신탁에 귀속되었을 이익(또는 대상물)에 관해 주장할 수도 있다.

일반원칙으로, 수탁자는 특정 신탁위반에 의해 발생한 손실을, 다른 신탁위반에 의해 얻은 이득과 상계할 수 없으나, 위반들이 분리되거나 구분될 수 없는 것이면 수탁자는 순손실에 대해서만 책임이 있다. 어떤 위반들이 각각 다른 것인지 그렇지 않고 동일한 것인지에 관해 불분명한 점이 있다. 별개의 위반이 일어났는지 여부를 결정함에 있어 고려되어야 할 요소에 포함되어야 할 것이, 동일한 신탁재산이 관련되었는지 여부, 동일한 신탁재산에 대한 연속적인 거래가 관련되었는지 여부, 소요된 시간, 위반시기, 수탁자에 의한 회계처리(accountings), 수탁자의 선의 또는 악의(the good or bad faith)(횡령의 고의, 고의적인 위반 또는 과실에 의한 위반) 및 수탁자가 신탁재산을 다룸에 있어 얼마나 일관성이 있었는지 여부 등이다.

예: 신탁을 위반하여, T는 신탁재산 전부인 5만 달러를 특정 채권에 투자하였는데, 그것은 수탁자 스스로부터의 매입이었기 때문에 적절한 신탁투자가 아니었다. 수탁자는 이 채권을 3만 달러에 매각하였고, 다른 채권에 적절한 투자를 하였는데, 그 다른 채권은 35,000달러에 매각되었다. 그 매각대금(proceeds)은 다양화되지 않았고 그래서 부적절한 투자처에 투자되었으나, 그 투자결과가 55,000달러에 매각되어, 결국 2만 달러의 이익을 거두었다. 적절한 투자에서 비롯된 5,000달러의 이익도, 부적절한 투자에서 비롯된 2만 달러의 이익도 첫 번째의 부적절한 투자에서의 2만 달러에 관해 상계되지 않는다. 시간상의 차이, 중간의 각 투자 및 수탁자로 하여금 "수지균형(break even)"을 맞추기 위한 노력

으로 신탁재산에 대해 추가의 위험을 인수하는 것을 장려하는 것을 희망하지 않는 일반적인 정책으로 인하여 각 거래는 분리된다.

일반적으로 수탁자가 다른 수탁자에 의한 위반을 알았거나 알았어야 하는 경우, 그러한 위반에 참여한 경우 또는 그러한 위반을 발견하고서도 교정하는 조치를 취하지 못한 경우가 아니면, 공동수탁자나 전임수탁자의 행위에 대하여 책임지지 않는다. 그러나 수탁자가 부적절하게 권한을 위임하였거나, 감독 또는 (대리인의 경우) 대리인의 선임에 관해 합리적인 주의를 다하지 못한 경우, 공동수탁자나 대리인의 행위에 관하여 책임을 진다.

2. 수탁자 비용과 보수

통일신탁법 § 709조는 수탁자가 적절한 이자와 함께 신탁재산으로부터 그 비용을 상환받도록 허용한다. 그러한 비용에는, 신탁관리상 적절하게 발생한 것과 신탁의 부당이득을 방지하기 위하여 필요한 경우, 신탁관리상 적절하게 발생한 것이 아닌 것들을 포함한다. 수탁자가 신탁을 보호하기 위하여 돈을 미리 지급하였다면, 수탁자는 합리적인 이자를 포함한 금액의 상환을 담보받기 위해 신탁재산에 대한 담보(lien)를 취득한다.

수탁자의 보수는 계약, 신탁조항, 법령에 의한 보수규정 또는 법원의 신탁에 대한 감독에 의해 정해진다. 현대의 법인수탁자는 일반적으로 대부분의 신탁에 관한 부합계약(adhesion contracts)인 보수규정을 갖고 있지만, 수백만 달러에 달하는 신탁의 경우 협상 가능하다. 기준은 신탁계약에서 정해질 수도 있고, 그렇지 않을 수도 있다. 신탁에 관한 계약에서 설정되지 않는 경우에도, 유언법과

‘정식문서 이외의 증거(parol evidence) 법칙’에도 불구하고, 회사의 보수기준이 실행되는 경향이 있다. 신탁에 관한 계약에서 보수기준이 정해지면, 그것이 수탁자에 의하여 지나치게 설정된 것이거나 신탁관리를 매우 어렵게 만드는 상황변화와 같은 변경(deviation)을 위한 이유가 있는 경우가 아니면, 그 기준은 준수된다.

대부분의 지역에서는 수탁자가 보상되도록 허용하는 법령을 두고 있다; 그들 중 반 이상이, 수탁자는 “합리적인 보상(reasonable compensation)”을 받을 권리가 있다고 하고 있을 뿐이다. 약 1/4에 해당하는 주는, 보통 원본의 가치나 신탁수입에 기초한 보수기준을 설정하고 있다. 이러한 보수기준은 종종 최대치로 표현된다.

수탁자의 다양한 기능에 따른 청구권이 발생한다. “설정(set-up)”보수는 최초의 서비스에 대하여 요구되는 것이고, “종결(termination)”보수는 부분적 또는 전부의 종결서비스에 대한 것이다. 주된 청구권은 보통 원본에 대한 비율(0.5%에서 1%가 통상의 범위이다) 또는 수입에 대한 비율(5%가 통상적인 수치이다)로 표시되는 연단위 보수(annual fee)이다. 연단위 보수의 기초를 표현하는 방법은, 원본 또는 수입계정에 대한 비용의 할당이나 비례적 분담과 혼동하여서는 아니 된다.

신탁 또는 법령은, 수탁자는 “합리적인 보상”을 받을 권리가 있다고 하고 있을 뿐이다. 실제상의 문제로, 신탁(또는 그 수입)의 크기가 종종 매우 중요하지만, 전통적으로 학자들(writers)은 합리적인 보수를 설정하거나 승인함에 있어 법원은 신탁재산의 가치 외에도 수탁자의 기술과 성실성 및 신탁관리의 결과를 고려한다고 기술하였다.

대부분의 지역은, 수탁자가 중요한 신탁재산의 어려운 매각,

세금관련업무 또는 법무업무와 같은 부가적인 서비스를 한 경우, 그에 대해 부가적인 보상을 하는 것을 허용한다. 수탁자가 독립적인 대리인(부동산중개업자, 회계사 또는 변호사 등)이 할 수 있는 행위를 하기 위하여 스스로를 고용하는 경우, 자기거래의 위험이 있게 된다.

뉴욕을 제외하고는, (공동수탁자이건 수탁자와 승계수탁자이건 간에) 복수의 수탁자는 전통적으로 신탁에 관한 계약 또는 법령에 의해 정해진 보수를 나눈다. "합리적인" 보상이 허용되는 지역에서는, 일반적으로 보수는 각 수탁자가 행한 서비스에 기초할 것이 요구되며, 그리하여 총액을 보면 단독수탁자의 합리적인 보수보다 큰 경향이 있다.

수탁자가 신탁의무를 위반한 경우, 법원은 보상의 일부 또는 전부가 지급되지 않게 할 것인지, 지급되게 할 것인지에 대해 재량을 가진다. "합리적인 보상"을 정함에 있어, 법원은 수탁자의 성실성(fidelity)을 고려할 수 있다. 보통 횡령, 신탁과 관련된 지급거절(repudiation), 신탁재산과 고유자산의 고의적인 혼합 또는 기록과 회계장부정리를 고의적으로 하지 않은 것과 같은 중대한 신탁위반이 있어야 한다.

위반사항이 판단미스, 기술과 주의를 다하지 못한 점 또는 다양화하지 못한 점과 같이 덜 심각한 경우, 법원은 보상을 거부하려 하지 않을 것이다. 이론적으로는 보상의 거부 또는 감축은 위반에 대한 제재는 아니며, 오히려 제공한 서비스의 불량한 결과의 반영이다.

신탁위반이 되었을 것이나 신탁조항 중의 면제조항에 의해 그렇게 되지 않은 경우로, 수탁자에 대한 보상이 거부된 사건이 최소한 한 건 있었다; 수탁자는 위반에 대해 책임이 없으나, 수탁자로서의 그의 서비스에 관해 보상을 받을 권리도 없었다. 수탁자가 신탁위반에 관해 신탁에 대해 책임을 지면서도 보상을 받을 권리가 있기도 한 경우에는, 보통 수탁자[6]에게 보상에 관련된 담보(lien)가 부여된다.

수탁자는 명시적 또는 묵시적으로 보상받을 권리를 포기할 수 있다. 수탁자가 수탁자보수를 위한 재원을 남겨둠이 없이 신탁원본 또는 수입을 배당하고, 나중에 수익자들에게 그러한 보수를 청구한 경우에, 묵시적 포기가 인정된다. 수익자측의 상황변화(또는 생애권자의 사망)는 수탁자를 위한 보상을 소급적으로 인정하지 않는 쪽의 입장을 강화할 것이다.

3. 수탁자 면책(INDEMNITY OF TRUSTEE)

점차 늘어나는(increasingly frequent) 통일유언법 § 7-306조와 같은 법규정을 제외하고는, 수탁자는 불법행위, 계약에 의한 청구권 및 재산을 소유함(property ownership)에서 비롯되어 발생하는 청구권에 관해 제 3 자에게 개인적으로 책임진다(personally liable).[7] 수탁자에게 잘못이 없는 경우(있다면, 신탁이 그 행위에 의해 이익을 얻는 한도만큼), 수탁자는 신탁재산에 관한 책임으로부터 면책을 받을 권리가 있다. 면책은 다음과 같은 형식에 의해 이루어진다.

- 신탁재산에 의한 채권변제(Exoneration, 책임면제).
- 수탁자의 고유재산에 의해 채권을 변제한 수탁자에 대한 신

6 원문은, 'a lien against the compensation is usually given to the trust'이나, 맨 마지막 단어 'trust'는 'trustee'의 오기로 이해된다.
7 신탁과 별개로 수탁자의 고유재산에 의하여 책임을 진다는 의미이다.

탁재산에 의한 상환.

• 수탁자에게 신탁이 진 빚을 수탁자가 받을 때까지 신탁재산을 보유하는 것{형평법상 담보(lien) 등}.

• 수탁자에 대하여 취득하였거나 '법에 의해(at law)'[8] 취득할 예정인 판결이, 신탁과 상관없는 개인자격으로가 아니라 수탁자 자격으로서의 수탁자에 대한 것인 형평법상의 확인판결(declaratory judgment)인 경우.

• 몇 안 되는 주에서는, 자산이 부적절한 것인 경우 수탁자가 신탁수익자로부터 상환을 받을 수 있도록 허용하는 영국법상의 원칙을 따르고 있다. 이러한 경우 대부분은 다음과 같은 경우 중 하나 또는 그 이상의 특별한 요인이 존재한다: 신탁이 사업목적으로 설정되었다; 상환함에 대한 수익자의 동의가 있었다; 수익자가 위탁자이기도 하다; 또는 사후(事後)에 그의 지위가 변경되지 아니한 수익자에 대해 사전 배당이 있었다.

신탁재산으로부터의 지급이나 상환을 구할 수 있는 수탁자의 능력은, 수탁자에게 잘못이나 신탁위반이 없다면, 수탁자에게 담보(lien)와 수익자에게 해가 되는 권리가 주어진다고 하더라도, 그 자체가 충실의무위반이 되지는 않는다. 신탁에게 이익이 없고 책임이 신탁의무위반의 결과로 발생한 경우, 수탁자의 면책은 허용되지 않는다. 수탁자가 오인에 의한 선의로(in mistaken good faith) 비용을 발생시킬 수 있는 권한을 남용하였고, 신탁에는 수익이 발생한 경우, 수탁자는 신탁에 대한 이익이나 발생한 비용 중 적은 쪽에 대한 면책이 허락된다.

---

8 'at law'는, '형평법에 의한 것이 아닌, 커먼로 또는 제정법에 의한'이라는 의미를 갖고 있는 것으로 이해된다.

예: 수탁자가 적절한 과정으로 종업원을 고용하였는데, 그 종업원이 과실로 제 3 자를 해하였다. 수탁자는 사용자책임(repondeat superior) 원칙에 따라 제 3 자에게 책임을 지지만, 신탁재산으로부터 상환받을 수 있다. 수탁자가 제 3 자를 적절하지 않은 과정으로 고용한 경우(또는 고의에 의한 불법행위를 저지른 경우), 수탁자는 여전히 책임을 지게 되지만, 신탁재산으로부터의 면책은 허용되지 않는다.

몇몇 주에서는, 법인인 수탁자를 인정해왔으나, 대부분의 주는 아직도, 먼저 책임이 개인으로서의 수탁자에게 부과되고, 이어 그가 적절하게 행동하였는가 또는 만일 그가 부적절하게 행동하였다면, 그의 잘못된 행동으로부터 신탁이 이익을 얻었는가 여부에 기초하여 그의 면책받을 권리가 따로 결정된다는, 2단계 절차를 요구한다. 통일유언법 §7-306조를 참고하라.

C. 제 3 자의 권리

1. 제 3 자에 대한 수탁자의 책임

a. 고전적인 접근방법

커먼로에서는 신탁과 수탁자는 법인격(juristic entities)이 없었다. 행위는 오직 개인으로서의 수탁자에 의해 이루어졌다. 수탁자가 신탁위반을 함이 없고 신탁이 변제가능한 상황이면, 수탁자는 신탁재산에 의하여 면책의 결과를 얻을 수 있었다.

많은 주는 이러한 구태의연한 구별을 유지하고 있다. 수탁자의 채권자는 신탁재산에 대한 판결에 의해 (형평법상의 강제집행과 달리) 커먼로상의 강제집행(legal enforcement)을 할 수 없다; 수탁자의 채권자는 수탁자의 고유재산을 압류하거나 집행을 시도하여야 한다.

자연스럽게 많은 예외들이 발전되었다. 모든 예외는, 제 3 자인 채권자가 형평법원에 집행을 신청하여야 함을 요구한다. 인정되는 명백한 예외는 다음과 같은 것들이 있다.

- 수탁자는 면책(exoneration)이 허용되나, 채권자가 집행할 수 있는 고유재산을 갖고 있지 않은 경우: 예를 들어 수탁자가 파산하거나, 사망하거나 그 지역을 떠난 경우이다.
- 수탁자가 면책을 받을 수 없으나(보통은 그가 신탁위반을 한 것을 이유로 함), (보통 계약에 의한 청구권과 관련한) 채권자는 신탁에 이익이 발생한 정도 만큼 신탁재산을 집행하는 것이 허용되는 경우. 다른 요소가 그와 같은 형평법상의 구제방법을 금지하지 않는 한 그러하다.
- 신탁조항이 신탁재산의 책임에 대해 직접적으로 규정한 경우(보통은 동시에 수탁자는 고유재산에 의하여 책임지지 아니함을 규정해둔다): 이 조항은 보통 메사츄세츠 사업신탁에서 발견되나, 그 외에는 상대적으로 드물다.
- 수탁자가 제 3 자와, 제 3 자가 수탁자의 고유재산에 대해서는 책임을 추궁하지 아니하고 신탁(재산)에 대해서만 추궁하여야 한다는 취지로 명확하게 계약을 체결한 경우. 법원은 수탁자책임에 관한 불편한 원칙으로부터 별개의 탈출구를 만들어두기 위한 그러한 계약의 자기거래적 측면을 무시한다. 이러한 점들에 관한 대부분의 문제들은, 책임이 신탁과 별개의 개인으로서의 수탁자로부터 신탁으로 이전하는가 살펴보기 위하여 계약조항을 해석하는 시도에서 나온다.

"수탁자로서(as trustee)"라는 서명만으로는 아마도 책임의 변화와 같은 효과를 내기에는 불충분할 것이나, 제 3 자가 채무변제와 관련하여, 수탁자의 고유재산에 대해서는 책임을 추궁하지 아니하고 신탁(재산)에 대해서만 추궁하기로 동의하였다고 하는 명확한 언급이나 "수탁자로서, 개인적으로가 아닌(as trustee and not personally)"이라는 서명이 있다면, 제 3 자에게는 신탁재산에 대한 집행만이 허용되고 요구된다. 이러한 것은, 수탁자가 신탁보다 변제능력이 더 있는 상황에서는 채권자에게 불이익할 수 있다.

관련되지 아니한 다른 신탁위반으로 수탁자가 신탁재산을 감소시켜 채권을 만족시킬 수 없는 경우, 형평법원은 이러한 유형의 조항을 무시할 수 있다. 수탁자가 고유한 개인으로서가 아니라 수탁자로서 계약을 실행하려 하지만, 그러한 계약을 실행할 권한이 없는 경우, 수탁자는 권한이 있음에 대한 묵시적 보증에 관한 계약위반에 대해 개인적으로 책임을 진다(계약이 손해배상액에 관한 조항을 두었더라도, 계약 자체에 대한 책임을 지지는 않는다).

b. 통일신탁법 § 1010조

통일신탁법 § 1010조와 같은 법정형식을 포함하여, 수탁자의 개인책임에 관여함이 없이, 채권자가 곧바로 신탁재산에 책임을 묻도록 허용하는 다른 수단을 추구하는 경향이 있어왔다. 본인과 대리인에 관한 법리(law)의 유추와 권한남용(ultra vires)이 되는 행위에 대한 회사의 책임제한과 같은 법리의 결여가 신탁법의 발전을 위한 가능한 경향을 제시하였다.

물론, 채권자가 신탁에 속한 특정의 물적 또는 인적 재산에 관해 담보권(security interest)을 갖고 있다면, 그러한 담보권은 집행될 수 있다.

2. 제 3 자에 대한 수익자의 책임

수탁자의 개인책임은 대부분의 지역에서 신탁에 대한 방패로 남아있기 때문에, 신탁채권자에 대한 신탁수익자의 책임은 거의 인정되지 않는다고 해야 한다. 계약, 불법행위 또는 오로지 재산의 소유로 인한 다른 채무에 대해서는 신탁수익자가 책임을 지지 않는다는 것이 일반원칙이다. 신탁채무에 대해 개인책임을 지지 않는다는 이러한 미국원칙에 대한 매우 적은 예외는 다음과 같다:

- 책임이 있는 수익자의 (채권자 또는 수탁자와의) 특정 계약. 따라서 상업적 대여자는 수익자의 보증(co-signature)을 요구한다.
- 수익자에 의한, 수탁자로부터의 신탁재산의 전부 또는 실질적 전부 수령. 그 재산이 신탁에 관련된 통지를 받음이 없는 선의 취득자에게 귀속되지 않았다면, 또는 수익자의 지위가 변경되어 수익자로서 개인적인 책임을 지는 것이 형평에 어긋나게 된 것이 아닌 한, 그 재산들의 추급이 허용된다.

3. 신탁에 대한 제 3 자의 책임

신탁위반에 대한 제 3 자의 개입은, 제 3 자가 수탁자에게 금전을 지급하거나 신탁재산을 취득하는 어떤 경우에도 발생할 수 있다. 과거에는 수탁자에게 금전을 지급하고 그 돈이 신탁목적으로 적절하게 사용되었는지를 지켜본 사람쪽에 의무가 있었다. 이 원칙은 오늘날 거의 모든 지역에서 거부되거나 극히 제한되었다.

제 3 자는 재산의 매각이 신탁위반이 아니라면, 수탁자로부터 그 재산을 매입할 수도 있고, 신탁으로부터 무상으로 취득할 수도 있다. 거래될 수 있는 재산을 이전할 수 있는 수탁자의 권한에 대해 조사할 의무는 없으나, 거래될 수 없는 재산을 신탁으로부터 양수한 자는 수탁자에게 그 재산을 이전할 권한이 있는지에 대해 조사할 의무가 있다.

마찬가지로, 수탁자의 개인적인 채무에 대한 변제조로 신탁재산을 수령한 자는, 신탁위반에 개입한 잘못이 있다. 수익자는, 신탁과 그 조항에 대해 통지를 받았거나 또는 수탁자와 공동으로 그 조항을 위배한 책임이 있는 양수인에게 소를 제기할 수 있다.

신탁위반을 통하여 매각된 신탁재산의 수령인은, 그 수령인이 신탁에 관해 통지를 받지 못한 선의취득자(또는 선의취득자 법리를 통하여 주장할 수 있는 자)가 아니면, "신탁의 제한이 있는(subject to the trust)" 상태로 재산을 수령한 것이 된다. 통지를 받은 수령인은, 신탁에 그 재산을 반환하거나, 만일 그 수령인이 이미 처분한 경우라면 그 가치나 대가를 지급할 것을 강제당할 수 있다.

수령인은, 수령인이 그 재산에 대해 지급한 정도와 신탁이 그 지급으로부터 이익을 받은 정도 만큼 채권을 획득한다. 재산의 수증자 역시 신탁에게 그 재산(또는 그 수익)을 회복시켜 주어야 하지만, 얻은 이익을 포기하거나 그 재산의 매각으로부터 결과된 손실을 보상할 것이 요구되지는 않는다.

신탁위반에 개입한 제 3 자(또는, 신탁위반으로 이전된 신탁재산과 관련된 약인(約因)이 없거나, 그 위반을 알고 있었던 수령인)의 책임에 대한 항변은 다음과 같은 것들을 포함한다:

- 소를 제기할 능력이 있는 성인이며 능력이 있는 수익자가 알고서도 동의한 경우(포기한 경우). 그 동의는 신탁위반이 될 행위의 전 또는 후에 이루어질 수 있다.
- 제 3 자가 정당하게 의존한 수익자에 의한 사실(신탁의 존재

나 이전해줄 권리의 부존재와 같은 것)의 능동적 또는 수동적 오해에 의한 금반언원칙의 적용은, 수익자가 신탁위반을 주장하지 못하게 한다.

• 소멸시효규정(The statute of limitations)이 적용되거나, 그 점이 법원(the court in an accounting)에 보고되었거나 법원에 의하여 승인된 경우.

• 수익자의 권리행사 지체(Laches)[9]규정 — 피고가 적절한 항변을 하기 매우 어렵거나 불가능하게 만드는, 수익자의 비합리적인 지체 — 이 수익자를 위한 구제수단을 저지하는 경우.

신탁위반이 없는 상황에서 수탁자와 거래한 제 3 자는 보통 수익자가 아닌 수탁자로부터 제소당하게 된다. 수탁자 때문에 수익자들이 법적 소송에 참여할 필요가 없게 된다. 법적 소송은 진정한 이해당사자의 이름으로 수행되어야 한다고 요구하는 규정들 아래에서도, 명시신탁의 수탁자는 소송에 수익자를 참여시킬 필요 없이 소를 제기할 수 있다.

수탁자가 소를 제기하고자 하지 않거나 제기할 수 없을 때에는, 수익자는 수탁자가 수탁자의 의무를 다하도록 강제하기 위한 형평법상의 소를 제기할 필요가 있다; 순환을 피하기 위하여, 제 3 자는 수익자에 의한 형평법상의 소에 참여할 수 있다.

나아가, 통일신탁법은 제 3 자가 수탁자와 거래한 특정한 경우에 제 3 자를 보호한다. 예를 들어 § 1012조는, 수탁자권한을 남용

9 이 번역서에서는 'The statute of limitations'를 '소멸시효(규정)'으로 번역하였으나, 우리나라의 개념으로 말하자면, '제소기간인 제척기간'에 가까운 개념이기도 하며, 이를 정확히 번역하기 어렵다. 한편 이 번역서는 'Laches'를 번역함에 있어 그 문맥상의 뜻을 살려 위 본문에서와 같이 '수익자의 권리행사 지체'라고 번역하기는 하였으나, 이 역시 우리나라의 법률용어로 정확히 번역하기 어렵다.

하거나 부적절하게 행사하는 수탁자와 선의(good faith)로 정당한 대가를 지급하고(for value) 거래한 경우, 잘못이 없는(알지 못한) 제3자를 책임으로부터 보호한다. 나아가, 선의로 수탁자와 거래한 제3자는 수탁자의 권한의 정도나 그 행사의 성격을 조사할 필요가 없다. 이러한 제3자가 선의로 수탁자에게 자산을 인도하면, 신탁재산 매각에 대한 금전의 처리(application)가 적절하게 이루어졌는지 확인할 필요가 없다. 마지막으로, 수탁자 지위가 종료되었음을 알지 못한 상태에서, 선의로 전(前)수탁자를 돕거나, 선의를 갖고 정당한 대가를 지급하고 전(前)수탁자와 거래한 제3자는, 마치 전(前)수탁자가 여전히 수탁자인 것과 같이 되어 보호된다.

D. 신탁의 종료 또는 변경

신탁은 다음과 같은 사항이 발생하면 종료되거나 변경될 수 있다.

- 철회권을 가진 위탁자에 의한 철회. 커먼로에서는 위탁자가 철회권을 유보하고 있지 아니하면 그 신탁은 철회불가능이다. 통일신탁법 §802조에 따르면, 그 신탁이 철회불가능임이 명백히 표시되어 있지 않으면, 그 신탁은 철회될 수 있다.
- 재산의 신탁으로의 이전의 취소나 변경이, 일반적인 재산이전의 취소나 변경과 같은 이유 — 사기, 강박, 부당한 영향력 행사 또는 실수 — 에서 가능한 때.
- 신탁조항에 따른 종료. 어떤 신탁은 특정기간(예를 들어 11년) 동안 존속하거나, 특정 사건(생애권수익자의 사망 등)이 발생할 때까지 존속하도록 설계된다. 나아가, 위탁자는 수탁자 또는 제3자에

게 신탁을 종료할 권한을 수여할 수 있다.

- 신탁이 설정 이후에 비실제적이게, 불가능하게 또는 불법이 되면, 처음에는 실제적이며 적법하였으나, 위탁자에 의하여 상정되지 아니한 어려움에 부닥친 신탁은 종료하게 된다.

- 신탁의 중요한 목적이 종료에 의하여 훼손되지 아니하는 경우, 모든 수익자(또는 그들의 대표자)에 의한 동의. 신탁의 낭비자조항은 그러한 동의에 의한 종료를 불가능하게 할 것이다. 만일 위탁자의 동의도 있다면, 중요한 신탁목적의 훼손에도 불구하고, 종료가 허용된다.

- 신탁조항 또는 모든 수익권이 유일한 수탁자에게 귀속됨에 따라, 수탁자와 수익자가 한 사람이 되는 경우에 발생하는 혼동(Merger). 유일한 수탁자가 된 낭비자신탁의 유일한 수익자는 합쳐진 재산(mergered estates)을 소유하게 되지만, 합리적인 기간 내에 낭비자신탁을 재구성하거나 신탁에 의한 제약을 받지 않는 재산을 취득할 권한을 갖는다고 한다.

신탁이 종료되거나 부분적으로 종료되면, 수탁자는 통일신탁법 § 817조에 따라 배당제안서를 수익자에게 송부한다. 수익자는 30일 내에 제안된 배당안을 거부할 수 있다. 원래의 제안이 수익자에게 반대할 권한과 반대가 허용되는 기간에 대해 통지하였다면, 반대할 권리는 수익자가 정해진 기간 내에 행사하지 않으면 소멸한다. 수탁자는 채무, 비용 및 세금의 변제, 납부를 위해 합리적인 유보를 할 수 있는 것은 별도로 하고, 신탁재산에 대하여 권리가 있는 자들에게 신탁재산을 신속하게 배당하여야 한다.

색 인

▮ 저 자

뉴멕시코대학 법과대학(School of Law)
명예교수 Robert L. Mennell
교수 Sherri L. Burr

▮ 역 자

임 채 웅

서울대학교 법과대학 졸업
일본국 히또쯔바시대학 수학
서울대학교 대학원 법학과 석사, 박사과정 졸업
고려대학교 법무대학원 조세법학과 연구과정 수료
사법연수원 수료(제17기)
육군법무관
1991년 판사임관
대법원 재판연구관, 사법연수원 교수, 서울중앙지방법원 부장판사 역임
현재 서울가정법원 부장판사
대법원 법원행정처 국제규범연구반(국제소송반) 및 신탁제도연구반 각 반장
한국민사소송법학회 및 도산법학회 각 이사

저 서

신탁법연구(2009, 박영사)

주요논문

소비자파산의 연구(1997, 서울대학교 법학석사 학위논문)
도산법상 부인권의 행사대상에 관한 연구(2007, 서울대학교 법학박사 학위논문)
환경보호수단으로서의 신탁에 관한 연구: 공공신탁, 공익신탁 및 국민신탁을 중심으로(2010, 법조 통권 642호)
A Study on the Target of Avoidance in Korean Bankruptcy Law: When There is No Debtor's Action(2008, Journal of Korean Law) 등 다수

WILLS AND TRUSTS IN A NUTSHELL © 2008 Thomson Reuters.
All rights reserved.

Korean translation copyright © 2011
by Pakyoungsa Co., Ltd.
This reprint of *Wills and Trusts in a Nutshell(3rd)*
by Mennell and Burr is published by arrangement with
Thomson Reuters/West through EYA(Eric Yang Agency).

이 책의 한국어판 저작권은 EYA(Eric Yang Agency)를 통해
West Services Inc와 독점계약한 '(주)박영사'에 있습니다.
저작권법에 의하여 한국 내에서 보호를 받는 저작물이므로
무단전재와 복제를 금합니다.

미국신탁법 — 유언과 신탁에 대한 새로운 이해

2011년 1월 10일 초판인쇄
2011년 1월 20일 초판발행

저 자 Robert L. Mennell, Sherri L. Burr
역 자 임 채 웅
발행인 안 종 만
발행처 (株)博 英 社
서울특별시 종로구 평동 13-31번지
전화 (733)6771 FAX (736)4818
등록 1959. 3. 11. 제300-1959-1호(倫)

역자와 협의하여 인지첩부를 생략함

www.pakyoungsa.co.kr e-mail: pys@pakyoungsa.co.kr

파본은 바꿔드립니다. 본서의 무단복제행위를 금합니다.

정 가 26,000원 ISBN 978-89-6454-628-4